本书得到上海理工大学、复旦大学国际关系与
公共事务学院学术出版基金的资助

当代中国政治制度研究丛书
A Series of Studies on the Contemporary Chinese Political System

浦兴祖　主编

治理呼唤制度
教育援助的非正式制度研究

翁士洪　著

中国社会科学出版社

图书在版编目（CIP）数据

治理呼唤制度：教育援助的非正式制度研究/翁士洪著.
—北京：中国社会科学出版社，2015.12
（当代中国政治制度研究丛书）
ISBN 978 - 7 - 5161 - 7044 - 1

Ⅰ.①治…　Ⅱ.①翁…　Ⅲ.①教育制度—研究—中国
Ⅳ.①G522

中国版本图书馆 CIP 数据核字（2015）第 268468 号

出 版 人	赵剑英	
责任编辑	李庆红	
责任校对	周晓东	
责任印制	王　超	
出　　版	中国社会科学出版社	
社　　址	北京鼓楼西大街甲 158 号	
邮　　编	100720	
网　　址	http://www.csspw.cn	
发 行 部	010 - 84083685	
门 市 部	010 - 84029450	
经　　销	新华书店及其他书店	
印　　刷	北京君升印刷有限公司	
装　　订	廊坊市广阳区广增装订厂	
版　　次	2015 年 12 月第 1 版	
印　　次	2015 年 12 月第 1 次印刷	
开　　本	710 × 1000　1/16	
印　　张	19.25	
插　　页	2	
字　　数	326 千字	
定　　价	69.00 元	

当代中国政治制度研究丛书

总　序

·

"人是天生的政治动物。"

无论将"政治"宽泛地定义为与人类共始终的公共权力现象，还是狭义地界定为人类特定阶段所存在的国家权力现象，一个社会总需要以一定的方式对"权源（权力根源与权力来源）"、"权力配置"、"权力载体"、"权力运作"、"权力监控"等加以规定、规范，要求所有相关者一体遵行。这，就是"政治动物"的"游戏规则"，就是政治制度——包括正式制度与非正式制度、法内制度与法外制度、文本制度与非文本制度、显规则与潜规则。没有制度，不成秩序。任何社会、任何国家如果缺失一整套适合本土环境的政治制度，就难成一体、难有发展、难以为继。

政治制度对于治国理政至关重要，自然就成为中外政治思想家的学术志趣。在西方，对"比较政治制度"、"政治制度与人"、"政治制度要素"、"政治制度（政体）分类"、"理想政治制度（政体）"等问题的研究开展得较早。古希腊的柏拉图和亚里士多德研究成果卓著，学术影响深远。近代以来，又有霍布斯、洛克、孟德斯鸠、卢梭、黑格尔等学者，在政体研究上做出了各自的理论贡献。"直到 20 世纪 50 年代，政治科学中制度取向的统治地位（还）是如此巩固。"① 但不久，这一地位即被迅速崛起的行为主义所取代。时至 20 世纪 60 年代末，行为主义又遭到后行为主义的激烈抨击。

史实表明，即便当行为主义、后行为主义处在风卷浪翻的高潮时期，制度主义的星火依然未灭。1968 年，美国学者塞缪尔·亨廷顿出版了名著《变革社会中的政治秩序》，以现代化为理论框架，将政治制度研究推向纵深。他层层论证了"政治制度化"对于现代化进程中的政治稳定之不可或缺性。

十多年后，一种叫作"新制度主义"的政治学思潮正式成为西方政治学舞台上的主角之一，他们"重新把政治制度当作政治分析的核心，

---

① ［英］大卫·马什、格里·斯托克编：《政治科学的理论与方法》（第二版），景跃进、张小劲、欧阳景根译，中国人民大学出版社 2006 年版，第 87 页。

并且运用新的研究方法分析政治制度"。①

纵观历史长河，政治制度研究不失为西方政治学史上的一大重要主题。不过，已有学者指出，如今制度研究在西方又进入技术主义和机械主义道路，只见技术不见人。制度设计的技术层出不穷，但似乎难有大的政治理论突破，此为当代西方政治理论的窘境所在。

在中国，政治制度（古称典章制度）的研究具有相当丰富的传统。近代以前，多个流派的思想家倾心于研究治国之道、安民之术，提出了众多独到的政治主张，诸如礼治、德治、法治，重民、爱民、利民，王道、霸道、强道等，绝大多数旨在维护与巩固封建专制制度。以现代政治学眼光视之，其中大量的研究涉及了政治制度的中观微观层面，包括政府结构制度、管理制度、税赋制度、任官制度、法典制度等。即便有些从未见诸法典规章的治国思想，因其长期、稳定地规范着、影响着社会政治生活，实际上成了"法外"政治制度。

到了近代，在国内外各类因素的激发下，志士仁人们更是在政体层面上不断提出"中国应当建立怎样的政治制度"这一课题，并进行了长期艰辛的探索与研究。开明君主制？立宪君主制？多党议会制？……最终，高高飘扬的新中国旗帜上，辉映着"人民共和"制！人民民主的共和制度！辉映着"中国人民站起来了"！"中华人民共和国的一切权力属于人民"！

"三千年未有之大变局"，来之不易。据此，我们确立了中国特色社会主义政治制度：作为根本政治制度的人民代表大会制度，作为基本政治制度的中国共产党领导的多党合作与政治协商制度、民族区域自治制度、基层群众自治制度等。总体上看，这套制度扎根本土，适应国情，是特定社会历史条件下的产物，也吸收了人类政治文明的有益成果，富有制度效能。同时，也应看到，任何宏大的制度都是分层次的，如若缺失中观、微观制度的合理配套，再好的制度也无法付之运作，见之实效。由于种种原因，我们的政治制度在中观、微观层面以及制度间关系上还存在着某些不足，一定程度上使有些宏观制度的"制度空间"难以用足，制度效能未能充分发挥。正如习近平总书记所指出的，"中国特色社会主义民主是个新事物，也是个好事物。当然，这并不是说，中国政治制度就完美无缺，，就不需要完善和发展了。制度自信不是自视清高、自我满足，更不是裹足不前、故步自封"，"我们一直认为，我们的民主法治建设同扩大人民民主和经济社会发展的要求还不完全适应，社会主义民主

---

① 俞可平：《政治与政治学》，社会科学文献出版社 2003 年版，第 170 页。

政治的体制、机制、程序、规范以及具体运行上还存在不完善的地方，在保障人民民主权利、发挥人民创造精神方面也还存在一些不足，也必须加以完善"。① 总书记还言辞恳切地告诫，要"切实防止出现人民形式上有权、实际上无权的现象"。②

中共十八届三中全会提出了全面深化改革的总目标，也就是完善和发展中国特色社会主义制度，推进国家治理体系和治理能力现代化。这无疑是一项重大的历史任务，是要推动中国特色社会主义制度更加成熟、更加定型，为党和国家事业发展，为人民幸福安康、为社会和谐稳定、为国家长治久安提供一整套更完备、更稳定、更管用的制度体系。

作为中国政治学学者，我们深知有责任继续深化有关当代中国政治制度的学术研究。使命在肩，任重道远！

我们从"制度自信"出发，通过研究进行"制度自省"，提出改革创新建议助推"制度自新"，这样，定会更具"制度自信"。

复旦大学是中国最早设置"中外政治制度"专业博士点的高校之一。从国际政治系到国际关系和公共事务学院，复旦大学长期重视中外政治制度研究，推出过一系列学术论著，获得了国内外学界的好评。笔者自2003年伊始，有幸在"中外政治制度"博士点相识并指导了当代中国政治制度研究方向的一批博士研究生。这些聪明睿智、天分超群又刻苦勤奋、脚踏实地的青年才俊，在导师组的集体引领下，分别选定了某一维度或某项政制，进行了颇为深透的研究。我们则总是嘱咐他们谨记"博学而笃志，切问而近思"的校训，在学界已有研究的基础上，以历史与逻辑的统一、理论与实际的统一、国内与国际的统一、普遍与特殊的统一为基准，增强问题意识，潜心理论思考，表述独到见解，严守学术规范；我们总是嘱咐他们注重思维的角度、广度、深度、力度，敏捷度、清晰度、创新度、缜密度，确信论文不是"写"出来的，而是深入研究出来的，"七分研究三分写"……他们努力了，一个个推出了各具理论价值与现实意义的博士论文，通过严格审查与答辩，欣喜地从校长或院长手中接过了沉甸甸的学位证书。

此后，他们又战战兢兢地对论文进行了再修改与再深化。现在的这些文稿虽然仍显稚嫩，还有可以进一步斟酌、商榷之处，但从基本面看，已具有一定的学术水准。为了让这些学术成果走出书斋，对当代中国政

---

① 习近平：《在庆祝全国人民代表大会成立60周年大会上的讲话》，《人民日报》2014年9月6日。

② 同上。

治制度研究产生些许推进效应，我们决定将其中的大部分整合成"当代中国政治制度研究丛书"予以出版①。考虑到本人曾兼任复旦大学"公共管理"专业博士后流动站的联系专家，所指导的博士后研究成果中也有与当代中国政治制度密切相关的，故丛书中也编入了少量博士后论著。因人建议，笔者将数十年来研究当代中国政治制度的部分学术成果结集成册，忝入丛书，抛砖引玉。

此套丛书的出版，得到复旦大学国际关系与公共事务学院院长陈志敏教授、副院长苏长和教授等领导的关心与支持，获得了学院出版基金的资助。笔者代表全体作者向母院及其领导表示感谢！在此，亦向各位博士、博士后的指导组教授致以深深的敬意！向给予丛书中相关著作以资助的西北政法大学等高校表示感谢！向曾经鼓励本丛书出版的我校选举与人大制度研究中心原副主任何俊志教授（已调中山大学）、现任主任扶松茂副教授、副主任李春成教授道谢！向悉心编辑与出版本丛书的中国社会科学出版社李庆红等老师深表谢意！没有他们极富专业水准的工作，此套丛书便难于以现在的面目推向学界及整个社会。值得一提的是，在丛书出版过程中有的成果经出版社推荐，更是荣幸地入选了国家社科基金后期资助项目。

笔者要特别感谢本丛书的全体作者。长年来，与大家每月一次的集体"聊学"（聊天般地谈学），以及不定期的一对一电话讨论或者面叙，均给我留下了难以磨灭的印象，那决不是单向的"指导"，而是双向的交流、切磋、论辩，是在宽松的氛围中共同操练思维。现今，同学们大多执教于高校、党校，也有从业于其他岗位的。后生可期，希冀他们为讲授、研究与实践当代中国政治制度做出骄人的成绩。

此刻，由衷地感谢本丛书的读者。你们对丛书的厚爱就是对我们的鼓励，你们的任何批评与建议，将会从不同角度鞭策并启迪作者们去坚持与深化自己的研究，修改与完善自己的论著。这是可以肯定的。

浦兴祖

复旦大学国际关系与公共事务学院

复旦大学选举与人大制度研究中心

2015 年 11 月 18 日于上海逸仙华庭

---

① 笔者曾指导的两位硕士生毕业后，先后师从南京大学政府管理学院政治学系闾小波教授和复旦大学国际关系与公共事务学院公共行政系唐亚林教授，并分获博士学位。前者的一项国家课题最终成果、后者的博士论文亦加盟本丛书。

目 录

导论　大眼睛女孩的问题

你允许我把过去你们说是不正义者的那些益处现在归还给正义者吗？[1]

——柏拉图《理想国》

第一节　研究问题

即使早在 1993 年，中共中央、国务院颁布的《中国教育改革和发展纲要》，就提出到 2000 年财政性教育经费占 GDP 的比例达到 4%，时隔 20 年后的 2012 年，仍然没有实现目标，但许多学者仍然坚持，教育是一种社会投资，并且具有巨大的外部正效应[2]，有助于促进民主自由[3]，减少未来分化和社会不平等[4]，对经济增长具有重要贡献[5]，等等。早在 1530 年德国的马丁·路德（Martin Luther）在威登堡（Wittenberg）首创义务教育概念，1559 年威登堡就首次实施强迫教育制度，1885 年开始实行免费义务教育，免费义务教育早已成为现代国家的基本职能之一。中国民间向来有重视教育的传统，但现实恰恰是从多元办学传统逐

---

① ［古希腊］柏拉图：《理想国》，郭和斌、张竹明译，商务印书馆 1986 年版，第 417 页。

② ［英］C. V. 布朗、P. M. 杰克逊：《公共部门经济学》，张馨译，中国人民大学出版社 2000 年版。

　　［美］桑贾伊·普拉丹：《公共支出分析的基本方法》，蒋洪等译，中国财政经济出版社 2000 年版。

③ ［美］托马斯·杰弗逊：《杰弗逊选集》，朱曾汶译，商务印书馆 2011 年版。

④ James. P. Comer, *What I Learned in School*: *Reflections on Race*, *Child Development*, *and School Reform*. (1988 1st) New York: Jossey – Bass, 2009.

⑤ E. F. Denison, *Why Growth Rates Differ*: *Postwar Experience in the Nine Western Countries*, Washington, D. C.: Brookings Institution, 1979.

渐发展为需求增长而供给缺失，这便产生了理论与现实间的巨大差距。虽然这种差异是最基本的事实，但产生这些差异的原因仍然是没有确定的。这个令人困惑的问题，是由许多年前一个大眼睛女孩的照片所带来的。

1991 年 5 月，《中国青年报》摄影记者解海龙到安徽金寨县采访拍摄希望工程，跑了十几个村庄，最后来到张湾小学发现了课堂上的苏明娟，将一双特别能代表贫困山区孩子渴望读书的"大眼睛"摄入他的镜头。当时 7 岁的苏明娟是张湾小学的一年级学生，这幅画面为一个手握铅笔头、两只直视前方对求知充满渴望的大眼睛小女孩，题为"我要上学"的照片发表后，很快被国内各大报纸杂志争相转载，成为中国希望工程的宣传标志，苏明娟也随之成为希望工程的形象代表。同时她也在资助人通过安徽省青少年发展基金会的帮助下完成学业。2003 年，苏明娟考入安徽大学金融管理系，终于实现了从小"我要上大学"的梦想。上大一时，她就通过勤工俭学来解决自己的生活费。在一次暑假，她还组织过几个同学去金寨县另一个贫困村做义务支教工作。学生们自己掏钱买了锅，买了菜，为一个贫困家庭做了一顿饭，临走时，还凑了 1000 多元钱交给孩子的父母。这便产生了两个困惑的问题：一是为什么一方面到处是"教育是千秋大业"的标语旗帜，另一方面到处有渴望读书的"大眼睛"孩子？二是为什么大眼睛女孩是在非正式制度的运作中完成学业？再后来，2009—2014 年，笔者每年自己带队组织暑期社会实践，在西藏、新疆、内蒙古等地的中小学支教，并进行了大量访谈，还委托在当地做志愿者的朋友在贵州、云南、广西和宁夏发放大量调查问卷，其间我们遇到许多这类渴望读书的"大眼睛"孩子。说明以上问题的重要性和普遍性。

确实如此，改革开放以来中国采取"以经济建设为中心"的政策导向，执行中选择了一种以效率为导向的、GDP 主义的不均衡发展模式。尽管取得了举世瞩目的经济成就，但社会领域的发展远远滞后于经济发展。[1] 从人均所能享用的由国家提供的公共服务资源上看，与改革开放前相比，某些社会阶层或社会群体不仅呈现出相对被剥夺的态势，而且还呈现出绝对被剥夺的态势。[2] 虽然近年来中国政府已经开始调整效率导向

---

[1] 根据发展经济学家们一般共识的观点，"经济增长"仅指一国 GDP 数字绝对量的增加，而"经济发展"则通常指人均 GDP 的增加和其他综合社会福利的改进。

[2] 刘太刚："中国大陆民企非公募基金会境况调研报告"，中国人民大学非营利组织研究所，2010 年。

的发展思路，逐渐加大社会公平指标的分量，使效率与公平的天平朝公平方向挪动，政府也不断加大对社会服务的投入力度，但与政府对社会服务的投入严重不足相比，公民对公共服务的心理预期和实际需求也不断提高，两者的落差越来越大。

教育的需求增长与供给缺失的尖锐矛盾是其中极为突出的一个问题。相对于中国数量庞大的学龄儿童对优质义务教育的实际需求，政府所提供的公共服务体系难以满足其中的大部分需求。一方面，政府供给和居民购买力增长受制于经济发展水平；另一方面，没有得到满足的义务教育需求却累积起来了，这会影响人的一生，中国的低收入者大多教育程度低。更重要的是义务教育阶段是一个最佳受教育期，就像医疗的最佳治疗期一样，一旦错过时机，同样的教育资源投入，实际效益却远不如前者。

与此同时，中国公共服务提供和政府改革问题面临拐点，处于非常关键的阶段，教育是其中非常重要的而且是基础性的问题，医疗、就业、住房等其他相关问题都可由此产生，必须探讨出一套有效提供教育、解决教育严重非均衡发展的路径。现有文献多数认为，从传统国家到现代国家的成功转型，其中的主要出路是重建公民社会，非营利组织应当是非常重要的环节①，似乎只要有了非营利组织一切问题就都解决了。但是中国在改革开放以后新兴的各种非营利组织在 21 世纪以来出现这样一种趋势：在某一发展阶段达到一个确定的形态后，便停滞不前或无法发展，演化为另一种更高级的组织或模式，即效益并未提高，发展出现停滞。

此外，在解释制度变迁的原因之偶然机制时，绝大多数制度变迁理

---

① Lester Salamon, "The Rise of the Nonprofit Sector", *Foreign Affairs*, July/ August 1994, pp. 3 – 64.

Lester Salamon, W. J. Sokolowski and Regina List, *Global Civil Society: An Overview*, Baltimore: Center for Civil Society Studies, Johns Hopkins University, 2003.

Robert D. Putnam, Robert Leonardi and Raffaella Nanetti, *Making Democracy Work*, Princeton, N. J. : Princeton University Press, 1993.

J. Meyer, J. Boli, G. Thomas, and F. Ramirez, "World Society and the Nation – State", *American Journal of Sociology*, Vol. 103, No. 1, 1997, pp. 144 – 181.

Aseem Prakash and Mary Kay Gugerty, "Nonprofits Accountability Clubs", In: Mary Kay Gugerty and Aseem Prakash, eds. , *Voluntary Regulation of NGOs and Nonprofits: An Accountability Club Framework*, Cambridge: Cambridge University Press, 2010, pp. 283 – 302.

论通常解释为外部动荡①或强势领袖②，比如皮尔逊所说的特定的政治行为者在早期形成后为保持权力进行"自我强化的事件排序"以促成制度和规则③，或者马霍尼所说的"非强化的事件排序"或"应激排序"④，但中国在教育领域的制度变迁没有这两个条件。不过，正如西伦（Thelen）的"制度转化"所揭示的那样，"在'确定时期'而非'不确定时期'中的那些更微妙、更微观的变化，随着时间的推移，会积累成重大的制度变迁"⑤。这说明在特定条件下，正式制度变迁可由非正式制度所导致，由此可见，"非正式制度对于解释内生性制度变迁过程具有相当重要的中介作用"。⑥

有关内生性制度变迁过程的解释，学术界主流观点有两种：一是比较政治研究的"国家中心主义"视角，认为政府行为和政治力量是推动社会发展的最主要因素；二是政治学中的"新制度主义"视角，认为社会力量发展的必要前提条件是一整套完善的法律法规、公正完善的司法机构等的正式制度。⑦然而，本书的研究将表明，这两种视角都不能解释改革开放后社会组织为什么在中国能蓬勃发展。事实上，中国教育援助领域非营利组织的发展，是在政府的挤压、正式制度缺位的情况下发生的。本书中阐释的观点，是建立在对学术界这两大主流视角的挑战之上的——因为这一现实恰恰和"国家中心主义"与"新制度主义"视角所做的理论预测背道而驰。本书认为中国教育援助领域的非营利组织在有

---

① Peter J. Katzenstein, *Small States in World Markets: Industrial Policy in Europe*, Ithaca: Cornell University Press, 1985.
  William W. Keller and Richard J. Samuels, eds., *Crisis and Innovation in Asian Technology*, Ithaca: Cornell University Press, 2003.

② Margaret Levi, "A Logic of Institutional Change", in K. S. Cook and M. Levi, eds., *The Limits of Rationality*, Chicago: University of Chicago Press, 1990, pp. 402 – 418.
  Mark Blyth, *Great Transformation: Economic Ideas and Institutional Change in the Twentieth Century*, New York: Cambridge University Press, 2002.

③ Paul Pierson, *Politics in Time: History, Institutions, and Social Analysis*, Princeton: Princeton University Press, 2004.

④ James Mahoney, "Path Dependency in Historical Sociology", *Theory and Society*, Vol. 29, No. 4, 2000, pp. 507 – 548.

⑤ Kathleen Thelen, *How Institutions Evoove: The Political Economy of Skills in Germany, Britain, the United States, and Japan*, New York: Cambridge University Press, 2004.

⑥ [美] 蔡欣怡:《绕过民主：当代中国私营企业主的身份与策略》，黄涛、何大明译，浙江人民出版社 2013 年版，第 18 页。

⑦ Victor Nee and S. Opper, *Capitalism from below: Markets and Institutional Change in China*, Harvard University Press, 2012.

限的制度空间里进行自主与依赖之间的钟摆运动，自下而上地建立了一整套非正式制度，以利于自身发展。

政策层面，《国民经济和社会发展第十二个五年规划》明确指出：要"加快教育改革发展，大力促进教育公平。合理配置公共教育资源，重点向农村、边远、贫困、民族地区倾斜，加快缩小教育差距。促进义务教育均衡发展，统筹规划学校布局，推进义务教育学校标准化建设。健全国家资助制度，扶助经济困难家庭学生完成学业"。中国共产党的十七大报告也指出："教育是民族振兴的基石，教育公平是社会公平的重要基础。……优化教育结构，促进义务教育均衡发展。……扶持贫困地区、民族地区教育，健全学生资助制度，保障经济困难家庭、进城务工人员子女平等接受义务教育。"《国家中长期教育改革和发展规划纲要（2010—2020年）》也明确指出："教育公平的关键是机会公平，基本要求是保障公民依法享有受教育的权利，重点是促进义务教育均衡发展和扶持困难群体，根本措施是合理配置教育资源，向农村地区、边远贫困地区和民族地区倾斜，加快缩小教育差距。教育公平的主要责任在政府，全社会要共同促进教育公平。"中国共产党的十八大报告进一步指出："均衡发展九年义务教育，大力促进教育公平，合理配置教育资源，重点向农村、边远、贫困、民族地区倾斜，支持特殊教育，提高家庭经济困难学生资助水平，积极推动农民工子女平等接受教育，让每个孩子都能成为有用之才。鼓励引导社会力量兴办教育。"可见教育尤其是农村地区、边远贫困地区和民族地区的义务教育的重要性。对此方面的研究具有重大的现实意义。

实践层面，教育是关乎国家和民族未来的重大民生问题，所谓"十年树木、百年树人"，但当前中国中西部地区面临着中部经济回落和西部人才开发战略背景下人才困扰问题，地区之间、城乡之间、校际之间、汉族与少数民族之间的教育资源配置极其不平衡，仅靠政府投入的教育经费远远不足，难以满足当地发展的需要，因此亟须政府、企业和非营利组织等多元治理主体共同进行教育援助，需要政府和社会共同行动促进教育公平，这已经成为迫不及待的事情。目前，国家开展了教育专项预算经费、东部地区学校与西部地区对口支援、省内对口支援等多层次物质与经济援助，进行了西部计划志愿者三支一扶、研究生支教团等智力援助，此外还有大量国内外企业、教育基金会和希望工程等非营利部门和草根志愿者个人投入到中国的教育援助事业之中，但是在这多元的治理格局中，各种力量进行教育援助的效果如何？目前尚无对此研究的学位论文与专著，因此非常值得研究。

这些理论与现实间的巨大差距和现实困境，成为本研究的直接源泉和动力，也正是本研究需要进行解释的问题。

本书研究的核心问题是：非正式制度援助教育有何逻辑机制？教育援助中非正式制度与正式制度的关系和互动如何？为什么？为此，本书将以义务教育援助为重点研究对象，深入研究以下问题：

一是教育援助为什么需要非正式制度介入？即非正式制度在教育领域援助存在的必要性问题。

二是非正式制度凭什么实施援助？如何打开制度空间？即非正式制度在教育援助领域存在的可行性问题。

三是非正式制度的教育援助达到什么样的效果？即非正式制度在教育援助领域的有效性问题。

四是援助教育领域的非正式制度与正式制度如何互动？呈现出什么样的内在逻辑机制？

第二节　研究综述

制度对政治、社会、经济绩效产生巨大影响[1]，促进着人们之间的交易和合作[2]。制度构成了"社会生活的基础"[3]，像一个幽灵一直游荡在

---

[1] Douglass C. North, *Institution*, *Institutional Change*, *and Economic Performance*, Cambridge：Cambridge University Press，1990.

[德] 史漫飞、柯武刚：《制度经济学》，韩朝华译，商务印书馆 2000 年版。

[美] 斯考切波：《国家与社会革命》，何俊志、王学东译，上海人民出版社 2007 年版。

[美] 威廉姆森：《市场与层级制》，蔡晓月、孟俭译，上海财经大学出版社 2011 年版。

[2] [法] 迪尔凯姆：《社会学方法的准则》，狄玉明译，商务印书馆 1995 年版。

[美] 科斯：《企业、市场与法律》，盛洪、陈郁译，上海人民出版社 2009 年版。

周雪光：《西方社会学关于中国组织与制度变迁研究状况述评》，《社会学研究》1999 年第 4 期。

林毅夫：《关于制度变迁的经济学理论：诱致性变迁与强制性变迁》，载陈昕主编《财产权利与制度变迁——产权学派与新制度学派译文集》，生活·读书·新知三联书店 2002 年版。

[日] 青木昌彦：《比较制度分析》，周黎安译，上海远东出版社 2001 年版。

[3] John L. Campbell, *Institutional Change and Globalization*, Princeton：Princeton University Press，2004.

社会科学领域。① 有关制度的研究也成为研究的重点②，制度分析的方法也因而一直得到学界的青睐。作为制度的两个不可分割的组成部分，但又具有不同适用环境、合作机制的两种秩序系统，正式制度和非正式制度对社会个体的行为选择和社会经济的发展轨迹有着不同的影响模式。③ 但人们往往更多地注意到正式制度的作用，而易忽视非正式制度的作用。目前对非正式制度作用做深入研究的文献并不多见，对两者关系研究的文献更是凤毛麟角。④

　　教育成为现代国家的基本职能之一，也成为研究的重点，对此产生了大量的研究。从现有文献来看，国内外有关教育问题的研究讨论经历了从教育的产品属性与供给，到教育的公平与均衡，再到教育援助与补偿的研究发展历程，最主要的是集中在教育的公平和供给两个方面。关于教育援助的研究文献不多，主要包括教育援助机制、援助主体和援助方式等。有关教育援助中非正式制度与正式制度的关系和互动层面的研究更是极少。

一　非正式制度的研究

（一）制度

　　制度（Institution），简单说就是规则（rules）和规范（norm），虽然是常见、核心的概念，但其实在文献讨论中"充满歧义"。⑤ 西方旧制度学派认为：我们可以把制度解释为集体行动控制个体行动。⑥ 旧制度主义的制度分析主要集中于国家、政党、议会和法律制度等，关注的是正式制度。当代社会科学中的制度研究则以新制度主义学派为主，新制度主义的制度内涵则还包含了观念、资本和规制，在经济学、历史学、政治学和社会学领域比较时兴。

　　在经济学中，新制度主义经济学（neo‑institutionalism economics）一般将制度定义为行动的规则。其中以诺斯为代表，认为制度是一个社会

① Shiping Tang, *A General Theory of Institutional Change*, London: Routledge/Talyor & Francis, 2011.

② Walter W. Powell and Paul J. DiMaggio, eds., *The New Institutionalism in Organizational Analysis*, Chicago: University of Chicago Press, 1991.

③ 李光宇：《论正式制度与非正式制度的差异与链接》，《法制与社会发展》2009 年第 3 期。

④ 崔万田、周晔馨：《正式制度与非正式制度的关系探析》，《教学与研究》2006 年第 8 期。

⑤ 陈氚：《制度概念的歧义与后果》，《湖南师范大学社会科学学报》2013 年第 2 期。

⑥ ［美］康芒斯：《制度经济学》，于树生译，商务印书馆 1962 年版。

的游戏规则，或更正式地说是人类设计的构建人们相互行为的约束条件，它们由正式规则（成文法、普通法、规章）、非正式规则（习俗、行为、规则和自我约束的行为规范）以及两者执行的机制与方法组成。① 德国学者史漫飞、柯武刚总结的定义有所不同："制度是人类相互交往的规则。它抑制着可能出现的、机会主义的和乖僻的个人行为，使人们的行为更可预见并由此促进着劳动分工和财富创造。制度，要有效能，总是隐含着某种对违规的惩罚。"② 似乎更为简洁和全面些。青木昌彦等人则认为，制度实际上是博弈的规则，也是理性行动者博弈后的相对稳定的结果。③ 威廉姆森与科斯观点比较接近，将制度解释为节省交易成本的一种形式。④

在政治学中，豪尔将政治科学中的制度研究划分为理性选择学派、新制度主义历史学派、新制度主义社会学派三种。豪尔的定义较为权威："制度就是在各种政治单元中构造着人际关系的正式规则、得到遵从的程序和标准的操作规程。"⑤ 基欧汉则从国际政治视野将制度分为三个层次：国际制度、国家的政府制度、地方政府制度。⑥ 历史制度主义则将制度定义为对行为起构造作用的正式组织、非正式规则及与之相关的程序。⑦

在社会学中，制度研究本就是研究的题中应有之义。比较有代表性的是迪尔凯姆，他认为社会学的研究对象就是制度。⑧ 制度就是外在于个体，不以人的意志为转移的思维方式、行为方式。⑨ 这一制度的定义十分宽泛，几乎囊括了所有人类的社会产物。不过，以斯坦福大学为代表的组织研究的新制度学派也认为：制度通常指稳定重复的、有意义的符号

---

① Douglass C. North, *Institution, Institutional Change, and Economic Performance*, Cambridge：Cambridge University Press, 1990.

② ［德］史漫飞、柯武刚：《制度经济学》，韩朝华译，商务印书馆2000年版。

③ ［日］青木昌彦：《比较制度分析》，周黎安译，上海远东出版社2001年版。

④ ［美］威廉姆森：《市场与层级制》，蔡晓月、孟俭译，上海财经大学出版社2011年版。

⑤ 彼得·豪尔、罗斯玛丽·泰勒：《政治科学与三个新制度主义》，载薛晓源、陈家刚主编《全球化与新制度主义》，社会科学文献出版社2003年版。

⑥ Robert O. Keohane, *After Hegemony: Cooperation and Discord in the World Political Economy*, Princeton, New Jersey：Princeton University Press, 2003.

⑦ Kathleen Thelen, "Timing and Temporality in the Analysis of Institutional Evolve and Change", *Studies in American Political Development*, Vol. 14, No. 1, 2000, pp. 101–108.

⑧ ［法］迪尔凯姆：《社会学方法的准则》，狄玉明译，商务印书馆1995年版，第18—19页。

⑨ 同上。

或行为规范。① 这一观点与当代的其他社会科学比较接近。

总之，各种学科通常都承认制度是一种规则。制度包括正式组织、规章制度、规范、期待、社会结构等。制度由正式制度和非正式制度两种规则要素构成。正式制度告诉行动者应该怎么做或不应该怎么做。② 在本书中，正式制度包括规约人们行为的正式组织、规章及与之相关的程序，或者说就是通常人们所说的官方的实体组织和人员及其所颁布实施的规章、法规、政策和程序等，亦即"官方的国家意识形态、中国共产党和人民代表大会等"③。

（二）非正式制度

非正式制度（informal institution），也称非正式约束，是指人们在长期交往中自发形成并被人们无意识接受的行为规范。非正式制度主要由意识形态、文化传统、伦理道德规范、价值观念、习俗习惯等构成。非正式制度重点关注诸如思想、规范和文化之类的"较软的变量"（Blyth，2002)④，进一步细分，又可分为两类：一是作为外力的社会群体对个人施加的约束；二是个人自我实施的约束。在本书中，对应正式制度，非正式制度包括非官方组织、文化传统、道德规范、习俗习惯及与之相关的程序。它是非正式制约因素、非正式制度和文化传统这三者的结合，除了某些早在正式制度建立之前就存在的根深蒂固的非正式制度，也还有"产生于正式制度的语境范围之内，但对正式制度与实际利益和愿望相违背的适应性反应"，即"适应性非正式制度"⑤。

诺斯认为，在人类行为的约束体系中，非正式制度具有十分重要的地位，即使在最发达的经济体系中，正式规则也只是决定行为选择的总体约束中的一小部分，人们行为选择的大部分行为空间是由非正式制度来约束的。⑥ 在社会经济发展过程中，非正式制度的影响和制约作用是非

---

① 周雪光：《西方社会学关于中国组织与制度变迁研究状况述评》，《社会学研究》1999 年第 4 期。

② Walter W. Powell and Paul J. DiMaggio, eds., *The New Institutionalism in Organizational Analysis*, Chicago: University of Chicago Press, 1991.

③ ［美］蔡欣怡：《绕过民主：当代中国私营企业主的身份与策略》，黄涛、何大明译，浙江人民出版社 2013 年版，第 34 页。

④ Mark Blyth, *Great Transformation: Economic Ideas and Institutional Change in the Twentieth Century*, New York: Cambridge University Press, 2002.

⑤ ［美］蔡欣怡：《绕过民主：当代中国私营企业主的身份与策略》，黄涛、何大明译，浙江人民出版社 2013 年版，第 35 页。

⑥ Douglass C. North, *Institution, Institutional Change, and Economic Performance*, Cambridge: Cambridge University Press, 1990.

常突出的。根据西方新制度经济学的基本理论，非正式制度能影响改革方式的选择，强化制度变迁中的路径依赖性，它在一些方面延长改革的时滞，在另一些方面又促进改革方针政策的顺利推行，有些非正式制度促进经济绩效的提高，有些则干扰和降低改革的绩效。[1] 但是，国内外的研究中，人们对正式制度给予了极大的关注，而对非正式制度则关注不够，非正式制度还是制度研究中的一个很薄弱的、亟待拓展和深化的领域。

在本书中，非正式制度涉及的非官方组织，主要是官方组织与企业组织之外的第三类组织形态，即非营利组织。非营利组织（Non - profit Organization，NPO）一词源自美国的国内税收法（Internal Revenue Code，IRC），其中有关于对某些为公共利益而工作的团体给予免税的规定。因其包含的范围相当广泛，非营利组织（Non - profit Organization）、非政府组织（Non - government Organization，NGO）、第三部门（The Third Sector）、市民社会（Civil Society）、社会经济（Social Economy）、志愿（者）组织（Voluntary Organization）、社会组织（Social Organization）、邻居组织（Neighbors Organization）、公益组织（Philanthropic Organization）与免税部门（Tax - Exempt Sector）等几个概念都是相互关联的，而最被广为接受者即非营利组织。本书的非营利组织采用的是沃尔夫（Wolf）[2] 的定义，即"那些有服务公众的宗旨，不以营利为目的，组织所得不为任何个人牟取私利，组织自身具有合法免税资格和提供捐赠人减免税合法地位的组织"[3]。

格尔茨（Goertz，2006）将概念细化为三个层次：基本层（basic level，对应术语 term），第二层或属性层（secondary or attribute level）及指标层（indicator level）[4]，本书将采用此法将概念操作化（见图 0 - 1）。

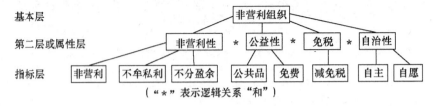

图 0 - 1　非营利组织的概念结构

①　王文贵：《非正式制度与经济发展：一个总括性分析》，《江汉论坛》2006 年第 6 期。

②　T. Wolf, *Management a Nonprofit Organization*, New York：Fireside, 1990.

③　邓国胜：《非营利组织评估》，社会科学文献出版社 2001 年版，第 4 页。

④　Gary Goertz, *Social Science Concepts：A User's Guide*, Princeton：Princeton University Press, 2006.

正如霍奇金森（Hodgkinson）所指出，实难以用单一理论来解释所有的非营利组织及其活动。① 现在已经产生大量有关非营利组织的研究文献，包括非营利组织的定义、类型、特征、历史、起源、结构、组织与管理、功能、资源、治理、问责、失灵、非营利组织与政府间关系等方面的研究。②

（三）正式制度与非正式制度的关系及制度变迁

正式制度与非正式制度的关系一直是一个富有挑战性的研究领域。③ 有学者特别提出一种类型学来区分正式制度与非正式制度的关系，比如互补、迁就、竞争或替代。④ 正式制度和非正式制度两者之间复杂的替代、互补和冲突关系以及在社会变迁中作用交替的动态演化对于我们深刻理解中国社会转型当中的现实矛盾和问题有着较强的解释力。⑤

首先，非正式制度的建立早于正式制度，在正式制度产生前，社会主要靠非正式制度来规范和协调人们之间的关系和交往，正式制度是对非正式制度的逐渐替代。但是，由于非正式制度的文化特征，它们具有对正式制度的强大排斥能力。正式制度产生后，即使在正式制度已经大大复杂化和完善化的今天，非正式制度仍然是整个制度结构中的大多数，仍然发挥着主要的规范和调节功能。⑥ 正式制度的变化明显强烈地影响着政治组织内非正式制度的变化。随着组织规模的扩大以及复杂性的提高，正式制度往往取代非正式制度。正式制度在很大程度上规定了非正式制度的方向⑦，但更多学者认为非正式制度对正式制度有很强的替代功能。⑧ 当一个组织的正式制度与某一小团体成员的偏好与利益发生分歧时，正

---

① V. A. Hodgkinson, Lyman R. W. , *The Future of the Non Profit Sector：Challenges, Changes, and Policy Considerations*, San Francisco, C. A. : Jossey – Bass, 1989.

② Walter, W. Powell, ed. , *The Non – Profit Sector：A Research Handbook*, New Haven, C. T. : Yale University Press, 1987.

③ 李峰：《非正式制度对正式制度的替代功能研究》，《软科学》2011 年第 4 期。

④ Gretchen Helmake and Steven Levitsky, "Informal Institutions and Comparative Politics：A Research Desing", *Perspectives on Politics*, Vol. 2, No. 4, 2004, pp. 725 – 740.

⑤ 李光宇：《论正式制度与非正式制度的差异与链接》，《法制与社会发展》2009 年第 3 期。

⑥ 王跃生：《非正式约束、经济市场化、制度变迁》，《当代世界与社会主义》1997 年第 3 期。

⑦ James March and Martin Schultz, *The Dynamics of Rules：Change in Written Organizational Codes*, Stanford：Standford University Press, 2000.

⑧ Panuk Ayse, "Informal Institutional Arrangements in Cred it, Land Markets and Infrastructure Delivery in Trinidad", *International Journal of Urban and Regional Research*, Vol. 24, No. 2, 2000, pp. 24 – 40.

式制度和非正式制度就会相分离。① 这是由制度的互斥性决定的，它意味着制度之间倾向于互相排斥，它们是彼此的替代品，亦即其中一个制度可取代另一方，反之亦然。② 比如王红英发现，在我国20世纪90年代中后期的制度变迁中，非正式制度制约着正式制度的演变，在一定程度上甚至存在非正式制度对正式制度的替代。③

其次，当正式制度与非正式制度相一致时，即一个组织的正式制度与组织成员的偏好与利益相一致时，正式制度和非正式制度之间的关系将得到紧密结合，它们互相强化，并为政治体和成员的政治行为带来了低交易成本，同时减少了交易行为的不确定性。这种紧密结合推动了组织和政治体取得高绩效。④ 这是由制度的互补性决定的。正式制度作为非正式制度的补充而存在的观点不那么引人注目，主流的观点显然是非正式制度的存在是作为正式制度的补充。⑤ 比如，普特南和福山等人的研究表明，信任与政治民主之间有着正相关的关系。普特南认为，核心价值如信任，是解决集体行动问题、获得社会秩序以及正式制度的关键。⑥

再次，正式制度与非正式制度之间的矛盾往往会导致制度冲突或不兼容，在社会自上而下地大规模建构或从外部移植制度的时候这种情形往往发生得最为剧烈。⑦ 非正式制度与正式制度的冲突会增加经济运行的交易成本，并因此降低经济绩效。

最后，正式制度与非正式制度之间的相互转化引发了对于制度变迁问题的深刻讨论。在人类社会制度的变迁（change）中，大致有三种"路径力量"在起作用：即革命（revolution）、演进（evolution）和内卷（involution）。简单来说，革命可以说是一种间断性的、突发式的，或者说剧烈的社会制度（regime）的改变与更替，即从一种社会制度跳跃式地

---

① 彼得·豪尔、罗斯玛丽·泰勒：《政治科学与三个新制度主义》，载薛晓源、陈家刚主编《全球化与新制度主义》，社会科学文献出版社2003年版。

② Jan – Erik Lane & Svante Ersson, *The New Institutional Politics*: *Outcomes and Consequences*, New York: Routledge Press, 2000.

③ Wang Hongying, "Informal Institutions and Foreign Investment in China", *The Pacific Review*, Vol. 13, No. 4, 2000.

④ 彼得·豪尔、罗斯玛丽·泰勒：《政治科学与三个新制度主义》，载薛晓源、陈家刚主编《全球化与新制度主义》，社会科学文献出版社2003年版。

⑤ 吉嘉伍：《新制度政治学中的正式和非正式制度》，《社会科学研究》2007年第5期。

⑥ Robert D. Putnam, Robert Leonardi and Raffaella Nanetti, *Making Democracy Work*, Princeton, N. J. : Princeton University Press, 1993.

⑦ 崔万田、周晔馨：《正式制度与非正式制度的关系探析》，《教学与研究》2006年第8期。

改变为另一种社会制度。而演进则是指一种连续的（往往是缓慢的）、增量性的（incremental）、发散性的或沿革式的社会变迁。与前两者相对照，内卷则可以被理解为一个社会体系或一种制度在一定历史时期中，在同一个层面上内卷、内缠、自我维系和自我复制。① 现有文献中有关正式制度与非正式制度之间的相互转化多从制度变迁的角度进行讨论。学界普遍认为主要有两类制度变迁：诱致性制度变迁和强制性制度变迁。诱致性制度变迁指的是现行制度安排的变更或替代，或者是新制度安排的创造，它由个人或一群（个）人，在响应获利机会时自发倡导、组织和实行；强制性制度变迁由政府命令和法律引入和实行。② 布罗姆利（1996）则将制度变迁分成三个层次：政策层次、组织层次和操作层次。在民主制度中，政策层次由立法和司法机关代表，组织层次由行政机关代表，联系政策层次和组织层次的法规被称为制度安排，而操作层次是人们在日常行动中相互作用的、可以被观察到的结果。在操作层次上的选择范围是由政策层次和组织层次上的制度安排决定的。这有些类似于奥斯特罗姆的制度分析理论。③ 但是，在实际生活中，强制性制度变迁和诱致性制度变迁是很难分开的，它们相互联系、相互制约、相互补充，共同推动着社会的制度变迁。因此波兰尼等学者提出了在正式制度的政府选择与非正式制度的社会选择之间的嵌入性理论。④

研究制度变迁的方法/学派从根本上讲有两种：和谐学派和冲突学派，但是，为了全面解释制度变迁，需要把和谐学派和冲突学派、把观念和权力有机结合起来，这便是社会进化方法。⑤

不过，制度变迁的角度主要是从宏观—宏观（macro – macro）进行的，比较缺乏微观—宏观（micro – macro）之间互动的探讨，这是制度变迁理论的不足，本研究前期成果中便从制度空间、资源汲取和行为策略

---

① 韦森：《斯密动力与布罗代尔钟罩——研究西方世界近代兴起和晚清帝国相对停滞之历史原因的一个可能的新视角》，《社会科学战线》2006 年第 1 期。

② 林毅夫：《关于制度变迁的经济学理论：诱致性变迁与强制性变迁》，载陈昕主编《财产权利与制度变迁——产权学派与新制度学派译文集》，生活·读书·新知三联书店 2002 年版。

③ Elinor Ostrom, *Governing the Commons：The Evolution of Institutions for Collective Action*, New York：Cambridge University Press, 1990.

④ Karl Polanyi, *The Great Transformation：The Political and Economic Origins of Our Time*, Boston, Beacon, 2001 [1944].

⑤ Shiping Tang, *A General Theory of Institutional Change*, London：Routledge/Talyor & Francis, 2011.

及其历时演化的维度建构起了分析框架，即金勺模式①，从微观—宏观（micro – macro）之间的互动进行了深入探讨。

由此可见，正式制度和非正式制度的互动关系是复杂的，这种复杂关系直接影响着政治过程。因此本研究框架将重点围绕非正式制度与正式制度的关系（替代、冲突、补充等）和互动层面上来展开论证。

二 教育援助的研究

教育成为现代国家的基本职能之一，也一直是中外研究的重点和热点问题，对此产生了大量的研究。从现有文献来看，国内外有关教育的研究讨论经历了从教育的产品属性与供给，到教育的公平与均衡，再到教育援助与补偿的研究发展历程。最主要的是集中在教育的供给和公平两个方面。

（一）有关教育的产品属性及供给制度

从现有文献来看，有关教育产品属性和供给问题的阐述，主要来自经济学的研究，其中的关键问题是由谁提供、如何生产、由谁埋单。

早期，古典经济学家就将教育经费列入公共支出范畴。② 自从萨缪尔森提出公共物品的概念③以来，围绕教育的公共物品属性方面引起广泛争论。最重要的几个问题是：教育是公共物品还是私人物品？是纯公共物品还是准公共物品？国内研究也有对教育的公共物品属性进行的争论。④ 目前，国内学术界对于民办学校的公益性和营利性的学术讨论基本上可以分为以下两种不同的代表性观点：第一种，认为非营利性学校是民办学校主要的发展方向⑤，以贾西津、厉以宁、曹淑江、朱成昆、潘愁元等为代表。第二种，认为应该分类管理，营利与非营利区分开来，应该允

---

① 翁士洪：《金勺模型：系统行为分析的通用型社会科学理论》，《南京社会科学》2014 年第 2 期。
　翁士洪：《非营利组织援助义务教育的演化逻辑：基于中国青少年发展基金会的实证研究》，博士学位论文，复旦大学，2013 年。
② ［英］亚当·斯密：《国富论》（下），郭大力、王亚南译，陕西人民出版社 2001 年版，第 850 页。
　［英］约翰·穆勒：《政治经济学原理》，赵容潜等译，商务印书馆 1997 年版，第 544 页。
③ ［美］萨缪尔森：《公共支出的纯粹理论》，人民出版社 1954 年版。
④ 厉以宁：《教育的社会经济效益》，贵州人民出版社 1995 年版。
　王善迈：《市场经济中的教育配置》，《方法》1996 年第 3 期。
⑤ 曹淑江、朱成昆：《关于民办学校的非营利性和产权问题探讨》，《河北师范大学学报》（社会科学版）2002 年第 3 期。

许营利性学校的存在①，以文东茅、王伟、周蔺等为代表。由于教育的物品属性含糊未定，尤其供给不足，造成了教育资源配置不平衡，这便引发了公平问题。

对教育的公平问题的阐述，主要来自社会学的研究，其中有三个关键词是公平（fairness 或 equity）、平等（equality）与均衡（balance）。20世纪以来，特别是在"二战"后，教育机会平等成为许多国家的热点问题。1948 年通过的《世界人权宣言》明确了"受教育权"是一项基本人权，从而成为教育平等的一个最重要的标志。1966 年，教育史上著名的"科尔曼报告"认为校际差距对不同种族的学生有不同的影响，造成儿童学习水平低的原因，主要不是学校的物质条件，而是学校内的社会因素，即学生家庭和同学间的社会经济背景等，后者对不同社会阶层的学生有不同程度的影响。②

在全球化时代背景下，世界各国都认识到要充分发挥教育作为社会发展的平衡器、稳定器作用，增进社会公平，促进社会稳定。只有促进教育的均衡发展，才能真正公平地为每个人提供"生活通行证"。③ 一方面，目前众多的教育不公平问题最终可以还原为政策或制度问题，许多教育不公平问题本身就是政策（包括制度）缺失或不健全造成的，即所谓"政策的不公是最大的不公"；另一方面，几乎所有的教育不公平问题最终都可以通过政策或制度来调节。教育不能独立地消除现实的不平等，在许多国家，旨在消除不平等的一些制度本身不同程度地存在着不平等。④ 而且由于不平等社会结构的存在，又加剧了教育机会实际上的不平等。⑤

关于教育的衡量指标：麦克马洪提出"水平公平"、"垂直公平"和

① 周蔺：《民办学校的营利性质与相关者权益初探》，《北京教育》（普教版）2004 年第 7 期。
② James S. Coleman, eds., Equality of Educational Opportunity, Washington, D. C.: U. S. Government Printing Office, 1966; James S. Coleman, "Equity & Excellence in Education", *School Library Journal*, Vol. 6, No. 5, 1968, pp. 19 – 28.
③ ［美］德洛尔等：《教育：财富蕴藏其中》，联合国教科文组织总部中文科译，教育科学出版社 1996 年版，第 109 页。
④ ［美］菲利普·库姆斯：《世界教育危机》，赵宝恒译，人民教育出版社 2001 年版，第 221 页。
⑤ ［美］S. 鲍尔斯、H. 金蒂斯：《美国：经济生活与教育改革》，王佩雄等译，上海教育出版社 1990 年版，第 75 页。

"代际公平"三类型说，并特别强调教育的机会均等。① 依照教育公平的重要程度和实现过程，教育社会学、教育经济学和教育财政学领域的专家和学者多数都认同瑞典教育家胡森的教育公平理论，即教育公平包括起点公平、过程公平和结果公平三个递进阶段②，分别对应于受教育者权利和机会均等、教育资源配置均衡和教育质量均衡。③ 如何解决教育非均衡发展的问题，便需要通过教育援助来实现教育公平。于是，这便引发了教育援助或弱势补偿原则的研究。

（二）有关教育援助的分类研究

国外研究普遍认为，教育援助是社会投资——在人力资本方面，通过态度、知识和能力的训练，帮助贫困家庭学生提高生活技能，处理不同人生阶段的任务，减少人力耗损而付出的社会代价；增加社会不同阶层的沟通和相互接纳，减少"社会排斥"。许多发达国家认为建立教育援助政策与制度是维护教育公平、实现教育机会均等的重要措施。④ 阿马蒂亚·森在《以自由看待发展》一书中指出：教育发展尤其是基础教育的发展有利于消除贫困和贫富差距。⑤ 有关教育援助的研究，主要体现在以下四个方面：

一是教育援助目的。当然，各国进行教育援助的目的有所不同，经济、教育水平高的国家主要是解决社会公平问题，即教育的结果公平，已经由关注贫困儿童等特定群体的特殊性公平转向关注所有儿童的一般性公平⑥；而发展中国家主要是解决人成为公民的初始公平问题，即教育的起点公平，重点关注贫困儿童等特定群体的特殊性公平。⑦ 但是，两者都需要通过教育的过程公平来实现，援助政策就是其中重要的一环。

二是教育援助机制。教育援助机制，也就是用什么机制进行援助的问题。西方主要国家的教育援助机制分为三种典型的政策模式：市场化

---

① 李立国：《教育公平辨析》，《江西教育科研》1997 年第 2 期。
　胡劲松：《论教育公平的内在规定性及其特征》，《教育研究》2001 年第 8 期。
② ［瑞典］托尔斯顿·胡森：《平行——学校和社会政策的目标》，载张人杰主编《国外教育社会学基本文选》，华东师范大学出版社 1991 年版，第 195—196 页。
③ 钟晓敏、赵海利：《论我国义务教育的公平性：基于资源配置的角度》，《上海财经大学学报》2009 年第 6 期。
④ 杨昌江：《贫困生与教育救助研究》，湖南教育出版社 2008 年版，第 18—19 页。
⑤ ［印度］阿马蒂亚·森：《以自由看待发展》，任赜等译，中国人民大学出版社 2002 年版。
⑥ ［英］朱利安·勒·格兰德：《另一只无形的手：通过选择与竞争提升公共服务》，韩波译，新华出版社 2010 年版。
⑦ 翁士洪：《义务教育援助政策比较研究》，《教育发展研究》2013 年第 24 期。

政策模式、混合型政策模式和公益型政策模式。① 在教育援助机制方面，西方国家从碎片化走向重新整合，突出表现在整体性思维的复出。西方国家整体性治理在教育援助方面的运用主要涉及层次和部门两个维度，功能整合因为本来比较清晰，做得不多。② 比如英国，受整体性治理理念的影响，1997 年 5 月率先提出了所谓"协同政府"，同时把教育置于首位。英国采取"行动区计划"进行教育援助，促进教育均衡发展。③ 该措施很好地体现了整体性治理的理念。再如美国，20 世纪 90 年代以来也更多地强调三大部门之间的关系，主张采取横向的、外部合同方式进行网络化运作方式的合作。1993 年克林顿签署的《2000 年目标：美国教育法》就新增了两大目标：教师培训和家长参与。这使得学校、家庭和社会各界都能更积极主动地参与义务教育的改革和实践，弥补学校、家庭与社会各界合作方面的不均衡发展。2002 年 1 月 8 日，美国布什总统签署实施法案《不让一个孩子掉队法》（NCLB）。④

三是教育援助主体。教育援助主体主要有政府、企业、非营利组织、学校与家长等。也可分为纵向援助主体和横向援助主体，横向体现的是政府与外部的社会各类组织包括私人部门和非营利部门的跨界合作或者竞争与选择。不少学者认为教育纯粹是政府的事，但国外许多研究证明政府的教育投资对提高教育效率和质量没有明显的影响。⑤到了 20 世纪 80 年代，一些经济学家更进一步证明教育投资和教育效率没有关联。⑥ 一般来讲，政府应该承担起教育援助的责任，但同时企业和非营利组织等多元治理主体共同进行教育援助将是非常有益的。纵向体现的是政府层级内部教育援助主体的关系。在国外的文献中，对于教育援助由哪一级政府来执行并承担责任，一般认为主要有两类：由中央政府集中提供和地方政府分权提供。比如美国主要由地方政府进行，瑞典主要由中央政府

---

① 翁士洪：《义务教育援助政策比较研究》，《教育发展研究》2013 年第 24 期。

② Perri 6, Diana Leat, Kimberly Seltzer and Gerry Stoker, *Governing in the Round*: *Strategies for Holistic Government*, London: Demos, 1999, p. 67.

③ 马德益：《英国基础教育薄弱学校改革的市场化特征》，《比较教育研究》2005 年第 4 期。

④ 余强：《美国〈不让一个孩子掉队法〉的实施近况和问题》，《世界教育信息》2004 年第 11 期。

⑤ James S. Coleman, eds., *Equality of Educational Opportunity*, Washington, D. C.: U. S. Government Printing Office, 1966.

⑥ Eric Hanushek, "Throwing Money at Schools", *Journal of Policy Analys is and Management*, Vol. 1, No. 1, 1981, pp. 19 – 41. Eric Hanushek, "The Impact of Differential School Expenditures on School Performance", *Educational Researcher*, Vol. 18, No. 4, 1989, pp. 45 – 65.

进行。由中央政府承担的理论依据主要是财政联邦主义理论，由地方政府承担的理论依据主要是"用脚投票"理论。一些研究，如麦克尔、Ronald Fisher、Robert Wassme、Thomas J. Nechyba、Robert P. Strauss 等的分析表明，许多人和家庭的迁移受到了不同地方之间公共预算差异的影响，尤其是地方提供的教育服务的水平起重要作用。①

四是教育援助方式。对于教育援助的认识目前尚无专门研究和统一的看法，一般是从教育救助、教育特别扶持、教育资助三种角度来理解，分歧较多。从一般意义上讲，教育救助是指对家庭经济困难学生资助，使其能顺利完成学业，教育救助的对象主要是贫困家庭学生，在他们不同的学习阶段给予一定的经济资助。② 这种概念将教育救助限定在贫困学生和经济资助两个方面，定义狭窄，即使该概念的主要提出者杨昌江后来也未采取这个概念，其教育救助是指国家、社会团体和个人为保障适龄人口获得接受教育的机会，从物质和资金上对贫困地区和贫困学生在不同阶段所提供的援助。另外一种是从联合国教科文组织《儿童权利宣言》中有关儿童接受教育的权利引申而来的教育特别扶持制度概念，宣言其中一条原则是儿童应具有接受教育的权利。该组织 1960 年第 11 次会议的主要议题是：同教育方面的不平等作斗争。这里的不平等包括了种族、人种、肤色、宗教、民族、政治或某种偏见、社会出身、经济状况以及出身等方面造成的在教育方面的事实上的不平等和歧视状态。它指出各国应实施符合本国条件和情况的教育方面的机会平等，包括做到初等教育实行免费和义务教育，以公共财产的形式、以不同的方式实施中等教育。③ 显然，这种概念更加侧重机会平等，援助主体较为单一，几乎等同于政府。教育资助概念主要援引《义务教育法》对贫困学生资助做出的原则规定："国家设立助学金，帮助贫困学生就学。"强调的是对贫困学生的物质，特别是经济资助，包括"两免一扶"，但实际上是包含对贫困地区、民族地区的资助，如财政转移支付。还有一种更为狭窄的定义，将教育救助限定为对学习困难的学生的帮助和辅导，不过它强调的是智力帮助，即非物质援助是其特点。瑞士教育学家胡安·特德斯科的研究显示，虽然人们解释教育不佳的最常用理由是经费不足，但是国际

---

① 周金玲：《义务教育及其财政制度研究》，博士学位论文，浙江大学，2005 年。
② 杨昌江：《贫困生与教育救助研究》，湖南教育出版社 2008 年版，第 14 页。
③ 高如峰：《义务教育投资国际比较》，人民教育出版社 2003 年版，第 359 页。

比较表明，即使在资金充足的情况下，教育的结果也同样不能令人满意。① 不难看出，现有文献主要是讨论物质援助，在智力方面的义务教育援助研究非常少见。② 于是，本书突破仅仅从经济角度理解教育均衡发展的视角，涵盖了物质和智力两方面的教育援助。

其中义务教育更是教育援助的重点对象。对于义务教育，虽有大量研究，但如果要追问义务教育到底是什么？就会发现这既是一个基本的概念问题，也是一个颇有争议的理论问题。③ 一般来说，普及义务教育是指国家权力机关通过立法形式，规定所有适龄儿童和青少年接受一定年限的学校教育，并要求国家、社会、家长必须予以保证的国民教育制度。④ 在法律层面上，1986年4月12日第六届全国人民代表大会第四次会议通过，2006年6月29日第十届全国人民代表大会常务委员会第二十二次会议修订的《中华人民共和国义务教育法》定义：义务教育是国家统一实施的所有适龄儿童、少年必须接受的教育，是国家必须予以保障的公益性事业。

总体上看，义务教育有三个方面的特征，一是强调其义务性。"义务"既包括国家有兴校兴学以使国民共受教育的义务，也包括父母或监护人有使学龄儿童就学的义务。二是强调其公益性。大多数的学者都认为义务教育是一种公共物品，具有公益属性，尽管义务教育究竟是一个纯粹的公共物品，还是一个准公共物品在理论上还存在着诸多争议。三是强调其公平性。所有适龄儿童和青少年都有平等接受义务教育的权利，政府应当促进义务教育均衡发展。此外，义务教育是国民教育，需要通过学校来实施。

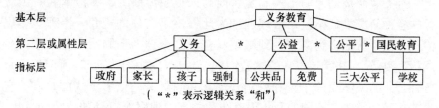

图 0-2 义务教育的概念结构

① Juan Carlos Tedesco：载联合国教科文组织《为了21世纪的教育：问题与展望》，王晓辉、赵中建译，教育科学出版社2002年版，第67页。

② 汤杰琴：《非营利组织在中国中西部基础教育援助中的角色》，硕士学位论文，北京师范大学，2006年。

③ 赵全军：《中国农村义务教育供给制度研究（1978—2005）——行政学的分析》，博士学位论文，复旦大学，2004年。

④ 张瑞璠、王承绪主编：《中外教育比较史纲（近代卷）》，山东教育出版社1997年版。

本书所指的教育援助是指对处于相对弱势环境中的教育受益主体，即学生，进行综合智力和物资两方面的教育扶持与帮助，以实现所有儿童的教育方面的平等和教育的均衡发展。本研究的分析框架中，教育援助可分为三个层次，包括对贫困家庭学生的整体救助、对贫困地区和民族地区等弱势群体地区的整体性救助和对贫困落后国家的救助，即国际的教育援助。教育援助同时包括物质援助和智力援助，不仅指目前国内学者通常所指的对贫困学生的经费资助，如各种援助主体捐资助学、捐助用于硬件投入、校舍、设施、办学经费、教学设备、图书资料、活动场地等方面，也包括各种支教教师，比如国际志愿者、研究生支教团、西部计划志愿者、三支一扶、教师对口支援、大学生实习支教、社会上自发组织的志愿者支教活动等智力援助。

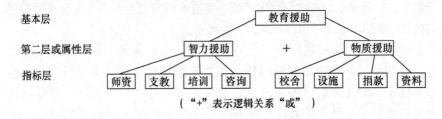

图 0 - 3　义务教育援助的概念结构

三　教育援助的非正式制度研究

有关教育援助的非正式制度目前尚未见系统研究，多散落在有关教育的各种研究中。不过，治理理论为此提供了较好的视角。治理有多层治理，包括从地方到国家，到国家联盟，到全球，不同层次的治理。全球治理委员会 1995 年发表的《我们的全球伙伴关系》指出，所谓治理是各种公共的或私人的个人和机构管理其共同事务的诸多方式的总和。它是使相互冲突的或不同的利益得以调和并且采取联合行动的持续的过程，这既包括有权迫使人们服从的正式制度和规则，也包括各种人们同意或认为符合其利益的非正式的制度安排，它有四个基本特征：治理不是一整套规则，也不是一种活动，而是一个过程；治理的过程的基础不是控制，而是协调；治理既涉及公共部门，也包括私人部门；治理不是一种正式的制度，而是持续的互动。① 治理理论集中探讨权威结构之球的所有

---

① The Commission on Global Governance, *Our Global Neighborhood*: *The Report of the Commission on Global Governance*, Oxford: Oxford University Press, 1995 1st Edition, pp. 2 - 3.

行为体如何讨论某个具体的问题领域或者平等地提供公共或集体物品。许多治理都建立在问题领域基础之上，尤其是跨边界问题（Cross – cutting issues），比如环境治理委员会的建立，全纳教育的建立，等等。

治理理论在教育领域的运用已经很多，比如美国在教育政策活动中，"行为体"主要有三类：即政府（政府机构及其官员）、教育组织（学校及其他教育机构）和社会（这里包括作为受教育者的个人、家长和利益集团）。另外，斯登沃尔（Kirsti Stenvall）从公共政策角度分析了芬兰教育治理中的问题，指出芬兰的教育1967—1986年由《发展法案》（Development Act）所规制，但自20世纪70年代开始，并在20世纪80年代发生了很大的变化，教育的功能、活动与机构都现代化了，有效性、合理性与成本核算（effectiveness, rationality and cost – accouting）成为90年代芬兰教育政策的主要内容。此时的芬兰教育规划不仅编纂财政资源分配原则，通过地方化分配服务向建设中的新学校提供补助金，并且通过重新安排劳动力市场结构、社会团体的关系、对"好的"知识的重新定位，及受教育公民的相互间行为规范，等等。于是，教育的内容不再视为学习"权利"的机会，而是从不同的教育兴趣来理解，即目的是获得一个专业的认可。[1] 好的教育规划的本质应该是促进"个体的教育流动性"。[2] 威廉姆斯（Roger Duclaud – Williams）分析了英国和法国教育的治理，认为英格兰、威尔士和法国的共同治理模式都是教育分权化，松绑（decentralization in educaiton: loosening the reins）和横向治理结构的模糊化（diffusion on the horizontal axis）。[3] 此外，法国学者科尔（Alistair Cole）从宏观、中观与微观层面（macro, meso and micro levels）分析了法国教育政策制定的变化，提出了法国式的治理（a French – style governance）定义。[4] 科尔指出，治理本来主要是盎格鲁—撒克逊国家的特定语境，法国

---

① Kirsti Stenvall, "*Public Policy Planning and the Problem of Governance: The Question of Education in Finland*", In: Jan Kooiman, *Modern Governance: New Government – Society Interactions*, London: SAGE Publications, 1993 1st, 2002, pp. 63 – 74.

② Kehittyvä Koulutus, Cited from: Kirsti Stenvall, "*Public Policy Planning and the Problem of Governance: The Question of Education in Finland*", In: Jan Kooiman, *Modern Governance: New Government – Society Interactions*. London: SAGE Publications, 1993 1st, 2002, pp. 75 – 90.

③ Roger Duclaud – Williams, "The Governance of Education: Britain and France", In: Jan Kooiman (1993 1st, 2002), *Modern Governance: New Government – Society Interactions*, London: SAGE Publications, 1993, pp. 235 – 248.

④ Alistair Cole, "The New Governance of French Education", *Public Administration*, Vol. 79, No. 3, Autumn 2001, pp. 702 – 704.

及欧洲大陆国家则有宏观上政府非常强大、中观上新法团主义与微观上学校自治性非常有限的传统，但是 20 世纪 80 年代以来，法国逐渐形成了法国式的教育治理模式，宏观层面政府是政策制定中最主要的主体；中观层面纵向结构与横向水平结构关系更加紧密，公私边界更加模糊；微观层面学校更加自治，教会学校更加融入法规体系，总体上更加去中央化、权力下放。

简言之，教育援助既包括有权迫使人们服从的正式制度，也包括各种人们同意或认为符合其利益的非正式制度。其中，在非正式制度中，基于传统、习俗、习惯等提供教育援助的主体——非营利组织是对正式制度中基于法规、命令的主体政府的功能替代和补充。

简要评价：已有研究主要集中在对教育的公平与供给方面，对教育援助的研究多关注经济或者物质援助，对非正式制度援助教育的逻辑、教育援助中非正式制度与正式制度的关系和互动层面的研究只是散落在各种研究中，尚无系统研究。此外，目前的研究多为规范研究，很少实证研究，将规范研究与实证研究结合得好的文献则更是少之又少。

四 研究前沿与趋势

从以上研究综述中可以看出，有关教育的研究讨论经历了从教育的产品属性与供给，到教育的公平与均衡，再到教育援助与补偿的研究发展历程，教育援助将是教育发展的可见未来趋势及研究前沿和重点。

而且作为提供教育援助的非正式制度中最重要的基于传统、习俗、习惯等的主体——非营利组织迅速兴起，成为跨越许多政策领域（policy areas）的重要行动者（actor）。随着非营利组织对经济和民主发展的贡献[1]，有些学者视其为正在兴起的世界社会和世界文化之中流砥柱。[2] 现实中，非营利部门成为大多数国家的社会服务提供体系的主要组成部分。[3] 其增长发展也将非营利组织推到有关公共服务供给中政府和市场的

---

[1] Robert D. Putnam, Robert Leonardi and Raffaella Nanetti, *Making Democracy Work*, Princeton, N. J.: Princeton University Press, 1993.

[2] J. Meyer, J. Boli, G. Thomas, and F. Ramirez, "World Society and the Nation – State", *American Journal of Sociology*, Vol. 103, No. 1, 1997, pp. 144 – 181.

[3] Salamon, Lester, The Rise of the Nonprofit Sector, *Foreign Affairs*, July/ August, 1994, pp. 3 – 64.
Salamon, Lester & Sokolowski, W. J. and Regina List, *Global Civil Society: An Overview*, Baltimore: Center for Civil Society Studies, Johns Hopkins University, 2003.

适当职责的当代政策讨论中来。① 不过与此同时，非营利组织也越来越成为监督的对象，部分原因是有关非营利组织的丑闻大量被媒体所披露。② 所以，学者、政策制定者和非营利组织自己都在努力寻求有效的治理机制来解决非营利组织的代理冲突，即志愿失灵，并使之更为负责。其中非正式制度援助教育的逻辑、教育援助中非正式制度与正式制度的关系和互动层面的研究是首先需要解决的问题。

另外，研究表明，整体性治理模式在解决跨边界问题（cross – cutting issues），尤其在解决结构不良的社会问题（ill – structured problems）（指事关重大公共利益，却又无法在单个部门结构中解决的突出问题，如贫困学生教育、危机管理、环境保护、青少年犯罪、土地资源管理和健康保障等问题）方面具有很大的优越性。③ 这也应该是当前研究前沿和未来研究趋势。

本书最重要的创新就在于从社会科学的本质出发，在吸收 Elinor Ostrom 的公共资源制度分析理论模型（A framework of analysis of CPRs）④、James Samuel Coleman 的浴缸模型（"bathtub" model）⑤、Perri 6 的整体性治理理论模型（Holistic Governance）⑥、Jan Kooiman 的互动与治理模型

---

① Anthony Giddens, *The Third Way: The Renewal of Social Democracy*, Cambridge, U. K. : Polity Press, 1998.

Anheier, Helmut & Salamon, Lester, "The Nonprofit Sector in Comparative Perspective", In W. Powell & Richard Steinberg (eds.), *The Nonprofit Sector: A Research Handbook*, New Haven: Yale University Press, 2006, pp. 89 – 116.

② Gibelman, Margaret & Gelman, Sheldon, "A Loss of Credibility: Patterns of Wrongdoing among Nonprofit Organizations", *Volutes*, 2004, 15 (4): 355 – 381.

Greenlee, Janet, Mary Fischer, Teresa Gordon, and Elizabeth Keating, "An Investigation of Fraud in Nonprofit Organizations: Occurrences and Deterrents", *Nonprofit and Voluntary Sector Quarterly*, 2007, 36: 676 – 694.

③ Jeanette Moore and Justin Kean, "Accounting for Joined – Up Government: The Case of Intermediate Care", *Pubic Money & Management*, No. 5, 2007, pp. 61 – 68.

④ Elinor Ostrom, *Governing the Commons: The Evolution of Institutions for Collective Action*, New York: Cambridge University Press, 1990.

⑤ James Samuel Coleman, *Foundations of Social Theory*, Cambridge, Mass. : Belknap Press of Harvard University Press, 1990.

⑥ Perri 6, *Towards Holistic Governance: The New Reform Agenda*, New York: Palgrave, 2002, p. 67.

（Interactions and Governance）①、Paul Pierson 的时间维度分析模型②、Frank Schimmelfennig 的因果相关性分析"黑箱"模型③等理论的基础之上，形成解释宏观到宏观社会现象的理论分析框架，提炼出对转型期中国内生性制度变迁的一种独特路径与制度解释，并探索性地研究了非正式制度与正式制度间的关系与互动，也很好地解答了西方学界普遍困惑的问题：为什么在保持政权稳定的情况下，中国现有政治体系的范围之内发生了重大制度变迁？同时，全书各层次研究将国际上的主流研究方法与中国的现实问题有机结合，既促进了教育和非正式制度的研究创新，也为当前政府宏观决策提供了有战略价值的政策性建议，使得研究能够得到国际学术界的认可和关注。

第三节　研究方法

在社会科学中，研究方法主要有七种：实验、调查、田野调研、内容分析、既有数据研究、比较研究和评估研究。④ 为了对研究提供一个整体的视角，本书将采用综合研究方法，或称三角化技术方法（triangulation of data），因为此方法"提供了大量所收集到的资料，这些资料以多种不同资料形式汇集而成，并来自尽可能多样化的资料来源"。⑤ 最早在定性研究中引入此方法的是 Denzin（1978），⑥ 称其为综合运用多种数据收集方法、多种理论、多个研究人员、多种研究方法等来对事实进行最真实、准确的描述。所以，有学者称之为综合研究方法，主要包括理论工具、数据收集和分析方法等方面。

---

① Jan Kooiman, *Modern Governance*：*New Government – Society Interactions*, London：SAGE Publications, 1993 1ˢᵗ, 2002.

　Jan Kooiman, *Governing as Governance*, London：SAGE Publications Ltd. , 2003.

② Paul Pierson, *Politics in Time*：*History*，*Institutions*，*and Social Analysis*, Princeton：Princeton University Press, 2004.

③ Frank Schimmelfennig, *Case Studies*, （course material）Free University Berlin, 2011, pp. 1 – 14.

④ Earl Babbie, *Practice of Social Research*, Cengage Learning Press, 1995.

⑤ Kevin Kelly, "From Encounter to Text：Colleting Qualitative Date for Interpretive Reseach", In：M. Terre Blanche and K. Durrheim, *Research in Practice*, Cape Town：UCT Press, 1999, p. 380.

⑥ Denzin（1978），转引自牛美丽《中国地方政府的零基预算改革——理性与现实的冲突和选择》，中央编译出版社 2010 年版。

（1）理论分析工具

本书综合运用多种理论分析工具，包括制度变迁理论、资源依赖理论、委托代理理论、治理理论、非营利组织俱乐部理论、志愿失灵理论和内卷化理论等。

（2）数据收集和分析方法

①定量研究法：综合运用 Large - N 和 Small - N 研究方法

数据来源：实地调查数据、《中国统计年鉴》、《中国县（市）经济社会统计年鉴》、《中国教育经费统计年鉴》、《中国教育统计年鉴》、各个地方统计年鉴、希望工程网、中国社会组织网、中国基金会中心网等。其中结构性调查问卷结果采用 SPSS 系统和 PZB 模型定量研究方法进行分析。

②比较研究法

通常认为，案例研究只是定性研究和个案研究，其实并不尽然，最新的研究方法，比如定性比较分析法（Qualitative Comparative Analsis，QCA）[1]就将定性与比较法有效结合；模糊集分析法（Fuzzy Set）[2]和三角分析法（triangulation）就将定性与定量有机结合；[3]案例研究样本的选择也需要借鉴比较研究的分类标准[4]。所以，本研究运用多种比较研究方法，包括借鉴比较教育研究和比较政治学，比较研究分析中西方非营利组织的资源运作途径和机制、非正式制度和正式制度间关系的动态变化过程，比较研究不同类型的教育援助效果，中外教育援助的治理模式等。

案例收集方法：通过实地调研获得第一手的教育及援助项目的相关数据、资料和典型案例。

调研访谈采取结构性访谈和半结构性深度访谈相结合的方法。访谈

①　Charles Ragin, *Fuzzy Set Social Science*, University of Chicago Press, Blashfield, 2000.
　　Benoit Rihoux and Charles Ragin, *Configurational Comparative Methods*, California：Sage, 2009, Chapter 3.

②　Charles Ragin, *Fuzzy Set Social Science*, University of Chicago Press, Blashfield, 2000.
　　Charles C. Ragin, *Redesigning Social Inquiry：Fuzzy Sets and Beyond*, Chicago：University of Chicago Press, 2008.

③　Brady & David Collier, Rethinking Social Inquiry：Diverse Tools, Shared Standards, Maryland：The Rowman & Littlefield Publishers, 2004.

④　James Mahoney, "Strategies of Causal Inference in Small - N Analysis", *Sociological Methods and Research*, Vol. 28, No. 4, 2000, pp. 387 - 424.
　　Charles C. Ragin, *The Comparative Method：Moving Beyond Qualitative and Quantitative Strategies*, Berkeley：University of California Press, 1987.
　　Charles Ragin, *Fuzzy Set Social Science*, University of Chicago Press, Blashfield, 2000.
　　Benoit Rihoux and Charles Ragin, *Configurational Comparative Methods*, California：Sage, 2009, Chapter 3.

对象的选择采取"滚雪球"（Snow - balling）的方法，包括五类：教育部门、人力资源与社会保障部门、民政部门、共青团团委等政府内部的不同层级的相关工作人员；学校校长和任课老师；参加三支一扶或西部计划等的支教志愿者、家长、学生。访谈的方式主要分为座谈会访谈和一对一访谈。

③案例分析法

在比较研究的基础上，本研究运用了深入研究单一分析单位中的案例之方法，此为定性研究方法。

案例分析是对单一分析单位的深入研究①，在政治学乃至社会学领域最有影响的关于定性分析的概述和研究来自 2003 年美国政治科学学会以此为基础组建的定性方法部门，此举是为了回应定量研究大师 Gary King 等②带来的挑战，此新部门获得三项大奖，其中一项是萨托利图书奖。③美国学者 Robert K. Yin 对此也有专门研究。④

为什么选择案例分析法？Bailey 认为案例分析是提高博士学位论文质量的重要研究方法，"能够丰富公共行政理论文献，并加强理论和实践的联系，而这种联系是此领域赖以生存的基础"。⑤ 公共管理学的理论研究者更高的期望是通过个案研究对既有的理论进行批判，最好是能提出一些理论观点或新的理论框架，此类研究近似 Barney Glaser 和 Anselm Strauss（1967）创造的扎根理论方法（grounded theory method）。⑥

最早并且非常具有影响力的案例分析法分类是 Harry Eckstein⑦ 和 Arend Lijphart⑧ 提出的，他们根据为理论发展的功能区分了案例分析类

---

① John Gerring, "What is a Case Study", *The American Political Science Review*, Vol. 98, No. 2, May 2004, pp. 341 – 354.

② King, Gary, Keohane, Robert O. & Sidney Verba, *Designing Social Inquiry: Scientific Inference in Qualitative*, Princeton, New Jersey: Princeton University Press, 1994.

③ Gary Goertz, *Social Science Concepts: A User's Guide*, Princeton: Princeton University Press, 2006.

④ Robert K. Yin, *Case Study Research: Design and Methods*, Newbury Park, CA: Sage, 1994.

⑤ Bailey, M. T., Do Physicalists Use Case Studies? Thoughts on Public Administration, *Public Administration Review*, 1992, 52: 47 – 54.

⑥ 李春成：《略论公共管理案例研究》，《中国行政管理》2012 年第 9 期。

⑦ Harry Eckstein, "Case Study and Theory in Political Science", In: Roger Gomm, Martyn Hammersley and Peter Foster, eds., *Case Study Method*, London: Sage, 2000, pp. 119 – 164.

⑧ Arend Lijphart, "Comparative Politics and the Comparative Method", *American Political Science Review*, Vol. 65, No. 3, 1971, pp. 682 – 693.

型。相反，John Gerring 则根据更大的数目相关性进行区分①，Schimmelfennig 根据对案例分析目标提问来分类，形成案例分析决策树，共有四类七种案例分析方法②（见图 0-4）。

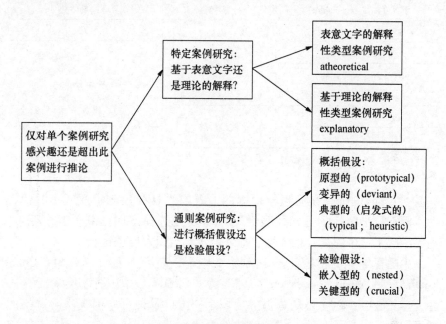

图 0-4 案例分析决策树

资料来源：Schimmelfennig（2011：1-14）。

这七种方法，包括特定案例中非理论或表意文字的解释性类型（atheoretical）和基于理论的解释性类型（explanatory），通则案例中概括假设的有三种：原型的（prototypical）、变异的（deviant）和典型的（typical）或称启发式的（heuristic）。检验假设的有两种：嵌入型的（nested）和关键型的（crucial）。不同的案例分析法类型有不同的功能与要求（见表 0-1）。

案例选择上，本研究将采用分析单案例嵌入式研究，即以援助中国教育的最有名的代表性非营利组织——中国青少年发展基金会作为典型案例，深刻理解此类社会现象和社会问题，探究社会现象背后隐含的复杂

① John Gerring, *Case Study Research*: *Principles and Practices*, Cambridge University Press, 2007.

② Frank Schimmelfennig, *Case Studies*, (course material) Free University Berlin, 2011, pp. 1-14.

表 0 - 1 案例分析法类型

类型	功能	要求
表意性的（atheoretical）	解释	无
解释性的（explanatory）	解释	理论具体化
原型的（prototypical）		无
变异的（deviant）	假设概括	
典型的（启发式的） （typical；heuristic）		样本分布
嵌入型的（nested）	假设检验	
关键型的（crucial）		决定主义，半实验设计

资料来源：Schimmelfennig（2011：1 - 14）。

关系。① 案例的选择是有理论依据的，应该"具有社会学意义上的代表性，而不只是统计学上的代表性"。② 本研究选择案例也基于这个标准，主要考虑了三个因素：代表性、地理位置和组织发展进程。

中国青年少发展基金会（简称"中国青基会"，英文译名为"China Youth Development Foundation"，缩写为"CYDF"。中国青基会属于全国性公募基金会，面向公众募捐的地域是中国以及许可中国青基会募捐的国家和地区，是具有独立法人地位的全国性非营利性组织，由共青团中央、中华全国青年联合会、中华全国学生联合会和全国少先队工作委员会于 1989 年 3 月联合创办。其业务主管单位是共青团中央，在民政部登记注册并接受其管理）作为中国改革开放以后成立的第一个教育领域的非营利组织，以"希望工程"所获得的成就为中国非营利组织标志和典范，也为社会各界所瞩目，并且引发了学术界对中国非营利组织的研究。另外，其不仅在服务区域上是全国性的，而且其发展进程中伴随着广泛的社会参与。再者，虽然其提供的核心是义务教育援助，但实际上也参与了许多其他的社会公益活动。此外，经过发展，除了人力、财务、活动推广等方面已比较健全外，其在规模、知名度、筹款能力等方面都是

---

① J. W. Creswell, *Qualitative in Inquiry and Research Design：Choosing among Five Traditions*, Thousand Oaks, CA：Sage Publications, Inc. , 1998.

② David de Vaus, *Research Design in Social Research*, Thousand Oaks, CA：Sage Publications Inc. , 2001.

　 J. Hamel, S. Dufour & D. Fortin, *Case Study Methods*, Newbury Park, CA：Sage, 1993. 转引自牛美丽《中国地方政府的零基预算改革——理性与现实的冲突和选择》，中央编译出版社 2010 年版，第 51 页。

中国非营利组织中的佼佼者，具有指标性。从特征上来说，学界普遍认为"官民两重性"是中国非营利组织的基本属性，体现在：（1）非营利组织的构成是"半官半民"的二元结构；（2）非营利组织的行动受到"行政机制"和"自治机制"的"双重支配"；（3）非营利组织的资源获得依赖于"体制内"和"体制外"的"两种资源"，并相应地通过"官方"和"民间"的"双重渠道"去获取资源；（4）非营利组织所满足的需求是"政府"和"社会"的双重需求；（5）非营利组织的活动领域只能是"政府"和"社会"共同认可的"交叉地带"。① 中国青少年发展基金会的特征就是"官民两重性"②，完全符合以上属性，所以以具有中国非营利组织的典型特征，非常具有典型性、代表性和普遍意义。

1988 年 11 月 17 日，团中央从青少年活动基金中拨出 10 万元作为中国青基会的注册资金。1989 年 1 月 9 日，获得中国人民银行批准，3 月 8 日中国青基会在民政部注册，正式成立。同年，1989 年 10 月 30 日中国青基会创办希望工程，并得到邓小平的亲笔题词。希望工程是由中国青少年发展基金会发起并组织实施的一项以广泛动员海内外财力资源，面向中国贫困地区，以救助失学儿童继续小学学业，资助乡村小学改善办学条件，促进教育事业发展为宗旨的社会公益事业。希望工程实施机构包括中国青少年发展基金会，各省区、市青少年发展基金会和地（市）县希望工程办公室。③

由于各省区、市青少年发展基金会和地（市）县希望工程办公室与中国青基会都是相对独立的法人机构，而且在社会经济状况、地理位置上差异很大，不同地方的希望工程项目环境具有丰富的多样性，所以在对希望工程项目作为单案例嵌入式研究的基础上，有必要对不同地方希望工程实施机构进行比较研究，本研究采取的是多案例嵌入式研究。

本研究将使用这种案例分析框架来回答"怎样"（how）和"为什么"（why）的问题④，即非正式制度在教育领域援助的效果"怎样"（how）和"为什么"（why）？

案例收集方法。案例分析资料来源主要有六种：文件资料、档案记

---

① 康晓光：《权力的转移：转型时期中国权力格局的变迁》，浙江人民出版社 1999 年版。

② 孙立平等：《动员与参与：第三部门募捐机制个案研究》，浙江人民出版社 1999 年版，第 292—295 页。

③ 中国科技促进发展研究中心、希望工程效益评估课题组：《希望工程在中国》，浙江人民出版社 2005 年版，第 7 页。

④ Robert K. Yin, *Case Study Research: Design and Methods*, Newbury Park, CA: Sage, 1994, p. 6.

录、访谈、直接观察、参与性观察和实物。① 通过实地调研获得第一手的义务教育及援助项目的相关数据、资料和典型案例，笔者分别于 2009—2014 年的每年 7—8 月结合自己带队组织暑期社会实践的方法，在西藏、新疆和内蒙古等地进行了大量实证研究，并委托在当地做志愿者的朋友于 2010 年 5—7 月在贵州、2011 年 5—7 月在宁夏、广西进行了实证研究，2013 年 5—7 月在云南发放调查问卷三套约 3000 份，共收回有效问卷 2600 份。其中结构性调查问卷结果采用 SPSS 系统和 PZB 模型定量研究方法进行分析。

以上调研同时进行了参与性观察，尤其 2009 年 7—9 月在西藏某希望工程办志愿服务，对青少年发展基金会及其希望工程有了切身体验和观察。

第四节　分析框架：制度空间、资源汲取与行为策略三位一体

理论分析框架是根据论文逻辑与机制而进行展开分析所使用的工具。社会科学理论的核心是描述和解释因果关系，即社会现象的原因和影响，X 如何影响 Y。② 对此，有三种因果关系分析视角：第一种是作为相关性的因果关系（Causality as correlation）。相关性是指两个或两个以上的事物（模式、现象，等等）有规律地一起发生。如果这些事物中的一个总是有规律地在另一事物之前发生，那么我们说它是另一事物的原因。这是著名的"休谟式因果关系"（Humean causation）③。第二种是作为反事实的因果关系（Causality as counterfactual）。在这种因果分析中，我们会问

---

① Robert K. Yin, *Case Study Research: Design and Methods.* Newbury Park, CA: Sage, 1994, p. 84.

② Jon Elster, Nuts and Bolts for the Social Sciences, Cambridge University Press, 1989, pp. 3 – 10.

　　Daniel Little, *Varieties of Social Explanation, An Introduction to the Philosophy of Social Science*, Boulder: Westview Press, 1991, pp. 1 – 29.

　　Stephen Van Evera, Guide to Methods for Students of Political Science, Ithaca: Cornell University Press, 1997, pp. 7 – 21.

③ David Hume (1711 – 1776) is one of the most famous British philosophers, a foremost representative of the "age of enlightenment", and one of the founders of empiricism. Among his most influential works are A Treatise of Human Nature and Enquires concerning Human Understanding. Read more at http://plato.stanford.edu/entries/hume/.

"在有 X 的情况下，Y 会发生吗?" 如果是的，那么 X 是 Y 的原因。这种分析很适合比较研究，比如为什么有的国家提供教育援助成功，而有的国家提供教育援助失败? 我们可以通过不同的问题来分析其充分条件与必要条件。第三种是作为机制的因果关系 (Causality as mechanism)。这种因果机制可以视作 Y 是由 X 的内在因果力所导致的，如果我们证明 X 是 Y 的原因，要证明 X 如何导致 Y，这就需要因果机制的证明。第三种因果关系，即因果机制是下面要讨论的重点。

根据因果机制的视角，为了分析 X 如何导致 Y，需要确定三个共同构成因果机制的因素：一是 X 的属性，它具有因果关系力，并产生因果倾向；二是因果关系的倾向，它是 X 的属性的结果，并实现 Y；三是条件，它引发 X 的因果关系力和倾向 (见图 0 - 5)。这样便打开了因果关系之间的"黑箱"。

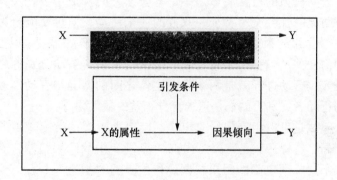

图 0 - 5 打开因果关系之间的黑箱

资料来源：Schimmelfennig (2011: 1 - 18)。

在已有研究中，有关公共物品和制度研究主要有以下三种分析框架：

第一种是 E. 奥斯特罗姆的制度层次分析框架。其公共资源的多中心治理理论的制度分析模型 (Linkages among rules and levels of analysis)[1]最有名，将制度分析分成三个相互联结的分析层次：宪政层面、集体层面和操作层面。奥斯特罗姆分析制度性选择与个人选择时，就是使用了这种理论分析框架，打开了因果关系之间的"黑箱"，分析了公共资源治理中多中心治理主体进行制度选择时的各种影响变量，建立了因果关系，

---

[1] Elinor Ostrom, *Governing the Commons*：*The Evolution of Institutions for Collective Action*, New York：Cambridge University Press, 1990, p. 53.

即为何做出这种战略性选择，从而导致某种结果或产出。① 在此理论模型（A Framework of Analysis of CPRs）中，X（共享的信息与机会的规则）的属性是治理主体间的内部规则的讨价还价，因果关系的倾向是治理主体会做出战略性选择，引发其条件是成本效益分析后的利益趋向。② 从而较好地解释了公共资源的问题。

第二种是库伊曼的互动治理分析框架。Jan Kooiman 在治理互动性来解释治理能力时，同样也是采取这种理论分析框架模型。③ Kooiman 指出，公共物品的治理能力是个互动关系模式，包含了要素、模式和秩序三个变量，通过赋能与控制两种不同的手段，实现了其内部层次与结构层次动态关系的互动性治理（Dynamic relation between intentional and structural level of governing interactions）。④

第三种是科尔曼的委托博弈分析框架。在科尔曼看来，非营利组织作为社会公共权力的行使主体之一，与公众之间构成了委托关系，这种关系具有明显的社会交易特征，双方的往来活动、信息交流行为等往往不能通过刚性的约束条约来解决，使得双方的信任关系显得尤为重要。最简单的信任关系包括两个行动者，根据其主动与被动分别称之为委托人和受托人，行动过程就是两个理性主体之间的博弈与互动。两者都是有目的的行动者，其目的都是追求自身利益的最大化。⑤

这些模式是可以用来分析非正式制度援助教育的演变逻辑的因果机制的。但是，这样还只是解释了内部"黑箱"中的因果机制，而没能很好地解释不同层面全部的因果机制。科尔曼的"浴缸"模型（见图 0 - 6）⑥ 是社会科学中解释因果机制非常有影响的一般模型，可以较好地解释微观与宏观（micro - macro）层面互动的因果机制。根据此模型，一个适当的宏观—宏观社会的因果关系的理论基础需要经过三个步骤：宏观

---

① Elinor Ostrom, *Governing the Commons*: *The Evolution of Institutions for Collective Action*, New York: Cambridge University Press, 1990, pp. 37, 192 - 206.

② Elinor Ostrom, *Governing the Commons*: *The Evolution of Institutions for Collective Action*, New York: Cambridge University Press, 1990, p. 193.

③ Jan Kooiman, *Modern Governance*: *New Government - Society Interactions*, London: SAGE Publications, 1993 1st, 2002, p. 193.

④ Jan Kooiman, *Modern Governance*: *New Government - Society Interactions*, London: SAGE Publications, 1993 1st, 2002, p. 213.

⑤ James Samuel Coleman, *Foundations of Social Theory*, Cambridge, Mass.: Belknap Press of Harvard University Press, 1990.

⑥ James Samuel Coleman, *Foundations of Social Theory*, Cambridge, Mass.: Belknap Press of Harvard University Press, 1990.

—微观的关系或结构性影响的规范、微观—微观或行动者的作用的规范及微观—宏观的关系或相互作用的规范。

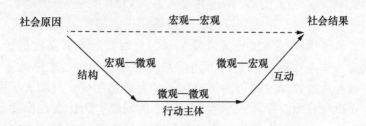

图 0-6 科尔曼的"浴缸"模型

资料来源：Coleman（1990：1-25）。根据科尔曼的"浴缸"模型更改而成。

本研究将在吸收奥斯特罗姆的公共资源制度分析理论模型（A Framework of Analysis of CPRs）[①]、科尔曼的"浴缸"模型（Bathtub Model）[②]、Perri 6 的整体性治理理论模型（Holistic Governance）[③]、Jan Kooiman 的互动与治理模型（Interactions and Governance）[④]、Paul Pierson 的时间维度分析模型[⑤]、Frank Schimmelfennig 的因果相关性分析"黑箱"模型[⑥]等理论的基础之上，提出自己的理论分析模型——制度空间、资源汲取与行为策略三位一体的分析框架，形成解释宏观到宏观社会现象的理论分析框架，这是对转型期中国内生性制度变迁的一种独特路径提炼与制度解释。

本研究的研究假设有两个：一是集权体制下制度空间是非正式制度运行与发展最重要的外部影响因素，即制度空间越大，则非正式制度独立性越强；二是如果制度空间不足与非正式制度内部组织结构独立性不足、志愿激励机制缺失相叠加，将导致教育援助出现内卷化。

---

① Elinor Ostrom, *Governing the Commons: The Evolution of Institutions for Collective Action*, New York: Cambridge University Press, 1990.

② James Samuel Coleman, *Foundations of Social Theory*, Cambridge, Mass.: Belknap Press of Harvard University Press, 1990.

③ Perri 6, *Towards Holistic Governance: The New Reform Agenda*, New York: Palgrave, 2002, p. 67.

④ Jan Kooiman, *Modern Governance: New Government – Society Interactions*, London: SAGE Publications, 1993 1st, 2002.
Jan Kooiman, *Governing as Governance*, London: SAGE Publications Ltd., 2003.

⑤ Paul Pierson, *Politics in Time: History, Institutions, and Social Analysis*, Princeton: Princeton University Press, 2004.

⑥ Frank Schimmelfennig, *Case Studies*, (course material) Free University Berlin, 2011, pp. 1 – 14.

　　根据此模型，教育援助的非正式制度演变逻辑的因果关系解释的理论基础包括以下环节：制度、行动者、资源和行为。非正式制度的制度空间、资源汲取与行为策略间的相互关系共同影响其服务效能，进而导致其内卷化的形成。正式制度的挤压使得非正式制度成长的制度空间存在不足，教育援助的发展资源非常稀缺，且对政府具有高度的依赖性；与此同时，非正式制度由于内部组织结构独立性不足、志愿激励缺失，出现了各种适应性反应的行为策略和互动。通过制度、行动者、资源与行动，可以较好地解释西方学界普遍困惑的问题：为什么在保持政权稳定的情况下，中国现有政治体系的范围之内发生了重大制度变迁？而这正好是科尔曼所持有的观点，"社会科学的主要任务是解释社会现象，而不是解释个人行为。……因此，社会科学应当以解释社会系统行为为重点，其基本的要求在于解释重点是以系统为单位，而不是以个人或系统的其他组成部分为单位。"[1]

　　本研究框架将围绕非正式制度与正式制度的关系（替代、冲突、补充等）和互动层面，重点分析援助教育的正式制度与非正式制度的供给逻辑、正式制度与非正式制度的互动逻辑。研究的总体思路是：遵循"教育发展失衡——非正式制度援助的可行性分析——援助的效应分析——良性发展的制度建构"的主线。通过对教育援助的相关数据调查和深入访谈，开展援助的效应分析，并比较研究世界主要发达国家教育援助制度。最后，根据前述结论，建构中国教育发展的治理体系（见图0-7）。

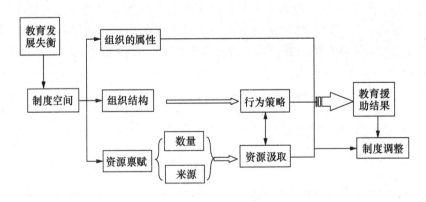

图0-7　论文分析框架

资料来源：作者自制。

---

[1]　James Samuel Coleman, *Foundations of Social Theory*, Cambridge, Mass.: Belknap Press of Harvard University Press, 1990, p. 2.

第一章　教育援助的制度空间建构

没有深刻理解时间的政治科学家将是蹩脚的学者，因为时间是涉及观念、制度及信仰的维度。[①]

——Douglass North

教育发展失衡，教育的需求增长与供给缺失的尖锐矛盾造成了公益的缺位，这形成制度外供给的需求，来填补此空缺；新总体性社会的社会转型中出现的社会结构松动、自由流动资源和自由活动空间，形成了教育援助发展的制度空间，为非营利组织的介入和成长创造了条件；政府的双重管理体制奠定了非营利组织援助教育的制度基础。

第一节　教育发展失衡与非正式制度的成长

近年来，尽管中国政府对公共服务的投入力度不断加大，但受经济发展等条件的制约，与政府对公共物品的供给严重不足相比，公民对公共服务的预期和需求却在不断提高，政府的公共物品供给体系不能满足其中大部分社会实际需求，超出部分的需求就转化为公益需求。但由于长期以来是行政组织单一供给主体，并且曾经几乎消灭所有可以提供这种公益需求的传统组织，便造成公益的缺位。

一　"贫困、儿童、教育"的时代主题

改革开放以来，中国采取了"以经济建设为中心"的政策导向，执

[①] Douglass C. North, "In Anticipation of the Marriage of Political and Economic Theory", In: James E. Alt, Margaret Levi and Elinor Ostrom, eds., *Competition and Cooperation: Conversations with Nobelists about Economics and Political Science*, New York: Russell Sage Foundation, 1999, pp. 314 – 317.

行中选择了一种以效率为导向的、GDP 主义的不均衡发展模式。经济长足发展的同时，公共物品资源配置严重不足而且不均。某些社会阶层或社会群体还呈现出被剥夺的态势，群体间差距越来越大，基尼系数多年处于警戒线之上的高位。同时由于公民对公共服务的需求不断提高，两者的落差越来越大。政府对公共服务的供给非常有限，对 8 亿农民而言，几乎是杯水车薪，即便是对城市低收入人群也极为有限。虽然在从计划经济走向市场经济的经济体制转变过程中，社会开始出现自由支配的资源和自由活动空间，但伴随着市场经济而来的社会问题开始显露，比如贫困、教育短缺、医疗短缺等，而且政府所掌握的资源远远不足以解决这些问题，成为棘手性问题（wicked problems）。① 张军、何寒熙的研究表明，改革初期的农村公共物品供给制度由于失去了政社合一体制下资源动员手段的强有力的支持，能够运用的资源大大减少，因此根本无法应付农村公共物品的需求，从而导致农村公共物品的供给严重不足。②

　　在国际环境上，中国青少年发展基金会和希望工程出台的 1989 年正是联合国确定的"国际扫盲年"，"世界儿童问题首脑会议"也在这一年召开；国内环境上，20 世纪 80 年代中期启动的扶贫工作此时也受到政府和社会的高度重视；主题选择上，"贫困、儿童、教育"是最令人关注的三个主题。

　　贫困是问题的根源。改革开放以后中国总体经济迅速发展，人均收入水平普遍提高，但社会差距逐渐并公开化，表现为有三大差距——城乡差距、地区差距和阶层差距。这其中最尖锐的社会差距问题便是绝对贫困，中国的绝对贫困问题的基本特征是结构性贫困、区域性贫困和阶层性贫困。③ 结构性贫困表现为绝对贫困人口绝大多数分布在农村，而且农村社区的贫困发生率和贫困分担率都远高于城市社区；区域性贫困表现为贫困人口高度集中地分布在若干个自然条件极为恶劣的生态环境脆弱地区，主要是西南喀斯特地区、南方红壤丘陵地区、北方黄土高原地区和西北荒漠化地区；阶层性贫困表现为贫困人口往往是那些在社区的政治资源和经济资源的分配格局中处于不利地位的群体。"据国家主管部门统计，到1988 年年底，我国（总共 2142 个县）由国家和各省、自治区扶持的贫困县

---

① Perri 6, D. Leat, K. Seltzer & G. Stoker, *Towards Holistic Governance: The New Reform Agenda*, New York: Palgrave, 2002, pp. 2, 31 – 33.

② 张军、何寒熙：《中国农村的公共产品供给——改革后的变迁》，《改革》1996 年第5 期。

③ 康晓光：《权力的转移：转型时期中国权力格局的变迁》，浙江人民出版社 1999 年版，第 362 页。

有 679 个，其中国家重点扶持 328 个，各省、自治区扶持 351 个。全国贫困县中人均纯收入 200 元以下的乡村人口仍有 2256.6 万，如果以 1985 年可比价格计算，目前（1989 年——笔者注）全国农村仍有 195 个县、5788.5 万人年均纯收入水平低于 200 元，尚未解决温饱问题。"①

根据汉纳姆（Hannum）1989 年中国各省市区低于绝对贫困线的农村家庭比例分布统计，除西藏无统计数据外，全国低于 8% 的只有东部沿海少数几个省份、东部的山东和中部的江西湖南、湖北和安徽，低于 5% 的只有三个直辖市和东部沿海的江苏、浙江、福建、广东和刚成立的海南等少数省份，而西北地区的陕西、宁夏、甘肃、青海和新疆等地的比例在 18%—34%，当时中国农村的绝对贫困人口状况可见一斑。

据世界银行估计：1990 年，中国农村的绝对贫困人口约为 9700 万，占全国总人口的 10%。就是到了希望工程开展几年之后贫困问题仍然相当严重，1993 年国务院公布的数据表明，当时中国农村的绝对贫困人口高达 8000 万，贫困的发生率为 8.9%。与此同时，贫困地区农村社会保障支出极为有限，救济标准偏低，根本不能保障贫困户的基本生活。1993 年全国还有 1/3 以上的县没有福利事业单位，贫困地区的情况就更不用说了。② 1993 年国家启动"八七扶贫攻坚计划"，目标是到 2000 年用 7 年时间提高 8000 万贫困人口的生活水平。1996 年中国政府估计生活在贫困线以下的人口有 6500 万，而世界银行根据联合国千年目标所确定的每人日均 1 美元的贫困线标准估计，中国在此标准之下的人口则达 3.95 亿。③ 据 2007 年"两会"期间官方认可的数据，中国目前需要帮扶的人口还有 1 亿左右，其中人均年收入 683 元以下的绝对贫困人口 2148 万，人均年收入不到 958 元的低收入人口 3550 万。2009 年 4 月，世界银行发布了名为《从贫困地区到贫困人群：中国扶贫议程的演进》的报告。该报告指出，2005 年直接问卷调查数据显示，按当年美元购买力平价，中国仍然有 2.54 亿人口每天的花费低于国际最新贫困线。这一贫困人口数字远高于中国官方估计的农村 1500 万贫困人口。2008 年年底之前，中国政府确定的贫困线为人均年收入 785 元。该标准按照 2005 年的美元购买力平价约为人均每天 0.57 美元，而按照美元兑人民币现行汇率则只有

---

① 刘延东（时任团中央书记和中国青基会理事长）在宣布开展"希望工程"的新闻发布会上的讲话，1989 年 10 月 30 日。

② 国家经济体制改革委员会：《社会保障体制改革》，改革出版社 1995 年版，第 211 页。

③ World Bank, *Poverty Reduction and the World Bank*: *Progress and Changes in the 1990s*, Washington D. C. : International Bank for Reconstruction and Development/World Bank, 1996.

人均每天 0.31 美元。这与世行推荐的人均 1.25 美元的贫困线相比，差距极为悬殊。

贫困直接威胁到儿童的教育问题。在贫困地区和贫困人群中，贫困农户家中的青少年尤其是少年儿童是最值得关注和同情的，因为儿童代表未来，教育经济学研究表明，完整的小学教育是一个人从所受教育中获益的临界水平。故而如何解决贫困地区少年儿童因家庭贫困而被迫失学的问题成为非常重要的主题。

此外，由于长期以来中国传统儒家文化的深厚积淀，以及民众对知识的渴望，民间对教育事业一直保持着极大的热情。20 世纪 80 年代末，人们已经清醒地认识到，知识可以带来财富。大家对于知识和教育的渴求几乎变成了某种崇拜，"知识改变命运"成为最鲜明的时代主题之一。

虽然有此时代背景和共识，但事实上，改革开放初期，教育供给政策上，仍然坚持行政一元供给模式，并未放开让志愿团体等社会组织进入，此时政府尽管多次强调对教育十分重视，也多次发布教育法令，但实际上则是政府对教育等公共物品的投入在削减；而且由于农业经济天然的劣势，不仅使得农村财政力量大为衰减，更加剧了农村义务教育等公共物品供给的缺失。在农村，由于乡镇政府不再具有直接的经济管理职能，不能直接提取农民手中的财富，相应供给公共物品的能力不足，但是同时，由于财政包干制度赋予地方政府的自主权，乡镇政府便会将有限资源直接投入到对其晋升前程有直接影响的 GDP 增长，即经济建设中去，而不愿供给到没有多大明显经济效果的公共物品中。这进一步加重了教育的供给缺失。

在城市方面，情况按理说应该好些，因为这一时期国家教育政策的价值重心又逐渐由"普及"转向了"提高"，教育改革的重点放在了重建高等教育和城市的"重点"中小学的建设上，公共教育资源开始向"重点"和城市集中，农村地区的学校被大幅度地撤销或合并，农村义务教育再次被边缘化。农村小学由 1977 年的 94.9 万所减少到 1985 年的 76.6 万所，农村中学（包括初中和高中）也从 18.2 万所减少到不足 7 万所，分别减少了 19.3% 和 62%；而同期城市和镇的小学则从 3.3 万所增加到 5.7 万所，初中从 1.9 万所增加到近 2.4 万所，分别增加了 72.7% 和 26.3%。但值得注意的是，此时城市的小学毕业生的升学率反而下降了，从 1978 年的 103.3% 下降到 1984 年的 98.5%。[①] 不过在教育供给上，由

---

① 《新中国 50 年统计资料汇编》，转引自赵全军《中国农村义务教育供给制度研究（1978—2005）——行政学的分析》，博士学位论文，复旦大学，2004 年，第 71 页。

于仍然延续了之前教育资源向城市和重点学校倾斜的政策，不少的精英类型中小学得以迅速发展出来，而普通小学和普通初中与之差距则越来越大。原有的教育供给吸收了大量国有企业力量，建立了许多厂办学校，但这些企业本身多数没有在市场经济中生存和运行的经验与能力，在与民营企业的竞争中大批倒闭。而且此时初期城市公共物品提供中义务教育并未放开给民营企业，更加导致一些普通小学和普通初中资源严重不足，无法得到良性发展。

1985 年实施的教育改革把筹集中等和高等教育经费的一大部分责任，以及分配这些经费的控制权从中央下放到省和地方政府。同时，中等教育仍由省里负责，而小学教育仍由县里负责。这样一来，由于各地县政府的财政收入能力相差悬殊，因而它们对农村初等教育的支持强度也就极为不同。在绝大多数贫困地区，由于初等教育经费不足，学校的办学条件极差，校舍破烂不堪。各种因素的综合作用，使得这些地区的学校教育成绩平平，带给贫困人口的是很低的升学率和文化水平。[①]

到 1985 年之后，尤其是 1986 年《义务教育法》颁布以后，情况略有改变，财政包干制的推行带来了"县、乡、村三级办学，县、乡两级管理"的办学体制的形成。中央政府对义务教育的治理做出了"地方负责，分级管理"的制度安排。1985 年《中共中央关于教育体制改革的决定》中提出，"把发展基础教育的责任交给地方，有步骤地实行九年制义务教育"，"基础教育管理权属于地方。除大政方针和宏观规划由中央决定外，具体政策、制度、计划的制定和实施，以及对学校的领导、管理和检查，责任和权力都交给地方。省、市（地）、县、乡各级管理的职责如何划分，由省、自治区、直辖市决定"。并规定，"为了保证地方发展教育事业，除了国家拨款以外，地方机动财力中应有适当比例用于教育，乡财政收入应主要用于教育"，"地方可以征收教育费附加"。而且，允许地方"在自愿的基础上，鼓励单位、集体和个人捐资助学"。1986 年先后颁布了《义务教育法》和《义务教育法的实施细则》，除了将上述的规定以法律的形式确定下来以外，还对义务教育组织实施、筹资办法以及资金运用等方面做出了更为具体的规定。《义务教育法》第十二条规定："实施义务教育所需事业费和基本建设投资，由国务院和地方各级人民政府负责筹措，予以保证。国家用于义务教育的财政拨款的增长比例，应当高于财政经常性收入的增长比例，并使按在校学生人数平均的教育费

① 康晓光：《创造希望——中国青少年发展基金会研究》，漓江出版社、广西师范大学出版社 1997 年版，第 371 页。

用逐步增长。地方各级人民政府按照国务院的规定，在城乡征收教育事业费附加，主要用于实施义务教育。国家对经济困难地区实施义务教育的经费，予以补助。"值得注意的是，一是实现了从"基础教育"到"义务教育"的教育观念彻底更新；二是进一步把"分级办学"的教育制度"法治化"。又如 1992 年颁布的《义务教育法实施细则》第五条规定："实施义务教育，城市以市或者市辖区为单位组织进行；农村以县为单位组织进行，并落实到乡（镇）。"第三十条规定："实施义务教育的学校新建、改建、扩建所需资金，在城镇由当地人民政府负责列入基本建设投资计划，或者通过其他渠道筹措；在农村由乡、村负责筹措，县级人民政府对有困难的乡、村可酌情予以补助。"又如《教育法》第五十条规定："农村乡统筹中的教育费附加，由乡人民政府组织征收，由县级人民政府教育行政部门代为管理或者由乡人民政府管理，用于本乡范围内乡、村两级教育事业。"

不过这样不但没有解决原有问题，反而带来了新的问题，即教育管理和资源分配中，政策决策和监督权在中央与省级政府，在具体的中小学设置、撤销、变更及其学校的人事管理权限主要集中在县级政府的手中，但在最为重要的义务教育经费筹措上权责关系正好倒置过来，中央政府只承担对贫困地区义务教育的扶持责任；省级政府除了制定相关的经费标准外，也只承担少量对贫困地区的经费补助责任；县级财政主要承担少数城区学校的教育投入责任及对乡镇学校基建给予补助；乡镇财政负责本地中心小学和乡镇中学（主要是初级中学）的经费投入，行政村（也有个别自然村）则需负责村办小学部分经费的筹措工作。这种情况也加剧了乡镇"三提五统"及变相收税的现实，百姓成了义务教育真正的"埋单人"，城乡差距进一步拉大，校际、汉族与少数民族之间的教育资源配置极其不平衡。

据国家教委资料显示：1988 年中国中小学教育经费投入扣除教师工资后，学生人均公用教育费用仅分别为 40.38 元和 10.18 元，如此之低的教育投入，使得整个基础教育条件都极为落后；1988 年全国初中和小学教师不合格的比例分别高达 64.4% 和 31.9%；至 1990 年，全国还有 85个县适龄儿童入学率不足 60%，全国每年有 250 万以上的学龄儿童因各种原因不能入学；已经入学的少年儿童流失问题也十分突出，1989 年全国小学学生流失率为 3.2%，一年有近 400 万少年儿童从学校流失；即使已经通过九年制义务教育任务中普及初等教育验收的县中，仍有 60% 的县农村小学毕业生升入初中的比例不足 60%，全国总计每年又约有 500

万的小学毕业生无法进入初中学习而流入社会。上述这些情况，在农村地区特别是贫困地区就更为恶劣或突出。而且 1980—1989 年全国中小学生流失量呈上升趋势，1989 年的学生流失量比 1986 年增长 38%，从 1980 年到 1988 年，全国流失生总数达 3799 多万名。①

另外，1994 年国家教育发展研究中心在联合国儿童基金会的支持下开展的"90 年代义务教育目标监测"的合作项目，通过对 12 个省、自治区的 143 个县的 42345 所小学，涉及 734.7 万小学在校生，重点是山区和贫困地区的调查显示：1991—1994 年，农民人均收入低于 300 元的贫困县的小学和中学入学率指标都远远低于同期中上等收入地区的平均水平。1994 年，某些少数民族聚居的贫困地区，小学学龄儿童入学率还在 30%—80%。在特别贫困的地区，女童的入学率要比同龄男童低 20 个百分点；在部分西北贫困地区，未入学的学龄儿童中女童所占比例高达 90% 左右。调查还发现，"目前部分县为了掩盖问题，在年度教育事业统计报表上经常做修正和平衡……入学率可以相差 3—5 个百分点"。报告还显示，在特别贫困的地区，不仅小学师资存在缺口，校舍和教学设备的缺口更大。对西北和西南部分贫困县的调查显示，许多县预算内教育事业费支出都大于本县自有财政收入总额。②

二　教育的政府"甩包袱"与制度外供给的需求

一些学者将 1949—1978 年的中国称为"总体性社会"（Total Society），有时也称为"全能主义"（Totalism）社会，是以国家对社会资源的全面控制和垄断为基础的社会体制。这一概念最早由美国政治学家邹谠提出，他认为，中国社会自清末以来出现以整合危机为主要表现的"总体性危机"，在为解决这一危机的角逐中，中国共产党取得胜利，1949 年成立新中国，作为对总体性危机反应的总体性社会形成。总体性社会有三个基本构成要素：第一，国家对大部分社会资源，包括生产资料、生活资料、机会资源等直接垄断；第二，社会政治结构的横向分化程度很低，政治中心、经济中心、意识形态中心高度重叠；第三，消灭了统治阶级，过去的"国家—民间精英—民众"的三层结构变为"国家—民众"

① 中国青少年发展基金会、国家科委中国科技促进发展研究中心：《中国青少年发展状况研究报告》，社会科学文献出版社 1992 年版，第 121—125 页。
② 国家教育研究中心，1996 年，转引自康晓光《创造希望——中国青少年发展基金会研究》，漓江出版社、广西师范大学出版社 1997 年版，第 71 页。

的二层结构，整个社会没有中介组织，国家直接面对民众。①

孙立平认为，新中国成立后"总体性社会"逐渐形成。② 这种强国家的社会结构在改革开放以后发生了变化，20世纪70年代末期的经济体制改革，导致了资源配置体制的重要变化，并由此开始了意义深远的社会转型。因此，非营利组织发展的制度环境发生了根本性的变化，近20年来，中国社会的经济改革和社会转型以及民间社会的发育，产生于一个基本的背景之中，即总体性社会体制及其嬗变过程。孙立平之前认为，中国社会正在逐步由改革前的"总体性社会"走向一种"后总体性社会"，改革释放出"自由流动资源"，并提供了"自由活动空间"。③ 正是这种"后总体性社会"，构成了"希望工程"资源动员和参与的宏观社会背景。但最近，孙立平修正了对中国社会特征的判断，将之称为"新总体性社会"。④ 他认为新总体性社会特征主要有：（1）新总体性社会是形成、打碎、重组市场因素之后，总体性权力与市场经济相结合。权力市场如此奇异的结合，使其成为一种很独特的新体制。（2）与权力是老总体性社会的单一机制不一样，新总体性社会中权力多了一个机制，即经过其重组的市场机制。（3）老总体性社会的基本整合原则是一种乌托邦式的意识形态，而新总体性社会的整合原则则是利益。（4）老总体性社会只有一个中心，而新总体性社会由于中央不再具有原来的权威性，且服从开始建立在交换关系基础上，便出现了一种蜂窝状总体性结构的趋势。在不同的层级上都形成与中央同构的总体性结构，在机制上出现逐级复制的过程。

笔者认为，"新总体性社会"的概述比"后总体性社会"要准确、恰当，因为前者重点突出"新"，表示目前仍然处于"总体性社会"；而后者表示目前已经走出"总体性社会"。对于当前中国而言，社会结构，尤其是政治体制并无实质性变化，"总体性社会"特征仍然明显，但是局部上有许多变化，所以"新总体性社会"比较合适。

新总体性社会中，中央政府自身的财力有限，如何做到不减少甚至还要增加义务教育等这些事关民众生存和发展的基本的公共物品的供给

---

① Tang Tsou, "Reintegration and Crisis in Communist China: a Framework for Analysis", In: Hoping – ti & Tang Tsou, eds., *China in Crisis*, V. 1 Book 1, Chicago: University of Chicago Press, 1967.

② 孙立平等：《改革以来中国社会结构的变迁》，《中国社会科学》1994年第2期。

③ 孙立平等：《动员与参与：第三部门募捐机制个案研究》，浙江人民出版社1999年版。

④ 孙立平：《关于新总体性社会特征的讨论》，孙立平的博客"中国当代社会的发展和变迁"，2012年4月30日，http://sun – liping. blog. sohu. com/213940652. html。

水平，以实现自身的合法性？策略是利用自己的行政权力的优势，通过供给责任转嫁的方式来保证供给，向地方政府、向社会民众"甩包袱"也就成为中央政府自然的选择。因此，面对现实困境，中央政府选择了"甩包袱"的教育供给路径，在20世纪80年代初期国家推行分权化改革之后，紧接着就出台了"把基础教育的责任交给地方"的规定。这一制度和路径形成以后，立即被地方政府所模仿，较高层次的地方政府为了能在财政压力轻松的条件下维持自身较高的合法性水平，同样采取了"甩包袱"的方法，层层传递以后，农村义务教育供给中的筹资和管理的责任落在了处于行政末梢的县乡政府甚至是村级组织的身上。但如上文所述，在集权型的财政下，基层县乡政府的财力非常弱小，依靠制度内的财力它们是很难筹集到足够的义务教育经费的，供给义务教育所必需的很大一部分经费只能依靠中央政府赋予的收费、集资、摊派的权力，通过制度外的方式来筹集。所以，最终的"包袱"甩在了农民的身上，农民成为义务教育经费的来源主体和真正意义上的成本承担者。[1]

"1988年，我国人均教育经费仅为11.2美元（约合人民币40元），位列世界倒数第二。1988年国家财政拨款为321元，加上其他渠道筹资102亿元，共423亿元。全国在校生2.2亿，人均不足200元，其中大学生人均2300元，中学生人均140元，小学生人均60元。公用经费大部分用于修缮危旧校舍，很多农村小学甚至买不起粉笔和备课本。如果给我国各级各类在校生和文盲每人每年增加10元教育经费，就需要44亿元人民币。……由政府大幅度增加教育投资显然十分困难。"[2] 可见，当时中小学教育财政投入相当少，仅有的教育经费主要投给大学，而且这里所谓的"其他渠道筹资102亿元"，其实基本上是通过制度外的方式来筹集的，更不论国家财政拨款中本身还包含着的公民缴纳的教育税费部分。

但是，同时期的"1990年，全国集团购买力为700亿元，是全国教育投资的两倍。仅1993年上半年，全国县以上的行政单位购买小轿车的审批金额高达145亿元，还有数百亿元计的'红头文件'屡禁不止的公款吃喝。然而，1993年全国拖欠中小学教师工资共计14亿元。"[3]

中国政府面对公共物品供给资源短缺的现实，希望通过其他方式来

---

① 赵全军：《中国农村义务教育供给制度研究（1978—2005）——行政学的分析》，博士学位论文，复旦大学，2004年。

② 刘延东（时任团中央书记和中国青基会理事长）在宣布开展"希望工程"的新闻发布会上的讲话，1989年10月30日。

③ 黄传会：《为了那渴望的目光：希望工程20年纪事》，安徽教育出版社2008年版，第98页。

解决这些社会问题，在全球公共服务市场化浪潮高涨的特定时期①，执政者采取了美名曰市场化、实质是"甩包袱"的做法，即进行卸责，将政府本应承担的提供公共服务和供给公共物品的责任推卸给公民个人和企业。

于是，在行政集权的政治模式下，政治权力成为分配资源最重要的力量，产生了大量直接剥夺农民与土地红利的做法，比如"三提五统"，即在农村的三项村提留（公积金、公益金、管理费）和五项乡镇统筹（教育附加、计划生育费、民兵训练费、民政优抚费、民办交通费）。其中农村教育事业费附加用于乡村两级办学，即义务教育。在 2001 年实行税费改革，统一征收 5% 的农业税时，"三提五统"名义上已经取消，但实际上直到 2006 年全面取消农业税时才成为历史名词。而且"三提五统"不是明确的税种，更多的是乡村干部巧立名目刮取民脂民膏，对其原因，有学者认为，目前中国农村的利益分配格局完全是中国目前农村的人地比例、现行土地制度，乃至限制劳动力流动的户籍制度（户籍制度在"三提五统"的具体征收中发挥着重要作用）的必然产物。② 在城市，改革前政府是通过单位来分配市民的生活资源、控制公共空间和提供公共物品的，改革后开始出现单位以外的大量活动空间，比如第三产业、个体、私营、三资等各种非公有制企业等，但是政府将之排除在公共物品供给对象之外，而且单位也减少成员数量、甩掉许多公共物品供给，比如原先厂办学校对职工子女提供的教育。于是城市公共物品的供给也严重不足。

这种由于政府尤其是上级政府，一层一层往下"甩包袱"的财政主体的本位主义；政府追求自身利益最大化和行政责任机制不明确等，其后果自然是追求短平快、GDP 主义和忽视教育等公共服务供给。而为了聚精于经济发展，政府就不愿增加教育等公共服务供给。③ 傅勇、张晏利用省级面板数据研究发现中国的财政分权以及基于政绩考核下的

---

① ［美］E. S. 萨瓦斯：《民营化与公私部门的伙伴关系》，周志忍等译，中国人民大学出版社 2001 年版。

　　［英］诺曼·弗林：《公共部门管理》，曾锡环等译，中国青年出版社 2004 年版。

　　［美］戴维·奥斯本、特德·盖布勒：《改革政府：企业家精神如何改革着公共部门》，周敦仁等译，上海译文出版社 2006 年版。

② 张岸元、白文波：《乡村"三提五统"的理论、政策与实践》，《战略与管理》2008 年第 2 期。

③ Anthony Saich, ed. , *The Governance and Politics of China*, 3ʳᵈ edition, New York：Palgrave，2008.

政府竞争，造成了地方政府公共支出结构"重基本建设、轻人力资本投资和公共服务"的明显扭曲。[①] 另外，教育财政分权改革后，地区经济的不平衡发展导致地区间教育投入的严重失衡。[②] 教育财政分权在农村与城镇的不同表现，使得城乡地区在义务教育水平方面的差距继续扩大。[③]

另外，政府通过将公共服务供给市场化的手段进行"甩包袱"。执政者发现，大量资源散布于社会以及国际空间，因此聚集国内和国际上社会资源帮助国家解决社会问题成为一种可能。[④] 从现实来看，中国公共服务领域市场化改革过程中所产生的负面效应比西方国家要大。以农村义务教育为例，既表现在转制学校的高收费和普通农村中小学的乱收费上；也表现在义务教育差距进一步被拉大上，一边是豪华的贵族学校，另一边是边远、贫困地区中小学的诸多危房，而且贫困人口子女无钱读书、流动人口子女无校读书的问题也非常突出；同时还表现在教育腐败上，义务教育市场化改革中的权学交易、权钱交易的现象屡有发生。[⑤]

1993 年，中共中央、国务院颁布《中国教育改革和发展纲要》，提出到 2000 年财政性教育经费占 GDP 的比例达到 4%，2005 年，《国务院关于深化农村义务教育经费保障机制改革的通知》，对农村义务教育经费保障机制做出了明确规定和重大调整。《国务院关于进一步加大财政教育投入的意见》（国发〔2011〕22 号）和《国家中长期教育改革和发展规划纲要（2010—2020 年）》明确提出，到 2012 年实现国家财政性教育经费支出占国内生产总值比例达到 4% 的目标。虽然 2006 年以来呈现大幅增长的态势，但政策出台 20 年过去了，直到 2012 年仍然没有实现目标，国家财政性教育经费及其占 GDP 的比例一直处于较低的水平（见图 1-1），2011 年为 3.66%，明显低于国际通行的 4%—4.58% 的水平。据世界银行测算，2000 年教育财政投入的全世界平均为 4.4%，其中高收入国家平均为 5.3%，发展中国家中印度也已达到 4.1%。2008 年世界平均水平是

---

① 傅勇、张晏：《中国式分权与财政支出结构偏向：为增长而竞争的代价》，《管理世界》2007 年第 3 期。

② 魏后凯、杨大利：《地方分权与中国地区教育差异》，《中国社会科学》1997 年第 1 期。

③ 李英蕾：《教育财政分权对中国义务教育供给效率的影响》，硕士学位论文，复旦大学，2009 年，第 34 页。

④ 李瑞昌、李婧超：《中国慈善事业发展：模式、功能与方向》，《中共浙江省委党校学报》2012 年第 1 期。

⑤ 赵全军：《中国农村义务教育供给制度研究（1978—2005）——行政学的分析》，博士学位论文，复旦大学，2004 年。

4.5%，发达国家都在5%以上，菲律宾等发展中国家也超过4%。厉以宁等的实证研究得出结论，当人均GDP达到800美元到1000美元时，公共教育支出占GDP的比重要达到4.07%—4.25%，才能实现教育与经济的良性发展。① 到2000年达到4%的目标由此产生。尤其值得注意的是，从中国1992—2011年财政性教育经费占GDP的比例数据趋势图（见图1-1）可以看到，有两起两落，在1995年和2004年两个新政策出台前后到达谷底，之后受持续政策影响才逐渐回升走高。预算内教育经费支出占GDP的比例也呈现相同趋势（见图1-2）。

表1-1　国家财政性教育经费及其占GDP的比例（1992—2007年）

年份	国家财政性教育经费（万元）	预算内教育经费（万元）	GDP（万元）	国家财政性教育经费占GDP的比例（%）	预算内教育经费占GDP的比例（%）
1992	7287506	5387382	26923	2.71	2.00
1993	8677618	6443914	35334	2.46	1.82
1994	11747396	8839795	48198	2.44	1.83
1995	14115233	10283930	60794	2.32	1.69
1996	16717046	12119134	71177	2.35	1.70
1997	18625416	13577262	78973	2.36	1.72
1998	20324526	15655917	84402	2.41	1.85
1999	22871756	18157597	89677	2.55	2.02
2000	25626056	20856792	99215	2.58	2.10
2001	30570100	25823762	109655	2.79	2.35
2002	34914048	31142383	120333	2.90	2.59
2003	38506237	34538583	135823	2.84	2.54
2004	44658575	40278158	159878	2.79	2.52
2005	51610759	46656939	183217	2.82	2.55
2006	63483648	57956138	211924	3.00	2.73
2007	82802100	76549100	249530	3.32	3.07

　　资料来源：国家统计局《中国统计年鉴2008》，中国统计出版社2008年版。2007年教育经费数据来自教育部《2007年全国教育经费执行情况统计公告》，《中国教育报》2008年12月1日第2版。转引自岳昌君《中国公共教育经费的供给与需求》，载杨东平主编《教育蓝皮书》，社会科学文献出版社2009年版，第80—86页。

———————————

　　①　厉以宁：《教育的社会经济效益》，贵州人民出版社1995年版。

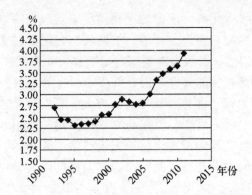

图 1 - 1 中国 1992—2011 年财政性教育经费占 GDP 的比例两起两落

资料来源:《中国教育经费统计年鉴》1993—2012 年;《全国教育经费执行情况统计公告》1992—2011 年。

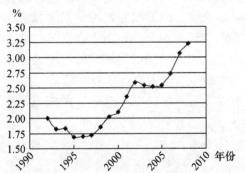

图 1 - 2 中国 1992—2008 年预算内教育经费支出占 GDP 的比例两起两落

资料来源:《中国教育经费统计年鉴》1993—2009 年;《全国教育经费执行情况统计公告》1992—2008 年。

　　一方面是教育经费严重不足,另一方面是适龄儿童数量在增加,在此背景下,中国首先要解决义务教育供给数量短缺的问题,因此如何能动员起更多的资源参与到义务教育的治理中来成为中国政府选择市场化改革路径的基本动因。于是,很多地方政府既希望更多的公立学校能够转制,也希望更多的民办学校能够建立,从而甩掉义务教育的"包袱",缓解自身的财政压力。但也因此导致种种异化现象,如部分公立学校趁机乱收费、置义务教育阶段的民办学校和学生于公共教育资源分配之外等。①

----

① 赵全军:《中国农村义务教育供给制度研究(1978—2005)——行政学的分析》,博士学位论文,复旦大学,2004 年。

　　由于绝对的权力优势，上级政府在动员下级政府完成任务时，往往不需要提供必需的配套资源，所以，中央政府在把农村义务教育筹资责任下放给地方政府时，并没有在制度内赋予基层政府相应的财力。这样，地方政府，尤其是基层的县乡政府在筹集农村义务教育经费时一直不能摆脱对"制度外筹资"的路径依赖。一方面，在财权上收、事权下放的条件下基层政府的财力有限，事权与财权的不对称而引起的基层政府财政缺口是一个非常重要的原因。另一方面，除了客观的财力不足的原因以外，基层政府的主观意愿也是一个非常重要的因素，由于义务教育并非基层政府的偏好所在，因此无论本身是否有能力承担起筹资的"包袱"，县乡政府都有强烈的再甩"包袱"的意愿和冲动。① 对于基层的县乡政府而言，即使其制度内的财力是充足的，完全有能力承担起农村义务教育供给的需求，但只要政策允许，其依然不会放弃制度外筹资的方式。从内在的驱动力来讲，地方政府也都不太愿意拿出更多制度内的财力来用于义务教育的供给，而是希望在不影响其他地方政府偏好项目支出的情况下，在政策允许的范围内尽量利用制度外的资金来完成这一任务。也就是说，在中央政府把为义务教育筹资的"包袱"下放给地方政府以后，地方政府并没有承接这个"包袱"的充足意愿，因此这个"包袱"就被层层传递，直至落在了基层政府的身上；而基层政府同样也没有完成这一职责的内在驱动力，但由于处于行政末梢，没有可以进行再转移的行政空间，所以，就只能在制度外寻找"甩包袱"的空间。

　　通过上文的分析可以看出，无论是以县为主，还是以乡为主，制度外筹资的方式都是基层政府完成农村义务教育筹资责任的主要途径之一，只不过是在不同的模式下所采用的具体形式有所变化而已，在以乡为主的模式下，集资、摊派等是常用的手段；而在以县为主的模式下，借贷、招商引资等成为主要的途径。

　　当然，这样一来，政府对教育"甩包袱"的同时必然产生了制度外供给的组织需求。制度外的供给是基层政府的首选，为了支撑这种制度外供给的资源汲取，必然需要相应的组织来完成此活动，而地方政府尤其是基层政府也没有能力去独自完成，这样，制度外的新的组织形式就成为必要补充。

---

① 赵全军：《中国农村义务教育供给制度研究（1978—2005）——行政学的分析》，博士学位论文，复旦大学，2004 年。

三 政府缺位的制度空间与非正式制度的介入

一方面，新"总体性社会"背景下，政府公共物品资源配置严重不足；另一方面，中国从旧总体性社会向新总体性社会的社会转型过程也带来了社会结构松动、自由流动资源和自由活动空间的出现，这为非营利组织的兴起创造了条件。

在公共物品供给资源短缺、制度空间缺位的同时，执政者敏锐地发现，大量资源散布于社会以及国际空间，因此聚集国内和国际上社会资源帮助国家解决社会问题成为一种可能，这便成为国家推动非营利组织发展的基本动机。①

中国首先进行的是农村经济体制改革，即 1979 年开始实施家庭联产责任制，这瓦解了原来的集体经济制度基础，对农村的公共物品供给来说，行政一元供给模式在此前的农村公共物品供给所依赖的公社财政以及集体经济体制开始瓦解的背景下，财政汲取能力严重不足，其出路是要么加大公共财政的支出；要么改变行政一元供给模式，依赖民间社会力量；要么引入市场投资，而后两者必然会打破原有的制度均衡。1984年开始在城市进行经济体制改革，至此，遍及国民经济所有领域的市场化改革全面推行。不过值得注意的是，不仅经济领域，而且社会领域也大力推行市场化改革，社会领域的过度市场化加剧并导致了公共物品供给中政府与非营利组织的缺位，而这本应由此两者而非市场成为主体的。不过社会领域的市场化的相对含义是民营化，就是政府允许非政府机构来共同分担那些过去由政府独自承担的"社会职能"，尤其是"单位"原来承担的大量的社会职能——公共物品的生产和分配——逐渐向社会转移。与此同时，受到全球"全球公民结社革命"（global associational revolution）② 示范效应的影响，于是，大量社团类非营利组织应运而生。党的十一届三中全会以来，全国性社团经历了三轮大幅增长：1978 年和 1980 年两年新成立 118 家，1986 年新成立 54 家，1992 年新成

---

① 李瑞昌、李婧超：《中国慈善事业发展：模式、功能与方向》，《中共浙江省委党校学报》2012 年第 1 期。

② Salamon, Lester, "The Rise of the Nonprofit Sector", *Foreign Affairs*, July/ August, 1994, pp. 3 -64.

　Salamon, Lester & Sokolowski, W. J. and Regina List, *Global Civil Society: An Overview*, Baltimore: Center for Civil Society Studies, Johns Hopkins University, 2003.

立 98 家。① 据民政部统计，1989 年年初，全国性社团已达 1600 多个，是"文化大革命"前的 16 倍。②

其中，1981 年，新中国首个现代意义的非营利组织——中国儿童少年基金会经中共中央书记处第 100 次会议通过，于 1981 年 7 月 28 日正式成立，业务主管单位是全国妇联。1989 年中国儿童少年基金会发起并组织实施春蕾计划（Spring Buds Project/Spring Buds Program），这是一项旨在帮助因生活贫困而辍学或濒临辍学的女童重返校园接受学校教育的社会公益事业。1982 年新修改的中华人民共和国《宪法》第 35 条规定了公民有结社自由，这意味着公民具有依法自愿组成社会团体的权利，这便为在中国成立各种社会团体提供了宪法上的保证，需要的是具体运作。随后其他基金会相继成立，其他进行教育援助的非营利组织，比如爱德基金会 1985 年成立，中国青少年发展基金会 1989 年成立。这些基金会的成立一方面帮助政府聚集分散的社会资源，另一方面使用基金会名称而非"慈善组织"或"非政府组织"，避免政治上的争议，同时保护了公益组织的发展。也正是在这种策略之下，非营利组织的制度空间也逐步开阔起来。③

20 世纪 80 年代后期，中国政府提出了"小政府、大社会"的改革方案，"我国政治体制改革的一个重要方向是小政府、大社会，社团的兴起就是大社会的一个重要组成部分。……随着社会的进步和发展，社团的作用将越来越明显"。"在现代社会，社会团体已经成为社会结构的重要组成部分。……从政府、企业脱离出来的许多社会服务性工作将由社会去做，由社会团体去承担，因此，社会团体活动的领域将越来越宽广，作用也将越来越大，这是一个必然的发展趋势。"④

如此一来，政府和"单位"的职能转变使得相当一部分公共物品的生产和分配转入社会，打开了一个全新的制度空间——社会活动领域，这样，非营利组织就具有了成长的可能性，于是，各种各样的民间非营

① 任慧颖：《非营利组织的社会行动与第三领域的建构》，硕士学位论文，上海大学，2005年。

② 吴忠泽、陈金罗：《社团管理工作》，中国社会出版社 1996 年版，第 6 页。

③ 李瑞昌、李婧超：《中国慈善事业发展：模式、功能与方向》，《中共浙江省委党校学报》2012 年第 1 期。

④ "国务委员陈俊生同志在全国社团管理工作上的讲话"，1992 年 9 月 19 日，载民政部社团管理司管理处编《社会团体管理工作手册》，1996 年 7 月。"民政部部长多吉才让同志在全国社团管理工作上的讲话要点"，1992 年 9 月 19 日，见民政部社团管理司管理处编《社会团体管理工作手册》，1996 年 7 月。

利性组织抓住机遇应运而生，新型的社会团体出现了并发展迅速。

除了政府将原来承担的大量社会职能逐渐向社会转移这一宏观原因外，另一个重要原因是，共青团在政府职能转变的改革中受到了冲击，最明显的是共青团的机构性质由"党政机关"变成了"社会团体"，即"非营利组织"，尽管共青团与一般的社会团体仍有较大区别，民政部专门规定："共青团……等社会团体可简化登记手续，即不必提交业务主管部门的审查意见，直接向社团登记管理机关申请登记"，但仍然规定它们"都应进行登记"，都属于社会团体。① 共青团组织的处境有些尴尬，一方面，一些基层团组织开始涣散甚至瘫痪；另一方面，最重要的是共青团组织处于无钱用的境地，国家财政只能保证其工作经费，准确地说是各级团干部的工资，共青团需要寻求其他方式来获得开展活动的费用；另外，20世纪80年代中后期，党政机关兴起办公司的浪潮，并愈演愈烈。当时中央各大部委几乎无一例外地开办公司，利用手中的行政权力支持自己的公司获取"超额"经济利益，通过市场活动把自己把持的公共权力转化成本部门员工的个人利益。② 共青团中央也不甘落后，想成立自己的公司和基金会。

这样，以基金会形式出现的非营利组织的成立就有了现实条件。重要的是，正如中国青基会创始人徐永光所说："作为非营利机构，中国青基会已经具备了一定的发展基础。一方面，经济体制改革扩大了贫富差距；另一方面，改革也促使政府转变职能，使一部分政府职能由非政府机构来取代。"③

此外，新制订的法律条文为中国青少年发展基金会及其实施的希望工程的诞生、存在与发展提供了合法性基础。全国人民代表大会第四次会议通过的《中华人民共和国义务教育法》（1986年4月12日）第9条规定："国家鼓励企业、事业单位和其他社会力量，在当地人民政府统一管理下，按照国家规定的基本要求，举办规定的各类学校。"第12条规定："国家鼓励各种社会力量以及个人自愿捐资助学。"党中央和国务院制定的《中国教育改革和发展规划纲要》也明确提出："要逐步建立以国家财政拨款为主，辅之以征收用于教育的税费、收取非义务教育阶段学

---

① 《民政部关于〈社会团体登记管理条例〉有关问题的通知》，民政发（1989）59号，1989年12月30日。

② 康晓光：《创造希望——中国青少年发展基金会研究》，漓江出版社、广西师范大学出版社1997年版，第340页。

③ 转引自康晓光《创造希望——中国青少年发展基金会研究》，漓江出版社、广西师范大学出版社1997年版，第382页。

生学杂费、校办产业收入、社会捐资集资和设立教育基金等多种渠道筹措教育经费的体制。"国务院制定的《基金会管理办法》（1988 年 9 月 27 日）首次明确了基金会的组织形式。

可见，中国青基会等非营利组织和希望工程在中国的兴起，介入中国的教育援助及 20 多年来的不断发展有着适合其成长的政治社会土壤。

第二节　教育援助中非正式制度的主体与类型

构成教育援助中非正式制度的主体是教育援助中的微观行动者，在本书中主要指在教育援助领域中的非营利组织。

过去三十年，非营利组织发展迅猛，作为这场"全球公民结社革命"——以从政府、国际组织、基金会和个人募集资金为标志——的结果，非营利组织成为大多数国家的社会服务提供体系的主要组成部分。"这场革命对 20 世纪后期世界之重要性丝毫不亚于民族国家的兴起对于 19 世纪后期世界之重要性。"[1] 非营利组织迅速兴起，成为跨越许多政策领域（policy areas）的重要行动者（actor）。随着非营利组织对经济和民主发展的贡献，[2] 不少学者视其为正在兴起的世界社会和世界文化之中流砥柱。[3] 在许多发展中国家和转型国家，政府缺乏能力去对第三部门进行系统的监督，但很多公民依赖非营利组织提供重要的公共服务。即使在发达国家，围绕公共政策和服务配制，公共部门—私人部门—非营利部门间充分互动，继续发展。[4]

一　教育援助中非正式制度主体的类型

关于类型，这里涉及分类标准问题，但目前学界对此观点不一，没

---

① Salamon, Lester, "The Rise of the Nonprofit Sector", *Foreign Affairs*, 1994, July/August: 3 –64.
　Salamon, Lester & Sokolowski, W. J. and Regina List, *Global Civil Society: An Overview*, Baltimore: Center for Civil Society Studies, Johns Hopkins University, 2003.

② Robert D. Putnam, Robert Leonardi and Raffaella Nanetti, *Making Democracy Work*, Princeton, N. J.: Princeton University Press, 1993.

③ J. Meyer, J. Boli, G. Thomas, and F. Ramirez, "World Society and the Nation – State", *American Journal of Sociology*, Vol. 103, No. 1, 1997, pp. 144 –181.

④ Prakash, Aseem & Gugerty, Mary Kay, "Nonprofits Accountability Clubs", In: Mary Kay Gugerty and Aseem Prakash, eds., *Voluntary Regulation of NGOs and Nonprofits: An Accountability Club Framework*, Cambridge: Cambridge University Press, 2010, pp. 283 –302.

有取得共识，对于本书来说，建立适用于研究范围的分类标准非常重要。霍普金斯大学非营利组织比较研究中心的分类体系是目前国际上比较普遍使用的，是由萨拉蒙①提出的一套非营利组织的国际分类标准，（International Classification of Non – Profit Organization，ICNPO）按照提供的服务功能类别将之分为12大类和26小类。其中的教育与研究大类中的初级教育小类就是义务教育领域中的非营利组织。联合国的国际标准产业分类体系（ISIC）的划分方法也与之相似，将非营利组织分为3大类和15小类，其教育类，包括小学教育、中学教育、大学教育和成人教育等，其中的小学教育和中学教育交叉对应本书中的义务教育。这两种分类标准比较适合本研究对应的公共服务领域，但还太粗放，并且没有区分出各种非营利组织的组织结构或功能差别，因为即使同属义务教育领域的非营利组织，仍然来源于不同的组织结构或功能。美国国税局对非营利组织分四个等级减免税优惠，Simon依据享受美国减免税收优惠的等级，将非营利组织划分为四种类型。Weisbrod②将非营利组织分为三种，分别为商业性（Commercial）、集体性（Collective）及信赖性（Trust）的非营利组织。这几种分类标准的优点是按照非营利组织所提供服务的功能类别进行分类，比较细致，但缺点都是将营利组织与非营利组织放在一起，两者界限模糊。

我国民间组织管理局从其履行社会职能的角度把非营利组织划分为三种类型：社会团体、民办非企业、基金会。社会团体按照功能类别进一步分为学术性社团、行业性社团、专业性社团、联合性社团等，民办非企业按照行业进一步分为教育类、科技类、文化类、卫生类、体育类、社会福利等，基金会按照募集捐款方式进一步分为公募基金会和非公募基金会。清华大学NGO研究所王名、贾西津教授根据我国的国情和发展趋势，结合国外的非政府组织的分类，提出中国非政府组织可行的分类方法，在结合中国具体国情的基础上将中国非政府组织分为12个大类，27个小类。③这种分类体系应该说是比较详细的，不过对于多处出现的"其他"显得比较模糊，对于草根类民间组织没有加以考虑也是一种

---

① Salamon，L. M.，& Anheier，H. K.，*Defining the Nonprofit Sector：A Cross – national Analysis*，New York：Manchester University Press，1997.

② Weisbrod B. A.，Toward a Theory of the Voluntary Nonprofit Sector in Three – sector Economy，Edmunds S. Phelps，Altruism Morality and Economic Theory，New York：Russell Sage Foundation，1974，pp. 171 – 195.

③ 王名、贾西津：《中国非营利组织：定义、发展与政策建议》，《行政论坛》2007年第11期。

不足。

此外，从全球视野来看，以非营利组织的权力关系为标准，还有许多新型的非营利组织，主要有 QUANGO（a quasi NGO）；GONGO（a governmental NGO）主要为中国特有的，如共青团、全国总工会、全国妇联等；PANGO（partly affiliated NGO）主要在拉美国家存在，DONGO（a donor organized NGO），比如比尔·盖茨基金；BINGO（a business NGO with corporate characteristics）比如福特基金会等一些企业性基金。[1]

本书中使用的具体分类方法，结合了中国民政部门根据成员的组织形式将非营利组织区分为实体性的民办非企业单位和会员性的社会团体，及非实体性的基金会的方法，并借鉴霍普金斯大学非营利组织比较研究中心的分类体系，采取了功能与组织结构的分类标准，将中国义务教育援助领域中的非营利组织主要分为目前的五种类型：一是私人基金会主要是非公募基金会；二是官方非营利组织（GONGO，a governmental NGO)[2]；三是智力投资型组织；四是网络草根组织或志愿者协会；五是民办学校。

虽然现有文献对非营利组织教育资源投入情况进行了较为翔实的描述，特别是对参与教育投入的非营利组织进行了分类，但是，对这些组织在实践中对义务教育发展的作用，却缺乏系统的估计。

（1）非公募基金会

1988 年的《基金会管理条例》规定："基金会，是指对国内外社会团体和其他组织以及个人自愿捐赠资金进行管理的民间非营利性组织，是社会团体法人。"但 2004 年新的《基金会管理条例》开辟了民间资本进入基金会领域成立非公募基金会的通道，此前基金会并无公募基金会与非公募基金会之分。条例中规定："基金会，是指利用自然人、法人或

---

① Thomas Risse – Kappen, ed. , *Bringing Transnational Relations Back*, In: *Non – State Actors, Domestic Structures and International Institutions*, Cambridge: Cambridge University Press, 1995.

Margaret E. Keck and Kathryn Sikkink, *Activist Beyond Borders: Advocacy Networks in International Politics*, Ithaca, N. Y. : Cornell University Press, 1998.

Siegfried Schieder, *Agency: Private Actors vs. States in the Age of Globalization*, Ph. D Intensive Seminar, FU Berlin, 2011, 10.

② Thomas Risse – Kappen, ed. , *Bringing Transnational Relations Back*, In: *Non – State Actors, Domestic Structures and International Institutions*, Cambridge: Cambridge University Press, 1995.

Margaret E. Keck and Kathryn Sikkink, *Activist Beyond Borders: Advocacy Networks in International Politics*, Ithaca, N. Y. : Cornell University Press, 1998.

者其他组织捐赠的财产，以从事公益事业为目的，按照此条例的规定成立的非营利性法人。"《条例》出台后对基金会进行了重新划分，将2004年之前成立的少数与政府关系密切的机构以及个别以人名命名的基金会归为公募基金会，大部分基金会属于公募基金会。"基金会分为面向公众募捐的基金会（以下简称公募基金会）和不得面向公众募捐的基金会（以下简称非公募基金会）。公募基金会按照募捐的地域范围，分为全国性公募基金会和地方性公募基金会。"

不过此分类标准最大的问题是无法解决境外基金会的定位问题，而实际上多数草根组织的资金主要源于境外基金会，比如中国慈善总会70%的捐款来自境外。《条例》规定："境外基金会在中国内地设立的代表机构由民政部门负责登记管理工作。"表明境外基金会在中国内地只能设立代表机构，不能直接以基金会名义运作。

在本书中，按照功能与结构的分类方法，为了区分基金会的组织结构，将2004年之前成立的少数与政府关系密切的机构以及个别以人名命名的公募基金会归到官方非营利组织类别中，比如中国青基会、宋庆龄基金会等。这样可以集中讨论由私人性质的团体、企业、组织或个人成立的基金会。并且按照其功能区分，包括两种：只出资不提供教育设备，如李嘉诚基金会；出资并提供教育设备的国际非营利组织，如福特基金会、南都公益基金会等。当然，由于目前全国只有壹基金公益基金会一家由私人基金会转变为公募基金会，所以主体就是非公募基金会，并且包含了国内与国外的、成立于2004年之前与之后的。

（2）官方非营利组织

官方非营利组织（a governmental NGO，GONGO）① 主要为中国特有的一类非营利组织，现在也已为西方学者所认可。这类非营利组织，或者是由政府机构直接转型为社会团体，仍然具有很大的行业管理权力，具备准政府机构性质的行业协会；或者是由政府主办并直接控制的社团、基金会、慈善组织，有强大的政府背景；或者是在由官向民转型而成；或者是把握政府职能转换的时机应运而生的各类公益性社团、基金会、慈善会、社区组织、同业协会。这类组织虽有政府背景，或有政府支持

---

① Thomas Risse - Kappen, ed., *Bringing Transnational Relations Back*, *In*: *Non - State Actors*, *Domestic Structures and International Institutions*, Cambridge: Cambridge University Press, 1995.

Margaret E. Keck and Kathryn Sikkink, *Activist Beyond Borders*: *Advocacy Networks in International Politics*, Ithaca, N. Y.: Cornell University Press, 1998.

的影子，但能够比较独立地开展符合机构宗旨的活动，如青少年发展基金会（地区以下称希望工程办）、中华慈善总会、工会等。它还可分为两种，一种是实体性的社团，比如教育工作者协会；另一种是非实体性的基金会，目前大多数将之归为公募基金会。这是目前中国最活跃和最主要的非营利组织力量，比如公募基金会依托某些政府系统，募捐筹款能力很强，吸纳了民间近90%的捐款。

（3）智力投资型组织

智力投资型组织是一类只注重政策咨询服务、教育问题研究等的非营利组织，多由民间智库构成，如北京天下溪教育咨询中心和21世纪教育发展研究院、星星雨教育研究所。

（4）网络草根组织或志愿者协会

网络草根组织或志愿者协会是纯粹民间公益组织甚或一些兴趣团体，多数通过身体力行来支援教育，比如深圳磨房、多背一公斤、西部阳光行动、青海格桑花教育救助会、香港苗圃行动、复新学校、久牵民工子弟学校，等等。其成员与组织形式目前比较混乱，有的是经过发展，在民政部门正式注册，并有主管部门的社团，比如青海格桑花教育救助会；有的在教育部门注册，如复新学校、久牵民工子弟学校；有的受非营利组织双重管理体制的制约，因找不到"婆婆"，没有"出生"的权利，为了获得法人地位只好到工商部门去登记注册，如"地球村"、星星雨教育研究所等，像企业一样要交税；有的为了获得募捐资格和公信力以提高募捐能力，从而挂靠在大型全国性公募基金会，比如早期李连杰的壹基金、邓飞等人的"免费午餐"等；有的来自境外，比如香港苗圃行动；有的因各种原因，只是兴趣团体，并未在任何部门注册，比如深圳磨房、多背一公斤、西部阳光行动等；有的只是通过互联网组织公益活动，即所谓网络草根NGO[①]，比如青海格桑花教育救助会成立之前的格桑花西部助学网、阳光公益联盟等。这类非营利组织的准确数量无法统计，学界认为从30万个到400万个之间不等。[②]王名认为："目前我国的NGO只有10%是正式注册的，90%都不能注册。种种限制使结社自由这一原是公民所拥有的权利变成了由政府批准的特权，通过政府规定的方式取得合法身份的NGO已被抹上了浓重的政府选择的色彩。"[③]

---

① 黄志明：《我国网络草根NGO发展现状与管理论析》，《政治学研究》2009年第4期。
② WPP旗下公司奥美爱地球（Ogilvy Earth）与华通明略（Millward Brown），《企业社会责任和公益组织合作的远景》，2012年。
③ 王名：《改革民间组织双重管理体制的分析和建议》，《中国行政管理》2007年第6期。

（5）民办学校

这是比较有争议和特殊的一类。民办学校是指国家机构以外的社会组织或者个人，利用非国家财政性经费，面向社会依法举办的学校或其他教育机构。从培养人才的层次上，可分为小学、中学、高等学校；从是否直接培养职业技能来看，可分为普通学校和职业学校；从组织形式来看，可以分为学校和其他教育机构，如培训中心、培训部等。

民办学校和非民办学校是从办学主体上来区分的。民办学校有三个明显特征：①举办人不是国家机构；②资金来源于非国家财政性经费；③面向社会举办学校，也就是面向社会招收学生和学员，服务于不特定的群体和公民个人，而不是只招收某个团体、企业、行业、系统和特定群体的人为学生或学员。从现实情况来看，民办学校的举办者主要有：公民个人、私营企业和个体工商户、集体经济组织、国有企业、事业单位和社会团体等。从资金来源渠道来看，有个人自筹资金、个人智力投入（无资金投入）、个人和企业的投资、集资或入股以及捐资等。对于一个特定的民办学校来说，资金来源并不完全是单一的，可以是个人、集体、企业资金的混合。同时，非财政性经费并不排除国有资产的注入。

在国外民办类学校除了教会学校等明确由宗教团体创办的教育机构、私立学校归作非营利组织外，其他均归为营利私立学校，按市场机制运作。但在中国，不仅民办学校，而且所有营利性教育培训机构均归为民办非企业单位，属于非营利组织中的一类。民办非企业单位，是指企业事业单位、社会团体和其他社会力量以及公民个人，利用非国有资产举办的从事非营利性社会服务活动的社会组织，如各类民办学校、医院、文艺团体、科研院所、体育场馆、职业培训中心、福利院、人才交流中心等。其中教育类即民办学校，占民办非企业单位总数的49.47%。全国的民办中小学学校数量和学生数量占全国中小学学校数量和学生数量的比重为5%—8%。

这里的分类涉及教育体制的问题，对民办学校的界定，不是太紧就是太松，如非营利组织难以注册；将私立中小学校全部定义为非营利组织，未区分营利性和非营利性的私立中小学，无论是投资办学有明显营利性追求的名特优私立中小学，还是捐资办学非营利性的普九补充性质的私立中小学均享有同样的免税待遇，向这两类私立中小学捐赠的个人和社会组织都同样可以享受法定的税收减免待遇，这与国际通行的做法是完全不同的。国际上通常赋予非营利私立学校法定的免税待遇，却要求营利性私立学校照章纳税。中国笼统地将所有私立中小学同等对待，其初衷是鼓励社会力量办学，促进私立学校教育的发展，但事实上只有投资办学者可以名利双收，捐资办学激励不足，导致非营利性私立中小学经费不足，办学质量越来越差，营利性私立中小学却可从种种优惠待遇中获利颇丰。这样就变相地鼓励了营利性学校的发展，而且严重打击了非营利性学校的积极性，长此以往，必将影响中国基础教育事业，使中国私立中小学教育变成假公益真营利的事业。①

在本书中，为了符合也便于实际统计，采纳并修正民办学校的定义，仅指基础教育阶段的民办普通中学和民办普通小学。这种定义增加了为基础教育阶段学生提供学历教育的限定，只是同时在民政部门和教育部门注册，而非在工商部门注册的学校，从而将营利性的教育培训机构，比如新东方学校等排除在外，但将民办农民工子弟学校等涵盖进来。这种定义虽然仍然没有办法完全将营利性私立学校排除在外，但好处是符合中国官方有关非营利组织的定义，也符合民政部和教育部的统计标准，便于统计数据。

二 非正式制度的教育援助内容

（1）智力援助

中国教育援助领域中的非营利组织目前主要的五种类型中有两类是主要提供智力援助的：一是智力投资型组织，只注重政策咨询服务、教育问题研究等，如北京天下溪教育咨询中心和21世纪教育发展研究院。二是网络草根组织或志愿者协会，通过身体力行来支援教育，比如深圳磨房、多背一公斤、西部阳光行动、香港苗圃行动、复新学校、久牵民工子弟学校等。另外还有由团中央组织、由高校大学生志愿者进行的西部计划志愿者和三支一扶中的研究生支教团等支教服务队伍。第一类的智力投资型组织基本是正式注册的民办非企业，相对来说运作比较独立，资金来源多数依靠国外的国际教育援助非营利组织或企业基金会。其互动关系基本上是国际平行关系，而且对受益主体的学生很少直接提供援助，故此处不作分析。

（2）物资援助

中国教育援助领域目前主要的非营利组织中有两类主要提供物资援助：一是私人基金会，它又包括两种：只出资不提供教育设备，如李嘉诚基金会；出资并提供教育设备的国际非营利组织，如福特基金会。二

---

① 王宇新：《非营利组织视野中的私立中小学教育》，《当代教育论坛》2005年第2期。

是非公募基金会，比如南都公益基金会、壹基金公益基金会等。另外企业捐赠也主要提供物资援助。不过从其资金来源上看，前面两类非营利组织与企业一样都来自私人或企业。非公募基金会本质上与美国的私人基金会和企业基金会内涵比较一致，即由私人或企业出资成立的基金会。①

本书认为，非营利组织对于教育援助的影响主要体现在两方面：援助的内容和后果。从援助内容上来看，非营利组织进行的物资援助方面尽管和政府相比投入还是太少，但它不仅弥补了教育财政不足，甚至解决或缓解了"甩包袱"所形成的教育资源配置不均衡发展，学校与教学设备、图书资料、活动场地等方面的缺乏等问题，并且起到了调动民间投入和重视教育的传统的作用。不过，非营利组织进行的物资援助仍存在限度，表现在非持久化和非全面化。相比之下，非营利组织进行的智力援助起着至关重要的作用，首先智力援助在农村义务教育中本身就相当缺失，因为农村义务教育主要是知识教育，因此其空间相当大，政府做不了或做得不够的地方，非营利组织有很大的空间，其影响将是无限的，但囿于非营利组织的特性及其可持续性，使得其影响相对有限。从援助后果上来看，非营利组织进行的物资援助，起到了拾遗补阙的作用，不过作用有限；而智力援助则因各种情况呈现复杂性，但带去了观念的改变、对孩子们的未来的影响以及成长的帮助。

这些正是非营利组织进行教育援助的优势所在，尤其是当前的教育发展现实更加需要发挥非营利组织对中国教育援助的优势。中国教育部2012年8月30日公布的《2011年全国教育事业发展统计公报》② 显示，中国小学生在校生人数连续15年减少，初中在校生人数连续8年减少。但值得注意的是，2011年全国小学招生1736.80万人，比上年增加45.10万人。这意味着1997年以来新生儿童数量减少的趋势出现拐点，未来几年可能还会增加。但中国小学的数量还在逐年递减。2011年全国小学数量为24.12万所，比1997年的62.88万所减少了38.76万所，减幅超过六成。这种大幅减少是政策导向的结果，按现政策估计还会继续减少，而面对小学生数量可能增加的情况将会造成教育资源不足。这时希望小学之类的非营利组织援助将是弥补政府政策不足的缓冲器、稳定器。另

---

① 刘洲鸿：《非公募基金会在中国的发展》，载中国社会科学《中国慈善发展报告（2010）》，社会科学文献出版社2010年版，第112—127页。

② 教育部："2011年全国教育事业发展统计公报"，http://www.moe.edu.cn/publicfiles/business/htmlfiles/moe/moe_ 633/201208/141305.html，2012－08－30。

外，全国义务教育阶段学校寄宿生 3276.51 万人，占义务教育阶段在校生总数的比例为 21.85%。其中，小学寄宿生数 1080.78 万人，所占比例为 10.89%；初中寄宿生数 2195.73 万人，所占比例为 43.34%。寄宿生面临许多问题，不仅是家庭经济困难，更重要的是家庭生活和亲情关怀的缺失或不健全，而后者是孩子成长过程中非常重要的影响因素，现在只能依靠非营利组织进行智力援助。此外，2011 年全国义务教育阶段在校生中进城务工人员随迁子女共 1260.97 万人，这较之 2010 年增加了 93.79 万人。其中，在小学就读 932.74 万人，在初中就读 328.23 万人。"随迁子女"异地升学规模在扩大，城市并未做好接纳的充分准备。民工子弟学校等非营利组织也就有存在的必要性和重要性。全国义务教育阶段在校生中农村留守儿童共 2200.32 万人。其中，在小学就读 1436.81 万人，在初中就读 763.51 万人。这些孩子的家庭生活和父爱或母爱亲情的人性成长现在是个相当大的问题，政府职责在此是完全缺失的，如何解决，现在必须依靠非营利组织进行智力援助。

表 1-2　　　　　　　　有关社会组织参与的义务教育援助项目

相关机构	具体项目
中国扶贫资金会	小学教育
中华慈善总会	助学助教
全国妇联、中国儿童少年基金会	女童助学春蕾计划
中国青少年发展基金会	希望工程：失学儿童助学金补助、建设希望小学、教师培训、配备教学设备
光彩事业	捐资办学
宋庆龄基金会	女童助学、建设中小学、儿童流动图书馆、女师范生助学会、师资培训、教师资助基金
共青团中央	组织青年志愿者到农村和贫困地区任教

资料来源：张铁道、赵歌霞等：《中国普及农村义务教育与消除贫困》，上海国际扶贫大会案例研究，2004 年。

第三节　制度空间建构历程及其对教育的援助

尽管中国非营利组织的兴起、介入与成长有合适的土壤，但其成长过程中制度空间的建构并非一帆风顺，甚至有些偶然。而且在此过程中，它们远非消极被动的，而是充分运用"戴红帽子"等策略，游走在正式制度之外的边缘地带，行业主管的政府官员与非营利组织行动者之间通过长期的非正式互动，为后面的正式制度的改革提供了促进的动力和合法化的基础。这些适应性非正式制度已经破坏了曾尽力限制非营利组织行动者行动的国家正式制度，并有助于国家正式制度的改造。①

早在新中国成立前的1934年，《中华苏维埃共和国宪法大纲》中就对结社自由作了规定，陕甘宁边区曾制定过三个有关社团管理的单行法规：《陕甘宁边区保障人权财权条例》（1942年）、《陕甘宁边区民众登记办法》（1942年）、《陕甘宁边区人民团体登记办法》，后者确立了分级登记的原则。新中国成立后，1950年9月，政务院根据《中国人民政治协商会议共同纲领》的规定，制定了《社会团体登记暂行办法》，并授权内务部于1951年3月制定了《社会团体登记暂行办法实施细则》。② 这便形成了社团管理的分级登记原则。后来，由于缺乏日常管理条款，其业务活动和日常管理工作分别向一些联合性社团和"挂靠"单位转移。③ 于是，在分级登记管理原则之外，又形成了两个重要原则——归口管理原则和双重管理原则，这些原则后来都被吸收到新的《社会团体登记管理条例》中。"文化大革命"期间，全国各类社团陷入瘫痪状态。改革开放以后迅速发展，但也显露了20世纪50年代初期制定的社团管理办法的缺陷。为此，1982年宪法第35条为公民的结社权利和结社自由提供了宪法保证，并保障了以"社会团体"名称的组织形式和活动的合法性原则。1984年，中共中央和国务院下发《关于严格控制成立全国性组织的通知》，控制全国性社团的成立。1986年《民法通则》规定了四类法人组织，明确了社会团体的法人地位。随后，1987年，民政部受国务院委托，在大量调查研究和反复论证的基础上，起草了《社会团体登记管理条例》，并于1989年10月经国务院公布施行。④ 同时，国务院于1988年9月颁布了《基金会管理办法》。这两个条例确立了中国的现行社团和基金会管理体制，也使得非营利组织有了成立和管理规范的依据。

---

① ［美］蔡欣怡：《绕过民主：当代中国私营企业主的身份与策略》，黄涛、何大明译，浙江人民出版社2013年版，第2页。

② 吴忠泽、陈金罗：《社团管理工作》，中国社会出版社1996年版，第5页。

③ 范宝俊：《认清形势　解放思想　开拓我国社团管理工作新局面——在全国社团管理工作上的讲话》，1992年9月16日，载民政部社团管理司管理处《社会团体管理工作手册》，1996年7月。

④ 吴忠泽、陈金罗：《社团管理工作》，中国社会出版社1996年版，第6—7页。

不过，当时中国兴起愈演愈烈的党政机关办公司的浪潮，以中国青少年发展基金会发起的希望工程项目为例，共青团中央原本想成立自己的公司，兼带基金会，基金会并非首选。中国青基会创始人徐永光曾回忆说："当时我是两件事同步推进：一个是办公司，创办中国华青公司，是阎明复同志批准的，但是随后清理整顿公司就没有办下来；另一个就是筹办基金会，结果基金会办成了。现在回想起来，当时如果公司注册下来了，我现在就不会做基金会了。'希望工程'的出现得益于许许多多的因素，其中应有这样一些偶然因素。这也许就是命运。"①

下面将分析中国青少年发展基金会的制度空间建构过程，及其进行教育援助的主要内容。我们借鉴了国内学者多数认同的分期方法②，同时归并或重新分期，以组织发展的功能与结构的重要变化为划分点，从而将中国青少年发展基金会的制度空间建构过程分为三个阶段，即第一阶段，1989—1991 年，为机构创立和项目启动阶段；第二阶段，1992—2000 年，为组织发育和项目深化阶段；第三阶段，2001—2012 年，为结构调整和项目转型阶段。

一　机构创立和项目启动（1989—1991）

中国青少年发展基金会（China Youth Development Foundation, CYDF）简称"中国青基会"，是具有独立法人地位的全国性非营利性组织，是全国性公募基金会，由共青团中央、中华全国青年联合会、中华全国学生联合会和全国少先队工作委员会于 1989 年 3 月联合创办。其业务主管单位是共青团中央，在民政部登记注册并接受其管理。

1988 年，时任团中央组织部长的徐永光主持起草了《关于共青团体制改革的基本设想》，提出了建立青少年发展基金的建议。1988 年 5 月 4 日召开的共青团十二大通过了这份文件，并成立了团中央事业开发委员会。团中央书记处书记刘奇葆任主任，徐永光任副主任兼办公室主任。

---

① 转引自康晓光《创造希望——中国青少年发展基金会研究》，漓江出版社、广西师范大学出版社 1997 年版，第 90 页。

② 李诗杨：《中国青少年发展基金会》，载洪大用、康晓光《NGO 扶贫行为研究调查报告》，中国经济出版社 2001 年版。

陈俊龙：《非营利组织的绩效管理——以中国青少年发展基金会、沪东教会为例》，博士学位论文，复旦大学，2002 年。

涂猛：《中国青基会 2001—2004 年财务工作报告》，中国青少年发展基金会网站，2005 年 9 月 20 日，http：//www.cydf.org.cn/shiyong/html/lm_ 138/2006－09－20/153857.htm。

同年 8 月 13 日，徐永光以团中央事业开发委员会办公室的名义向团中央书记处提交的《关于成立中国青少年发展基金会筹备处的报告》得到批准。同年 9 月 20 日，团中央向中国人民银行提出成立中国青少年发展基金会的报告。9 月 27 日，第 18 号中华人民共和国国务院令宣布《基金会管理条例》正式实施，根据这一文件的规定，筹备办公室开始"报批工作"。同年 10 月，党中央书记处批复，原则同意由团中央、全国青联、全国学联、全国少工委共同创办中国青基会。同年 11 月 17 日，团中央从青少年活动基金中拨出 10 万元作为中国青基会的注册资金。1989 年 1 月 9 日，获得中国人民银行批准，3 月 8 日中国青基会在民政部注册，正式成立。刘延东任理事长，刘奇葆任副理事长，徐永光任秘书长。同年 1 月 26 日，团中央向中央中国青少年发展基书记处报请中华慈善总会原会长阎明复担任中国青少年发展基金会名誉理事长职务。同年 2 月 25 日，获得党中央同意。1989 年 10 月 30 日中国青基会创办希望工程，并得到邓小平的亲笔题词。希望工程是由中国青少年发展基金会在 1989 年 3 月发起并组织实施的一项以广泛动员海内外财力资源，面向中国贫困地区，以救助失学儿童继续小学学业，资助乡村小学，改善办学条件，促进教育事业发展为宗旨的社会公益事业。希望工程实施机构包括中国青少年发展基金会、各省区、市青少年发展基金会和地（市）县希望工程办公室。①

1989 年 3 月，中国青少年发展基金会开始实施救助贫困地区失学儿童的项目"希望工程"，希望工程与中国青少年发展基金会几乎是同时诞生的，而且希望工程的孕育比中国青少年发展基金会更早，早在 1988 年下半年中国青少年发展基金会的筹备阶段，希望工程的理念和内涵已经基本形成。希望工程既是中国青少年发展基金会设计和实施的第一个项目，也是最为成功的项目。

在项目启动之初，希望工程最主要的两个子项目已成雏形：救助失学儿童和援建希望小学。捐赠者和受益者之间由中国青少年发展基金会担任"中介者"，双方并无确定的联系，而是随机的。这些体现在 1990 年 11 月 10 日中国青基会（90）中青金字第 03 号文件推出的两份奠基性文件——《"希望工程"助学金实施办法（试行）》和《关于"希望小学"建设和命名的几点意见（试行）》中。

为了获得援助教育的资源，争取更大的制度空间，中国青少年发展

---

① 中国科技促进发展研究中心、希望工程效益评估课题组：《希望工程在中国》，浙江人民出版社 2005 年版，第 7 页。

基金会采取的募捐方式是直接向社会募捐和充分利用主管部门（共青团）的行政权力和组织体系；其运作手段结合了社会化手段和行政化手段。

中国青少年发展基金会以义演、发募捐信、召开新闻发布会和通过报纸发募捐广告等方式获取社会资源。比如 1989 年 10 月 6 日和 1990 年 1 月 6 日，中国青少年发展基金会首次和第二次向全国 28 个省市自治区的工矿企业分别发出了 13.7 万和 40 万封募捐信，发到对方的团委部门，其行政化行为很快带来捐款高峰。尤其是 1989 年 10 月 30 日，中国青少年发展基金会召开了"救助贫困地区失学少年"的新闻发布会，新华社、《人民日报》、《人民日报海外版》、《光明日报》、中央人民广播电台、国际广播电台和中央电视台等全国大型媒体都做了报道，在社会各界引起巨大反响。

不过对于募捐信，积极支持与怀疑并存，当时有一些单位和个人给团中央和市公安局写信，要求查一查有没有中国青少年发展基金会这个单位，希望工程是不是一个骗局。为回应公众对于希望工程的合法性和信任的不足，1991 年 5 月 25 日，中国青少年发展基金会决定通过新闻媒体直接向社会发布希望工程募捐广告，在《人民日报》、《人民日报海外版》、《光明日报》、《中国青年报》等十余家全国性报纸上刊登"希望工程——为救助贫困地区失学少年募捐"的广告，这是新中国首次刊登"募捐广告"。背后借以依赖的自然是团中央为其提供的合法性，以及党报《人民日报》等依附政权组织的强大的社会信任。比如"《人民日报》的主管人员查验了中国青少年发展基金会的全部证件——团中央、民政部、中国人民银行的证明、许可证、批复等——之后，才同意刊登募捐广告"。这满足了当时中国社会对于党报无条件信任的普遍心态，李亚东说："此后再没听说谁写信要求公安局追查我们。"① 这表明中国青少年发展基金会从一开始就必须依赖政府的权威和信誉。

当然，这种制度空间是中国青年发展基金会自己争取而来的，并不断获得更大的制度空间。与这一历史时期中国所有的基金会一样，中国青少年发展基金会也积极寻求利用主管部门的行政权力和组织体系争取更大的制度空间。比如中国青少年发展基金会成立之初就向团中央打报告，要求充分利用共青团系统的特有优势筹集基金。② 团中央书记处迅速做出回应，并在 1989 年 6 月 20 日的批复中明确要求："团中央机关各部

---

① 转引自康晓光《创造希望——中国青少年发展基金会研究》，漓江出版社、广西师范大学出版社 1997 年版，第 102 页。

② 中国青少年发展基金会办公室：《希望工程简讯》第 6 期，1989 年 12 月 7 日。

门、各直属单位积极支持基金会的工作。"并在全国青基会系统形成之前，确定各级团组织的青农部门为各地实施希望工程的负责部门，与中国青少年发展基金会一起组织一个覆盖全国的募捐和资助网络。这便等于中国青少年发展基金会获得了共青团系统的组织力量和权威力量。另外，中国青少年发展基金会发给工矿企业的募捐信的收信人都是企业的团组织，而且都是体制内企业——"单位"。"企业团组织接到'希望工程'宣传提纲以后，都向党政领导进行汇报，建议在企业团员青年和职工中进行募捐，得到了党政领导的大力支持。有的企业党委书记亲自主持召开团支部会议，布置拟定集资方案。许多企业还以召开党、政、工、团联席会议的形式，由党委牵头，协调各方开展募捐。有的企业团委翻印了'希望工程'宣传提纲，并通过厂内电视台、广播站大张旗鼓地进行宣传。"①

当然，由于中国对社会团体的双重管理原则，尤其限制竞争和限制空间活动范围原则的影响，中国青少年发展基金会的制度空间仍然非常有限，并被限定在特定城市，而无法扩大。那么，这便涉及如何扩大或突破制度空间的限制的问题。中国青少年发展基金会于是通过变通方法来建立自己的全国组织网络。主要方式是首先建立"希望工程地方基金"，然后配套建立相应管理机构。中国青少年发展基金会从"救助贫困地区失学少年基金"入手，把对基金的控制权在具体操作中转化为对各地青基会的领导权。规定地方基金有义务将自筹的资金以一定的比例充实全国"救助贫困地区失学少年基金"，上缴比例原则上省级是30%，地区一级是10%。②

这一阶段，作为一个注册资金仅有10万元的弱小组织，中国青基会将动员海内外民间的财力为发展青少年事业服务作为机构的主要目标，发起并实施了"希望工程"，把救助贫困地区失学儿童重返校园作为首要项目。这一阶段，在全国救助失学儿童3.28万名，援建希望小学25所；中国青基同期捐款收入1247.19万元。不过同时因为团中央只是承担了中国青基会成员一年的工资，加之募捐、发放捐款、援建希望小学等都需要运作和管理成本，面对经费远远不足的现实问题，加之秘书长徐永光这样的理念："基金会如果自己没有钱，所有捐款都必须按照捐款人的要求去发，这个基金会就不是一个真正的基金会，真正的基金会你必须

---

① 中国青少年发展基金会办公室：《希望工程简讯》第6期，1989年12月7日。
② 中国青少年发展基金会：《关于建立地方"希望工程助学基金"的若干意见》，1991年2月27日。

自己有钱。这里面我确实有自己的一宗理想，我希望通过有些投资来个膨胀的效果，这个投资之后还会形成一块资产，给基金会留下可持续发展的一块产业。"中国青基会采取了从捐款里抽取部分作为运作和管理费用，及委托投资的做法：一是中国青基会向团中央提出，应该在捐款里按一定比例提出一部分成本，团中央正式批复，"同意提取 5% 作为经费"，下了个批文。二是 1991 年经过了一个专家小组专门的认证，开始投资"苏州医疗仪"和绍兴中青公司等，当时的认证结果是两年就能收回投资。①

二 组织发育和项目深化（1992—2000）

根据中国青少年发展基金会的组织发育及项目推行情况，此一时期又可分为三个小阶段。

第一阶段，1992—1994 年，为组织发育和管理制度逐步完善阶段。这一阶段以 1992 年 4 月 8 日徐永光在第三次全国希望工程工作会议上的讲话为起点标志，在救助失学儿童项目的组织方式上取得突破，表现在希望工程"一对一"模式的形成，即先后开展了"百万爱心行动"和"1（家）＋1 助学行动"，创造并完善了"以需求为导向"的筹资救助机制，政府形象加上自觉接受社会监督，增强了社会公信度，推动了"希望工程"迅速发展。

中国青少年发展基金会在这一阶段大大拓展了其制度空间。一是通过希望工程项目救助失学儿童"一对一"模式的形成，已经初步建立了一个覆盖全国的募捐和资助网络，形成了一整套管理制度。比如《"希望工程——百万爱心行动"实施办法（试行）》强调：只有中国青少年发展基金会和 23 个省级希望工程实施机构才有权接受报名。这就意味着，未得到中国青少年发展基金会正式授权的机构和个人，以及地级和县级的合法的希望工程实施机构都无权接受报名。随后中国青少年发展基金会采取了在报纸上刊登结对申请卡，志愿者通过邮局邮寄申请卡报名的替代办法。这一措施，一来减少了劝募和接受捐赠两个环节上共青团组织介入的必要性，二来强化了对希望工程的所有权，三来强化了资金的集中控制，从制度上加强了其组织权威。二是在希望小学建设项目上通过发布 3 份文件，巩固了制度基础，强化了权力集中，触角几乎涉及中国农村义务教育的各个方面。1992 年 10 月 6 日发布《希望小学建设管理办

---

① 徐永光语，转引自李鸿谷"青基会的赢与亏"，《三联生活周刊》，2002 年 4 月 18 日，http：//news. sina. com. cn/c/2002－04－18/1708550981. html。

法（试行）》〔（92）中青金字第 38 号〕；1994 年 7 月 5 日发布《关于希望小学建设和发展的若干意见》〔中青金（94）21 号〕；1994 年 7 月 16 日发布《全国希望小学联谊会章程》〔中青金（94）23 号〕。比如《希望小学建设管理办法（试行）》规定希望小学的审批权、命名权、挂牌权、制牌权、希望小学发展基金的管理权，全部属于中国青少年发展基金会。对于不服管理的地方行为所能采取的惩罚措施是"不予命名和承认，今后也不纳入希望小学管理系列，不享受任何资助待遇"。于是有效地将青基会系统的权力集中。通过这些，希望工程几乎涉及中国农村义务教育的所有方面，比如以学生为资助对象的助学金项目、希望之星项目；以教师为资助对象的园丁奖、希望小学老师培训；以办学条件为资助对象的学校基本设备项目、建设项目、添置教学设备项目、希望书库项目，等等。

　　这一阶段，救助失学儿童突破百万，援建希望小学近千所，中国青基会同期捐款收入 16680.55 万元。"希望工程"成绩斐然，深入人心，并促进了中国青基会的机构成长，带动了省级青基会组织的建立和全国青基会系统的形成。但是中国青少年发展基金会也遇到一些困难和问题，最重要的是缺乏组织与项目的运作和管理费用，于是在当时的法律许可之外，通过商业方式获取社会资源、运作和管理捐款。一是从捐款里抽取部分作为运作和管理费用的合法性问题。1993 年，国家审计署对中国青基会进行审计后认为从捐款里抽取部分作为运作和管理费用这一条违背国务院的《基金会管理办法》。当时中国青基会的工作成本是 2.9%，审计署认为这是直接和国务院的管理办法相抵触，是违规的，必须纠正。二是投资受挫甚至偏离公益问题。自 1991 年 12 月开始，中国青基会多次借款给私人老板俞祥根，获取高于银行的利率；并与俞祥根签订《共同购建晨光大厦协议书》，青基会投资参与晨光大厦建设；至 1994 年 12 月 31 日，中国青基会已在全国投资了各类长、短线"项目"二十多个，其中"短期投资"为 621.3 万元，"长期投资"为 9982.7 万元，两项合计 1.05 亿元。1994 年年底，希望工程的"待拨款"是 1.07 亿元！[①] 三是希望工程募捐善款管理问题。1994 年 1 月 21 日，香港《壹周刊》杂志发表了记者屈颖妍的封面文章《千里追寻七千万元下落，希望工程善款失踪》，质问希望工程善款去向，引来长达六年司法诉讼。尽管中国青基会最终赢得了官司，但暴露了其中至少三个管理缺陷：一是全国青基会与

---

①　方进玉：《违规投资玷污"希望工程"青基会负责人难辞其咎》，《南方周末》2002 年 3 月 21 日（未发出）。

各省市地方的关系不顺，矛盾重重；二是缺乏有效跟踪希望工程善款的机制，信息滞后与封闭；三是缺乏监督，尤其是外部监督，《壹周刊》事件发生之前，中国青基会从未接受过社会审计，基本上只是由团中央派人来检查一下，因为是"自己人查自己人"，所以基本上是"走走过场"。

第二阶段，1995—1997 年，为深化提高重点项目，机构稳定发展的阶段。这一阶段的重要特点是加强全国青基会系统和"希望工程"的管理力度，强化社会监督，谋求法律保护，提高工作质量。1995 年是"希望工程管理年"，中国青基会集中力量进行清理整顿地、县基金，消除了管理隐患；进行百万受助儿童复核，加强了管理的规范化和透明度。1995 年、1996 年，在没有开展全国性劝募活动的情况下，"希望工程"捐款总额超过了 5 亿元人民币，高于前六年的总和。至 1996 年年底，希望小学达 3643 所。1997 年"希望工程"在国家工商行政管理局成功地进行了商标注册，开创了我国运用法律手段保护公益性项目的先河，同时中国青基会通过法律手段得到了对各省级基金会的控制。1996—1997 年，由康晓光研究员主持的转型时期中国大陆 NGO 个案研究对中国青基会的性质定位、理念、发展目标、机构文化、行为方式、制度建设等方面进行了全面而系统的研究，开展了"希望工程效益评估"。

在组织发育上，一是中国青少年发展基金会内部机构设置进行重大调整，1995 年 1—4 月，将原来属于基金部的三个组（筹资组、财务组、救助组）全部独立，撤销原来的基金部，将开发部更名为基金部。二是全国青基会系统形成，这是其制度空间最大化的标志。1995 年最后一个省级团委上海团市委与中国青少年发展基金会希望工程协议完成，至此，所有的省级希望工程实施领导机构都与中国青少年发展基金会签订协议，建立了"合法的""地方希望工程基金"，以基金管理为核心的全国青基会系统完全建立起来。这个高度庞大复杂的系统包括 1 个理事会、2 个委员会、13 个中国青基会直属的内部机构、5 个中国青基会直属的外围机构、32 个省级希望工程基金管理机构，而中国青基会是其控制中心。三是清理地县基金，使得在青基会系统内部强化管理，采取了上级集权方式，即直接结果是权力向省级基金管理机构集中，间接向中国青年发展基金会集权；同时，也打击了共青团系统内的侵权行为，保护中国青基会对希望工程的所有权。希望工程《大事记（1995）》第 9 页明确指出，整顿地（市）县基金的直接目的在于"变希望工程捐款分散管理为集中管理，多层管理为高层管理，使地方希望工程基金管理机构的数量限定在上级管理机关能够控制的范围内"。其策略主要是团中央的积极干预，赢得省级基金管理机构和团省（区）委的支持，采取尊重既成事实地方利益的变通方法。中国青少年发展基金会首先请团中央发文，以团中央文件的形式把自己的意志传达到各级团组织，各省（区）成立团省（区）委领导牵头的整顿领导小组，个别团省委领导亲自到地方上做地县党政甚至领导的工作①；整顿的对象是地（市）县基金管理机构，直接结果是权力向省级基金管理机构集中，所以省级基金不但不会受损，反而会得利，于是省级基金管理机构和它的主管单位团省（区）委与中国青基会一起共同对付辖区内的地（市）县基金管理机构。

另外，1995 年第五次全国希望工程工作会议修订并开始执行《希望工程实施管理规则》，标志着管理规则的全面系统、成熟，代表了当时中国的公益性基金会在管理方面的最高水准。

在项目深化上，这一时期最重要的是"希望书库"项目。"希望书库"项目代表了中国青少年发展基金会在公益项目开发方面所达到的最高水平，融合了其在项目设计水平方面积累的各种成功经验。"希望书库"项目共印刷 1 万套（图书 500 万册，每套 500 册，由 600 多位作者撰写，80 多家出版社出版，全部捐赠了收入，只收印刷费的成本），每套捐送资金为 3000 元，整个项目共需募集资金 3000 万元。另外，1995 年 6 月 12 日，成立第一个希望工程全国老师培训基地。1996 年还推出"资助之星"资助奖励项目。1997 年 5 月 29 日，向海内外推出大型国际性公益项目——绿城国际希望园，计划直接募捐 5800 万元用于资助 10 万名贫困地区失学儿童重返校园，将筹资、基金与增值结合起来。

1997 年 4 月 8 日的第七次全国希望工程工作会议上，徐永光称：由于中国政府已经向世界承诺，在 20 世纪末基本解决贫困地区的温饱问题和基本普及九年制义务教育，届时若再继续高喊救助贫困地区失学少年的口号，在政治上就不合时宜了。而如果得不到党和政府的赞许和支持，那么将一事无成；到 20 世纪末，中央提出的战略目标基本上可以实现。在解决了全局性的贫困问题和基础教育的普及问题之后，社会对希望工程的实际需求也将发生根本变化；希望工程经过十年发展已经日臻成熟，而成熟是一个生命轮回的结束，故要见好就收；随着希望工程的发展，来自外部的干预越来越多，体外循环也越来越严重，监督机制难以短期内建立起来，因失控而使希望工程毁于一旦的可能性越来越大。为了避免这种结局，为了不背这个黑锅，结束希望工程是最佳选择。所以，希

① 中国青少年发展基金会：《关于希望工程地（市）县基金整顿情况和今后工作意见的报告》，《中青基报（1996）66 号》1996 年 11 月 27 日。

望工程在实施多元化发展战略的同时，还做出了两个标志着战略调整的重大决策：1997 年 5 月开始发动"希望工程国内最后一轮劝募"活动；1999 年 10 月 30 日，希望工程实施十周年之际，终止实施救助失学儿童项目和援建希望小学项目。希望工程进入"嬗变"阶段。徐永光指出，这一战略包含四个有机组成部分：思想准备，即从希望工程"嬗变"到"后希望工程"；资源转换，即把希望工程的无形资产向青基会机构转移，继而转向机构与品牌之间的动态平衡；培育新的骨干项目，即青基会的发展仍由项目来支撑，而且应有拳头骨干项目；制度创制和人才准备。①

不过仍然需要指出，中国青基会之前存在的问题依然存在，比如中国人民银行已在 1995 年颁布了《关于进一步加强基金会管理的通知》，该《通知》明确规定："基金会基金的保值及增值必须委托金融机构进行"，"基金会不得经营管理企业"。青基会负责人的一些做法可以说是直接违反了央行的《通知》。另外，1994 年前后，中国青基会曾召集各省青基会秘书长开会，鼓动各地应把希望工程非定向捐款和两三年内暂时不用的钱拿到中国青基会组建一个"共同基金"。1996 年年底，"共同基金"大规模募集活动结束。书面证据显示，中国青基会 1994 年发起"共同基金"的整整两年之后，即 1996 年年底再统计，中国青基会"股权投资小计"为 5877 万元，"委托管理资金合计（含房地产）"为 11536 万元，两者相加，投资总额竟然超过了 1.6 亿元！② 但是另一方面，1994 年开始，海外尤其是香港的捐款大幅下降，海外捐款占中国青基会捐款收入的比例从 1990—1993 年的 38.44%—61.62% 下降至 1994—1997 年的11.12%—25.77%。③

第三阶段，1998—2000 年，为重点项目调整，机构面临转型的阶段。在此期间，面对全国两基攻坚预期将在 2000 年完成目标，全国义务教育将进入发展新阶段的背景，最主要的工作是进行"希望工程"的战略转移。在这一阶段，为配合政府提出的实现"两基"战略目标，中国青基会开展了希望工程最后一轮劝募，提出了希望工程嬗变，启动环境保护领域的绿色希望工程，尝试实现公益品牌嫁接。中国青基会同期捐款收入 36927.27 万元。在 1997 年开始推出的"最后一轮劝募"活动中，中

---

① 徐永光：《奋力攻坚，实现希望工程的更大发展和自我完善——在第七次全国希望工程会议上的讲话》，1997 年 4 月 8 日，上海。

② 转引自方进玉《违规投资玷污"希望工程"青基会负责人难辞其咎》，《南方周末》2002 年 3 月 21 日（未发出）。

③ 李诗杨：《中国青少年发展基金会》，载洪大用、康晓光《NGO 扶贫行为研究调查报告》，中国经济出版社 2001 年版。

国青基会创造出银行合作组织募捐的全新模式，即中国青基会委托商业银行发募捐信、填写结对卡、受理捐款。中国青基会动员全社会力量救助贫困地区失学儿童的历史使命，形成了以"希望工程远程教育计划"为核心，以希望之星评选和追踪培养、希望小学教师培训和继续捐建希望小学相互跟进的工作构架，为"希望工程"深化发展、品牌创新做好了准备。另外，以保护母亲河行动的推出为标志，中国青基会举起了环境保护的旗帜，进行了有效的社会动员与资助活动，使得该公益项目在提高公民绿色文明意识方面产生了积极影响。在这一阶段，中国青基会努力突破单一项目局限，建设项目多元化的新格局，完善机构内部管理机制，进行资金管理改革，营造非营利部门发展的外部环境，为机构持续发展奠定基础。1999 年，希望工程迎来十周年庆典，停止希望工程的"助学活动"。"希望工程"战略转移以后，中国青基会的捐款主体表现出从普通民众的小额捐款向企业和组织的大额捐款转移的趋势。截至 1999 年 12 月 31 日，希望工程累计接受社会捐款 18.42 亿元，救助 229 万名失学儿童重返校园，建设希望小学 7812 所。2000 年，中国青基会接受捐款 69681334.50 元，资助支出 44158713.74 元。2000 年增值及其他收入 3011463.01 元，各项费用支出 9375662.91 元。2000 年，财政部确认净资产评估价值为 229247100 元。截至 2000 年，中国青基会累计结存资金（包括待拨款）93197222.91 元，累计结存物资价值 67826.00 元。

但是这一阶段也正是中国青少年发展基金会发展战略模糊、制度空间开始收缩的阶段。表现在两方面，一是 1997 年第七次全国希望工程工作会议提出的，到"1999 年 10 月 30 日，希望工程实施 10 周年之际，终止实施救助失学儿童项目和援建希望小项目"的项目运作方式并未终止，虽然短期停止过希望工程的"助学活动"，但此后至今资助学生和建设希望小学活动一直在延续，表明始终没有找到可替代的"重点项目"；二是组织的社会公信力出现严重危机，普通民众的小额捐款尤其是海外捐款明显减少。2000 年，于 1994 年正式起诉的中国青少年发展基金会诉香港《壹周刊》诽谤案终于结束，香港高等法院 6 月 20 日裁定原诉人中国青少年发展基金会胜诉，被诉人《壹周刊》赔偿原诉人损失港币 350 万元于中国青少年发展基金会，以补偿原诉机构名誉同善款减少的损失。但正如美国学者查尔斯·麦克林所说："公众对非营利组织的期待远高于对企业的期待……当非营利组织被认为表现得不够专业、不负责任或在道德上有问题的时候，公众的反应会非常迅速：产生背叛感，破坏信任。"海外捐款占中国青基会捐款收入的比例在 1998 年跌入谷底，之后虽大幅

上升，但仍远低于 1990—1993 年 58. 61%—69. 86% 的水平，1998—2000
年为 6. 44%—25. 19%。① 监督问题仍然存在，康晓光在撰写《创造希
望》和《希望工程调查》时就指出过："实际上，无论是普通的社会公
众，还是捐赠人和受助人，还是新闻记者，都没有'硬碰硬'地检查中
国青基会的财务和管理状况的权力。截至今天（1998 年），中国还没有一
项政府的行政法规或国家法律，规定中国青基会负有接受社会公众监督
的义务。"另外，媒体关于希望工程的捐款被贪污的质疑并未结束。

三　结构调整和项目转型（2001—2012）

尽管中国青基会系统主要以理事会的换届为阶段划分点，四年为一
个阶段，比如时任共青团中央书记处书记、中国青基会理事长尔肯江·
吐拉洪（2006）以 2001—2004 年为第五阶段，即化解风险，制度创新，
公益项目取得新突破的建设阶段。但本书认为以组织发展的功能与结构
的重要变化为划分点会更好，因为 2006 年开始实施的农村九年制免费义
务教育对中国青基会的发展转型意义更大。所以本书以 2006 年开始实施
的农村九年制免费义务教育为界点，分为前后两个分阶段。

第一阶段，2001—2005 年，中国青基会进入管理制度调整、战略定
位摸索阶段。在这一阶段，机构注重加强筹资管理，逐步解决了因工作
经费无法列支而造成的资金负债问题，资金管理、人事管理、项目管理
等制度进一步规范化。委托独立机构中天恒会计师事务所对 2002—2004
年财务收支分别做了审计。中国青基会经过大规模调研，制定了继续推
进"希望工程助学行动"计划。初步建立了从贫困地区义务教育阶段小
学生、初中生到非义务教育阶段高中生和大学生的资助体系，同时第一
次推出以农民工子女为资助对象的"希望工程助学进城计划"，拓展了教
育援助领域。经过多年的运行积累，希望小学建设也已形成从校舍援建
改善到教师培训、校园文化建设的持续资助体系。2001—2004 年，中国
青基会捐款收入 29470. 74 万元，累计达到 100946. 08 万元。截至 2004 年
年底，全国希望工程资助农村贫困地区特困家庭学生 275 万多名，援建希
望小学 11888 所，希望小学占到全国农村小学总数的 3. 5%；全国希望工
程累计资助额达到 239852. 13 万元。希望工程成为民间协助政府实现教育
公平的重要途径。根据国务院有关通知，中国人民银行自 2000 年 12 月
31 日之后，不再对"国"字头公益性基金会进行管理，并把管理权全部

① 李诗杨：《中国青少年发展基金会》，载洪大用、康晓光《NGO 扶贫行为研究调查报
告》，中国经济出版社 2001 年版。

移交民政部。2004 年，《基金会管理条例》和《民间非营利组织会计制度》颁布实施，非营利组织多年来所面临的法律"瓶颈"终于得以解决，中国青基会 2005 年基本完成了以理事会为核心机制的新的法人治理机构调整。

但是同时，也还存在一些突出问题：一是信任危机持续不断。2002 年年初，一些境内外媒体针对中国青基会投资做了大量报道，使之遭遇了从未有过的信任危机。2001 年 11 月 29 日，《南方周末》在头版、二版刊登了《千里追踪希望工程假信》后，中国青基会立即对挪用善款、伪造假信的四川宣汉责任人予以了公开、严厉的谴责。但危机仍未结束，2001 年 9 月，原中国青基会工作人员易晓、柳杨曾向中央领导递交匿名举报材料，未果，继而在 2002 年元旦向《南方周末》举报，但报道未能发出，于是举报人向香港媒体披露材料，《明报》2002 年 2 月 28 日报道说，"希望工程违规投资"，涉嫌违反国家规定，挪用"希望工程"捐款逾一亿元，用于投资股票、房产及各类风险企业，并招致巨大亏损，其中不少投资项目以"回报少、效益低"告终。此事件在香港和海内外引起了广泛关注。2002 年 3 月 16 日，《中国经济时报》刊登《涉嫌挪用捐款，青基会遭遇信任危机：二十多位港区人大代表提出查账议案》，称以香港教育工作者联合会会长、香港立法会议员、全国人大代表杨耀忠先生为首的 20 多位港区人大代表联名向大会递交了一份题为"促请政府彻查青基会账目，以维护希望工程声誉"的议案。这一系列曝光导致中宣部下发禁止报道的通知。《南方周末》原定 2002 年 3 月 21 日用四个版面刊登该报驻京记者方进玉的揭露希望工程舞弊案的调查报告《违规投资玷污"希望工程"青基会负责人难辞其咎》，但于 20 日晚被有关部门喝令停机换稿，未发出，仅千余份流出。方进玉经过 9 个月的调查，2002 年 12 月 21 日在网上发出有些情绪化的《希望工程的"希望"在哪里？》一文。中国青基会遭遇的信任危机至今仍未完全消除，2011 年徐永光称，"这九年来，我都是缺席受审"。① 二是费用收支矛盾仍然比较突出。截至 2004 年年底，中国青基会经费收入与经费支出相抵，累计资金结存为 −1316.45 万元，其中审计调整 2001 年以前费用 842.4 万元，2001 年以后形成经费亏损 476.5 万元。在 2002 年实行约定捐款中提取 10% 管理经费的制度后，机构日常运行的基本管理费用来源得到了部分解决，四年

---

① 转引自陈鸣、沈念祖《希望工程遗案——青基会违规投资亏损　当事人九年后直面公众》，《南方周末》2011 年 9 月 8 日，http://china.yzdsb.com.cn/system/2011/09/09/011410650.shtml。

平均从捐款中提取经费为捐款的 5.32%；而安全稳定的资金增值渠道又比较局限，存款利息逐渐下降，致使经费来源一直不足以支持项目服务和行政费用，经费收支难以平衡的矛盾比较突出。三是收入结构仍需调整。目前捐赠收入的项目集中度和客户集中度都比较高，可持续性相对不足。2004 年希望工程捐款占捐款总额的 96.14%，其中助学和建校的捐款占捐款总额的 71.69%。2004 年捐赠收入的 65.38% 集中于十个捐赠方，前五个捐赠方的捐赠占到捐赠收入的 56.45%。机构在调整捐赠资金结构，加大基金性捐款、非限定性捐赠比例方面，还需采取有效的手段。①

　　第二阶段，2006 年至今，中国青基会进入制度空间重塑和制度化建设阶段。2006 年农村实行免费义务教育，此后全国范围实行免费义务教育，政府重新代入义务教育的供给，势必挤压非营利组织的制度空间，中国青基会虽然仍然继续存在，但原有的功能如救助失学儿童的使命已经完成，被迫面临转型。2007 年 3 月全国人大通过的《企业所得税法》（2008 年 1 月 1 日生效）中，明确了企业公益捐赠的税前扣除制度，并首次提出了非营利组织收入免税的优惠政策。2009 年 8 月财政部、国家税务总局、民政部公布了第一批获得公益性捐赠税前扣除资格的公益性社会团体名单。这些陆续出台的法律法规和政策，为支持和促进基金会发展提供了良好的制度环境。2007 年，中国青少年发展基金会推出"希望工程全面升级"活动，将希望工程的"救助模式"拓展为"救助—发展模式"，即希望工程的动员和服务工作的全面升级，在动员社会力量，继续为家庭经济困难学生提供助学金、继续帮助乡村小学改造危旧校舍的同时，不仅"授人以鱼"，更要"授人以渔"，通过物质、精神多方面的持续扶持，帮助受助的学生和学校提高自我发展的能力。2009 年 10 月 30 日是希望工程实施 20 周年，中国青基会开展"希望工程 20 年"系列公益活动。包括创作希望工程 20 年报告文学，研究撰写《希望工程管理案例研究丛书》，开展希望工程品牌影响力评估等，其中青基会系统与报纸、网络、电视媒体合作开展的"寻访希望工程 20 年"取得了积极的社会影响。中国青基会在继续援建希望小学和开展家庭经济困难学生资助的同时，推进资助服务由"救助"向"救助—发展"模式的转变。拓展了公益服务范围，比如希望工程激励行动、志愿行动试点以及新服务产

---

① 涂猛：《中国青基会 2001—2004 年财务工作报告》，中国青少年发展基金会网站，2005 年 9 月 20 日，http://www.cydf.org.cn/shiyong/html/lm_ 138/2006 - 09 - 20/153857. htm。

品的开发。以肯德基曙光基金为先导，深化完善对家庭经济困难大学生"资金资助＋勤工俭学＋公益实践"的助学模式。2009 年 5 月 9 日，与宝洁公司合作，在一百多所宝洁希望小学试点开展"宝洁快乐音乐教室"的基础上，中国青基会在成都启动"希望工程快乐音乐"公益项目。全国青基会系统动员社会力量，为希望小学配备标准化的音乐器材，建设"希望工程快乐音乐教室"；动员志愿者赴希望小学教音乐课，培训希望小学的音乐教师，推动希望小学开展"希望工程快乐歌唱"活动；对希望小学有音乐才能的学生和团队（合唱队、鼓号队、舞蹈队等）给予长期资助和扶持，培养"希望工程快乐小歌手"。实施"抗震希望学校社工服务行动"。中国青基会和中国社会工作教育协会合作开展"抗震希望学校社工服务行动"，自 2008 年 9 月启动以来，已建立 11 个基地，包括 9 所"社工驻点希望学校"和 5 所"社工服务互助学校"。中国青基会于2008 年联合中国医师协会等机构发起"心灵守望计划"，旨在通过有序、科学、持续的专业心理服务和治疗计划为地震灾区教育系统的广大师生提供长期的心理援助、精神支持和康复治疗。2008 年 8 月，中国青基会与世界银行决定联合开展"希望工程激励行动"，面向希望工程和其他奖、助学金资助的大学生，资助他们开展社会公益服务活动，服务社会，提升能力，获得发展。通过与电视、网络等媒体合作开展圆梦行动、春暖行动等，大大提高了希望工程传播和动员能力。截至 2009 年 9 月，全国希望工程 20 年累计募集捐款 56.7 亿元，累计资助学生 346 万多人，累计建设希望小学 15940 所。① 中国青少年发展基金会的希望工程网站数据显示：截至 2011 年 12 月 31 日，希望工程累计募集捐款 78.5 亿元人民币，资助农村家庭经济困难学生（包括小学、中学、大学生）逾 420 万名，建设希望小学 17574 所，建设希望工程图书室约 14950 个，配备希望工程快乐体育园地 3760 套，配备希望工程快乐音乐教室 353 个，配备希望工程电脑教室 132 个，配备希望工程快乐电影放映设备 287 套，建设希望厨房 257 个，培训农村小学教师 64000 余名。

中国青少年发展基金会现任常务副理事长、党组书记顾晓今认为，"经过了几年的调整和转型，机构重新进入稳定的有序的状态，资金管理、人事管理、项目管理等制度进一步规范化。当然仍然存在一些问题，比如在持续性、资源依赖，以及由内部管理不善引发的公信力质疑等问

① 涂猛：《中国青基会 2009 年工作计划、财务预算的报告》，中国青少年发展基金会网站，2006 年 9 月 20 日，http://www.cydf.org.cn/shiyong/html/lm_138/2009 - 12 - 24/110903.htm。

题，已成为'瓶颈'，约束了组织发展进程；竞争越来越激烈，这种竞争不仅表现在动员社会资源的能力，而且还更多地反映在组织运作的有效性和对社会产生的影响力等方面"。①

由以上分析可见，事实上，自 2000 年开始至今，中国青少年发展基金会出现了制度空间的收缩，其援助教育的绩效出现衰减，与此同时，政府重新代入公益，带来了非营利组织的困境，虽然继续生存，但形成了内卷化的现象，即没有发展的增长。

第四节　非正式制度的制度空间总体特征

一　自主性

多数学者认为，非营利组织的自治性是对其非常关键的重要特征，②本书将非营利组织的自治性概括为自主和自愿两个要素，而能够自主的基础首先是保证非营利组织是一种正式的独立的组织。Salamon 和 Anheier 更加关注非营利组织的自我治理（self - governing），认为非营利组织必须能够自我管理，组织本身要有内部管理的程序及章程，除受政府相关法律法规的约束外，不受其他团体的控制。③

有关自主性，较早的论述主要体现在马克思关于国家和"亚细亚生产方式"的相关论述中。他认为对于社会来说，国家具有"相对自主性"；官僚主导的国家里，小农"彼此间并没有发生多种多样的关系"，缺乏自主性。④ 政治学意义上的"自组织"，强调其公共性，表现为围绕公共权威和公共利益（或公共事务）而展开的自组织活动。"自组织"

---

① 顾晓今：《中国青基会第五届理事会工作总结报告》，中国青少年发展基金会网站，2009 年 12 月 24 日，http：//www. cydf. org. cn/shiyong/html/lm _ 138/2009 - 12 - 24/112044. htm。

② Salamon, L. M., and Anheier, H. K., *Defining the Nonprofit Sector：A Cross - national Analysis*, New York：Manchester University Press, 1997.

Wolf, T. Management a Nonprofit Organization, New York：Fireside, 1990.

Henry B. Hansmann, "The Role of Nonprofit Enterprise", *Yale Law Review*, Vol. 89, 1980, pp. 835 - 898.

江明修：《非营利组织领导行为之研究》，"行政院"国科会科资中心 1994 年版。

③ Salamon, L. M., and Anheier, H. K. *Defining the Nonprofit Sector：A Cross - national Analysis*, New York：Manchester University Press, 1997.

④ 《马克思恩格斯选集》第一卷，人民出版社 1995 年版，第 677 页。

(self‐organizing)，可以理解为：人们根据生活和利益的需要按照协商机制而结成组织、参与组织和开展组织活动的全过程，其具体表现就在于自愿结成组织的动力，结成组织的机制，参与组织的各项活动等方面。后来有关非营利组织研究的学者认为非营利组织应该具有一定的独立性和自主性。本书中自主性的概念采取类似马克思的观点，即强调非营利组织对于政府来说，具有的相对自主性，它具有一定的主动性，而非仅指类似传统村落那样的自给自足的自生性和不依赖于外在的国家及市场等力量的自立性。本书的观点是自主性是非营利组织对制度空间的一种内在要求。

从上文的分析可以看到，对于中国青少年发展基金会来说，其成长所需的制度空间是逐步打开并扩大的。当然，这种制度空间是中国青年发展基金会自己争取而来的，并不断获得更大的制度空间。中国青少年发展基金会的自主性体现在以下三个方面：

第一，在资源汲取上，充分利用政府组织体系和权力来组织募捐或落实援助。与这一历史时期中国所有的基金会一样，中国青少年发展基金会也积极寻求利用主管部门的行政权力和组织体系争取更大的制度空间。比如，中国青少年发展基金会成立之初就向团中央打报告要求充分利用共青团系统的特有优势筹集基金。[1] 团中央书记处迅速做出回应，并在 1989 年 6 月 20 日的批复中明确要求："团中央机关各部门、各直属单位积极支持基金会的工作。"并在全国青基会系统形成之前，在第一次全国希望工程工作会议上，团中央书记处确定各级团组织的青农部门为各地实施希望工程的负责部门，与中国青少年发展基金会一起组织一个覆盖全国的募捐和资助网络。这便等于中国青少年发展基金会获得了共青团系统的组织力量和权威力量。另外，中国青少年发展基金会发给工矿企业的募捐信的收信人都是企业的团组织，而且都是体制内企业——"单位"。"企业团组织接到'希望工程'宣传提纲以后，都向党政领导进行汇报，建议在企业团员青年和职工中进行募捐，得到了党政领导的大力支持。有的企业党委书记亲自主持召开团支部会议，布置拟定集资方案。许多企业还以召开党、政、工、团联席会议的形式，由党委牵头，协调各方开展募捐。有的企业团委翻印了'希望工程'宣传提纲，并通过厂内电视台、广播站大张旗鼓地进行宣传。"[2] 这种行政化手段在中国青少年发展基金会的资助工作中的直接重要性要远远大于在募捐工作中

---

① 中国青少年发展基金会办公室：《希望工程简讯》第 6 期，1989 年 12 月 7 日。
② 同上。

的重要性。① 希望工程的资助支出占中国青少年发展基金会全部资助支出的97%，而希望工程资助工作的绝大部分工作量是由县乡二级团组织、县教委和乡村小学承担的。

第二，在业务主导权上，对外不断争取扩大自主性。尤其表现在第二阶段，中国青少年发展基金会将独立自主地经营内部事务作为一个重要目标，为了实现此目标，与共青团系统内部的竞争者展开了竞争。尤其是中国青少年发展基金会与早期帮助自己实施希望工程资助项目的负责部门——团组织青农部门竞争，排挤掉后者。因为之前形成了中国青少年发展基金会负责募捐、青农部系统负责发放捐款的局面，中国青少年发展基金会自然不愿长期自己化缘拱手给别人去花，于是积极推动各地建立各级地方基金，通过签订协议把地方基金管理机构的业务活动置于自己的直接控制之下，然后让地方基金管理机构直接管理与希望工程实施有关的一切工作，最终达到以此取代各级团组织的青农部门之目的，运用的规则是《基金会管理办法》。徐永光在第三次全国希望工程会议之后指出："一开始，青基会没有腿，必须借助于团内的某个部门开展工作。当时我们主张选青农部，但有些省指定由权益部或学校部承担这一工作。这些部门额外负担了希望工程工作，有服务的热情，而并无竞争的冲动。随着希望工程的发展，管理业务量也急剧扩大，依附某一部门已无法满足现实的需要，建立独立的管理机构已势在必行。在独立机构的设立过程中，有三分之一左右的团省委青农部长转向青基会。"②

第三，突破地域限制，建立全国青基会系统。在团组织系统内部取得对希望工程的主导权之后，中国青少年发展基金会与省级青少年发展基金会竞争，取得后者的负责人之人事任免权。在第四次全国希望工程会议上，徐永光明确提出这一要求："为坚持希望工程管理和实施工作的整体性、规范性和合法性，本着管人和管理一致的思想，特别是基于地方基金是希望工程基金的组成部分，需要加强管理、监督和控制的考虑，中国青基会需要对省级基金管理机构负责人的任免有发言权。"从建立之初到那时，省级基金的具体管理部门都是省级青基会或希望工程实施领导小组办公室。由于省级青基会是独立的社团法人，不是中国青基会的分支机构，而且活动范围也不限于希望工程，因此中国青少年发展基金会没有理由要求对省级青基会的负责人拥有任免权。各省的希望工程办

---

① 康晓光：《创造希望——中国青少年发展基金会研究》，漓江出版社、广西师范大学出版社1997年版，第418页。

② 同上书，第184页。

公室是省实施希望工程领导小组的办事机构，而领导小组的成员包括省级主管领导和各个相关部门的负责人，有别于专门的希望工程基金管理机构，因此中国青少年发展基金会不便要求对其负责人拥有任免权。"对这一职务的干部的管理，核心就是任免权。它的程序可以考虑由团省委提名，经协商一致后，由中国青基会任命。……为了加强对基金的控制，对确实不能胜任或不适合担任这一职务的，中国青基会有权撤免其职务。"① 当然，这一制度安排充分考虑了团组织的利益，团省委拥有提名权，同时团省委和中国青少年发展基金会各自拥有独立的否决权。但也留下了隐患，只要二者无法取得一致，省级青基会的负责人就无法产生。

中国青少年发展基金会甚至还尝试撇清与团中央的关系，争取更大的独立制度空间。1992 年 4 月 10 日，李宁第一次明确提出："希望工程属于中国青少年发展基金会，而不属于团中央；中国青少年发展基金会和团中央是有区别的。""目前个别省（区）有这样一种认识，认为'希望工程'既然是团中央部署的一项工作，我们只要走过来就行了，还要什么手续。这种认识是不对的。'希望工程'是团中央向全团部署的一项工作，但它又有别于团的其他工作。其最主要的区别在于这项工作是基金会这一基金组织按照法律规定通过社会募捐，建立基金，实施救助。"②

建立全国青基会系统是非常关键的一步，达到了中国青少年发展基金会制度空间最大化，可以说这突破了中国现行对非营利组织的管理体制的限制。因为当时民政部对于社会团体登记管理有限制其空间活动范围的规定："全国性社团可以下设办事部门和专业委员会，但不能设立二级学会、协会、研究会等独立性社会团体。全国性社团在省、自治区、直辖市一般也不得设立分会。省、自治区、直辖市成立的同类社团，可以以团体成员的身份加入全国性社团。"③ 这规定了全国性社团其实和地方社团是平等、独立的社会团体，都不能跨省成立分会。民政部并进而规定："全国性和跨省（自治区、直辖市）性社会团体一般不得在其会址以外的地区设办事处或联络处。"④ 这个规定更加限制了中国所有的社会团体的活动空间，不得超出其总部所在地的行政管理范围，比如中国青

① 徐永光："团结奋斗　再创辉煌——在第四次全国希望工程会议上的讲话"，1994 年 1 月 31 日。
② 李宁：《关于加强地方"希望工程助学基金"建设的几点意见》，1992 年 4 月 10 日。
③ 《民政部关于〈社会团体登记管理条例〉有关问题的通知》，民政发（1989）59 号，1989 年 12 月 30 日。
④ 民政部：《民政部关于社会团体复查登记有关问题的通知》，民社函（1991）71 号，1991 年 4 月 12 日。

少年发展基金会只能在北京一个城市的范围活动。事实上，中国青少年发展基金会为了在全国范围内进行募捐和落实援助，通过变相方式建立起自己的全国组织网络。

二 被吸纳

在新总体性社会中，政府虽然在逐步退出社会领域，实行间接管理，但是政府采取了政府选择、选择性激励（selective incentive）① 和双重管理体制，将非营利组织吸纳其中。

在新总体性社会中，虽然出现了非营利组织自由的活动空间和流动资源，但还是有一些社会空间仍然是非营利组织所不能涉足的，也就是说，非营利组织必须处于政府选择给其的制度空间中生存，而不能涉足其他领域和空间，其中最明显的是政治领域，政府对政治领域的控制仍然非常严格，非营利组织只能在不涉及政治统治的经济领域和社会领域中活动，并且即使在这些领域，其活动也不能威胁到政府统治的合法性，否则后果就是取缔其生存资格。政府对非营利组织深深的不信任，始终关注其动态，在必要时还会对违背其统治意志的行为采取直接的控制和管理，甚至会取缔其资格。比如，因为对于波兰团结工会的深刻恐惧性记忆，使得农民协会一直处于禁止之列；由于21世纪初部分地方出现退役军人集会表达共同诉求，主要是因为失去工作下岗等生活原因所致，但政府取消军人在地方成立同乡会和战友会的资格，禁止退役军人在地方上集会。非营利组织的活动领域只能是政府和社会共同认可的"交叉地带"。②

这种特征就是被吸纳，康晓光和韩恒认为当前中国大陆社会领域的结构属性是"行政吸纳社会"。③

他们以"限制"、"功能替代"、"优先满足强者利益"为核心内涵的"行政吸纳社会"来指称当前中国大陆的国家与社会关系。所谓"行政"，既指"政府"或"国家"，也指"政府"或"国家"的"行为"；"社会"不是指一般的意义上的"社会"，而是指"市民社会"、"公共领

---

① Mancur Olson, *The Logic of Collective Action*, Cambridge：Harvard University Press，1971.

② 康晓光：《权力的转移：转型时期中国权力格局的变迁》，浙江人民出版社1999年版，第362页。

③ 康晓光、韩恒：《行政吸纳社会——当前中国大陆国家与社会关系再研究》，*Social Science in China*2007年第2期。
康晓光、韩恒：《行政吸纳社会——当前中国大陆国家与社会关系再研究》，世界科技出版社2010年版。

域"、"法团主义"所指称的那种社会;"吸纳"意味着政府透过自己的
一系列努力使得市民社会、法团主义、市民社会反抗国家之类的社会结
构无法出现;而"行政吸纳社会"的主要方式是"限制"、"功能替代"
和"优先满足强者利益"。

"限制"、"功能替代"和"优先满足强者利益"都遵循着共同的逻
辑,即政府追求自身利益最大化。对于一个威权主义政府来说,一切社
会组织具有"双重属性"。一方面,它是一种挑战力量,因为社会组织是
最有力的集体行动的载体之一;另一方面,它又是一种辅助力量,因为
社会组织可以为社会提供公共物品,而这也正是政府应尽的职责。所以,
一个追求自身利益最大化的政府,必然会根据各类社会组织的挑战能力
和提供的公共物品的种类对它们实施不同的"吸纳"策略。

总体而言,这是一个"政府主导型社会",在处理国家与社会关系
时,政府尽管管理方式是"多元化的",但其背后的支配原则却是"一以
贯之的",即政府根据各类社会组织的潜在挑战能力和所提供的公共物品
的种类,以自身利益最大化为目标,对不同的社会组织采取不同的管理
方式,即"分类控制"的国家与社会关系模式。① 此前,金耀基在分析
20 世纪 70 年代的香港政治结构时指出,香港政治的奥秘在于"精英吸
纳"以及通过这种"吸纳"消除精英阶层的政治民主化诉求。② 康晓光
运用"行政吸纳政治"概念分析了改革以来中国大陆的政治变迁。③

援助中国教育的非营利组织面临的正是这样一种生存选择,其制度
空间正是在政府的"功能替代"性吸纳策略下形成并生存发展的:一方
面,为了适应全新的环境,发展新的组织形态;另一方面,进行收编,
把社会自发成立的组织纳入政府管理体系。中国青少年发展基金会以执
行形式,即在义务教育这一社会政策和福利领域,主要作为政府特定方
针和政策的执行形式发挥作用。虽然登记为独立的法人,但往往行使着
原由党政机构承担的职能。这是一种"自上而下的道路"。通过这些措
施,政府用"可控的"或"无害的"社会组织从功能上替代了"自治
的"或"有害的"社会组织,从而限制了"自治的"社会组织的出现和

---

① 康晓光、韩恒:《分类控制——当前中国大陆国家与社会关系研究》,《社会学研究》
2005 年第 6 期。

② 金耀基:《行政吸纳政治——香港的政治模式》,载《中国政治与文化》,牛津大学出版
社 1997 年版。

③ 康晓光:《90 年代中国大陆政治稳定性研究》,《二十一世纪》2002 年 8 月。

发展，同时也在一定程度上满足了经济和社会发展的客观需要。①

比如建设希望小学项目，需要"采取地方政府和中国青少年发展基金会共同投资的方式"，创建希望小学需要同时获得县教委、县委、县政府、县地省三级团委和中国青少年发展基金会的批准。这样，希望小学的建设便成为地方政府的一项重要政绩，更多的是满足地方政府的政绩和面子工程需要，于是这些规定为希望小学在建设规模、资金来源、施工工程和日常管理等方面提供了可靠制度保障的同时，也被政府吸纳其中，后果是希望小学越建越豪华，离公路和城镇越来越近，而离最需要的地方越来越远，中国青少年发展基金会较少有真正的主动权。

从治理结构上来看，尤其是早期真正的决策权在中国青少年发展基金会秘书长、中国青少年发展基金会党组、团中央分管中国青少年发展基金会的领导手中，他们才是中国青少年发展基金会的发展战略和日常工作真正的、直接的决策者。并且在外部有三家单位对中国青少年发展基金会握有"生杀予夺"大权：业务主管部门为团中央，业务监督部门为中国人民银行，登记管理机关是民政部。更加重要的是，中国共产党的组织管理体制、《社会团体登记管理条例》、《基金会管理办法》、《中国青少年发展基金会章程》共同决定了中国青少年发展基金会的性质、宗旨、任务、活动范围、组织框架、决策程序、权力配置。它们设定的"框框"是"不可改变的"，是"稳定的"、"不变的""结构性要素"，它们决定了中国青少年发展基金会的发展战略和日常活动，它们构成了中国青少年发展基金会的根本大法——"宪法"。②

中国青少年发展基金会在进行募捐尤其是落实援助时采取的行政化手段，实际上更多是来自自上而下的行政安排。因为落实援助资金是由共青团系统和基层教委，或者民间组织落实，并无实质性的差别，本来并不太重要，但共青团系统和基层教委之所以要参与落实援助资金，也并非完全出于自愿选择，更多是来自自上而下的行政安排，觉得落实希望工程的资助与其他工作一样，都是上级下达的"任务"，他们得到此项任务，也是由上级统一安排的。

本章对教育援助中非正式制度的制度空间塑造过程及其特征进行了

---

① 康晓光、韩恒：《行政吸纳社会——当前中国大陆国家与社会关系再研究》，*Social Science in China* 2007 年第 2 期。

康晓光、韩恒：《行政吸纳社会——当前中国大陆国家与社会关系再研究》，世界科技出版社 2010 年版。

② 康晓光：《创造希望——中国青少年发展基金会研究》，漓江出版社、广西师范大学出版社 1997 年版，第 110 页。

深层次的研究和分析。研究表明，在新总体性社会背景下，政府对于公共服务供给的不足，导致公益的缺位，加上自由活动空间的松动，为非营利组织成长的制度空间提供了可能性和条件。在教育领域，中国青少年发展基金会等非营利组织的制度空间是在其自主争取和政府的赋予双重逻辑下逐步打开并扩大的，但是中国青少年发展基金会的这种自主性与被吸纳一对矛盾的双重特征，决定了政府在给予其进行教育援助活动时的资源禀赋的同时，也限制了其活动的空间，使之出现活动空间的边缘化。介入教育援助领域的非营利组织虽然建构了一定的制度空间，但活动空间的边缘化，将会对其组织结构和资源禀赋等生存基础产生深刻影响，下面两章将加以讨论。

第二章　组织结构与资源禀赋

正式政治制度对于消除替代者具有很强的能力。[1]

——Elisabeth Clemens and James Cook

行动者和资源之间是控制关系和利益关系。在行动者中间，存在着三种相互依赖：结构性相互依赖、行为性相互依赖和进化性相互依赖。[2]

——Milton Friedman

对于教育援助中非正式制度的机制研究，本书采用社会机制性解释的分析框架，重点研究组织的属性、结构和资源这三个变量与社会结果之间的社会机制。在社会科学中，有三种类型的解释，分别是覆盖律解释、统计学解释和机制性解释，本研究采用的是机制性解释路径，它的解释原理是"说明一种社会机制，解释行动者、行动以及它们如何在时间和空间上被组织起来"。所谓社会机制是指"因为相互关联而总是导致某一特定社会结果的一系列主体和行为"。[3] 本章首先讨论组织的属性、结构和资源这三个变量。

教育援助的行动者主体所处的制度空间这一外部因素深刻影响着其组织的属性、组织和资源，为了适应这种制度环境必须进行生存选择，主要体现在两个方面，即怎样建构自身治理的组织结构，然后如何争得资源。其中，组织结构是行动的内部的静态组织基础，对资源的汲取方

[1]　Elisabeth S. Clemens and James M. Cook, "Politics and Institutionalism: Explaining Durability and Change", *Annual Review of Sociology*, Vol. 25, 1999, pp. 441 – 66.

[2]　Milton Friedman, *Capitalism and Freedom* (40 Anniversary Edition), Chicago: The University of Chicago Press, 2002.

[3]　Peter Hedstrom, *Disseting the Social: on the Principles of Analytical Sociology*, Cambridge University Press, 2005, p. 15.

式是其动态的生存基础，二者都展示出其生存选择逻辑。

第一节　常数：组织的属性

第一章已经论述过，中国的教育援助领域中非正式制度的核心行动主体，即非营利组织，主要分为目前的五种类型：一是私人基金会，包括两种：只出资不提供教育设备，如李嘉诚基金会；出资并提供教育设备的国际非营利组织，如福特基金会。二是官方非营利组织，如青少年发展基金会（地区以下称希望工程办）、中华慈善总会、工会等，是目前最活跃和最主要的民间力量。三是智力投资型组织，只注重政策咨询服务、教育问题研究等，如北京天下溪教育咨询中心和 21 世纪教育发展研究院。四是网络草根组织或志愿者协会，通过身体力行来支援教育，比如深圳磨房、多背一公斤、西部阳光行动、香港苗圃行动、复新学校、久牵民工子弟学校等。五是民办学校，包括民办小学和民办中学。这些不同的组织类型，尽管在组织特征、功能和宗旨使命上比较接近，但在组织规模、人员数量和教育援助的内容上有所不同，这些作为常量的组织属性也会影响到其教育援助的结果。

首先，在组织特征上，五类组织都有服务公众的宗旨，不以营利为目的，组织所得不为任何个人牟取私利的特点。当然当前中国对非营利组织的双重管理体制中，组织自身是否具有合法免税资格和提供捐赠人减免税合法地位不是由组织自身所能决定的，而是受到管理体制的制约，比如草根组织因未能在民政局正式注册而不具有合法地位，在工商管理部门注册的民办非企业和社会团体等不享有合法免税待遇。

其次，在组织的功能上，五类非营利组织比较接近，功能基本上都是以服务提供为核心。非营利组织的作用与功能不仅是弥补政府和市场提供公共物品中的不足，还包括了公众参与、社会创业等。Peter Frumkin 在总结前人研究基础上，提出用获益对象和理性方式两个维度区分了非营利组织的四种功能（见表 2 - 1）①。

最后，在组织宗旨上，五类组织都是以服务学生、促进教育事业发展为宗旨，比如官方非营利组织中青少年发展基金会开展的希望工程是一项以广泛动员海内外财力资源，面向中国贫困地区，以救助失学儿童继

---

① Peter Frumkin, *On Being Nonprofit*: *A Conceptual and Policy Primer*, Massachusetts: Harvard University Press, 2002.

表 2－1 非营利组织的四种功能

	需求取向	供给取向
工具理性	服务提供： 提供需要的服务，并回应 政府和市场失灵	社会创业： 为创业提供途径，并产生结合 商业与慈善目的的社会企业
表达理性	公民和政治参与人： 动员民众参与政治，提出倡议， 并在社区内构建社会资本	价值与信仰： 让志愿者、员工和捐赠者通过工作 表达价值观、承诺和信仰

资料来源：Peter Frumkin, *On Being Nonprofit*: *A Conceptual and Policy Primer*, Massachusetts: Harvard University Press, 2002, p. 25.

续小学学业，资助乡村小学，改善办学条件，促进教育事业发展为宗旨的社会公益事业。

不过，在组织规模上，五类组织差别较大，参差不齐，比如官方非营利组织通常较大，而草根组织和智力投资型组织往往很小，私人基金会和民办学校规模在两者之间。在组织人员数量上，与组织规模情况相似，因为组织规模与人员数量通常成正比。另外，在教育援助的内容上，主要提供智力援助的有两类：智力投资型组织和网络草根组织或志愿者协会。主要提供物资援助也有两类：私人基金会和非公募基金会。不过，现实中正式制度更多强调的是物资援助，这从《中华人民共和国义务教育法》中有关教育资助（aid, subsidization）概念的定性就可以看出，此法律对贫困学生资助做出的原则规定是："国家设立助学金，帮助贫困学生就学。"这不仅影响到各类组织对教育援助内容的选择上以物资援助为主，忽视智力援助，显然还会进一步影响其教育援助的结果，即使现有文献也主要是讨论物质援助，在智力方面的教育援助研究非常少见。

第二节　组织结构

现代组织治理文献把治理机制分为内部和外部治理机制两种类型。迈耶认为内部治理主要是通过内部的机构设置和权力安排来解决组织内部的利益协调的问题。[①]

---

① 转引自李维安《现代公司治理研究》，中国人民大学出版社2002年版，第23—24页。

尽管非营利组织与政府组织不同，不能强制他人参与；和企业组织不同，利益相关者不能分配利润；和政府组织与企业组织都不同，所有权与责任者（ownership and accountability）之间的界限模糊，一是会出现多个资助者，二是被资助者与资助者并非一定直接形成联系，三是董事会（或理事会）成员通常并非资金所有人。① 但作为一个组织，非营利组织也有内部治理与外部治理之分。非营利组织的内部治理指的是非营利组织的自主治理，是以组织的内部行动者为基础的治理，所要解决的是组织内部的利益协调与整合问题，其主要途径是通过组织的机构设置和权利安排来解决组织有关的效率问题。②

非营利组织的内部治理机制是指一整套控制和管理非营利组织运作的制度安排。与公司治理相类似，非营利组织内部治理机制实质是各权力机关相互间的权利制衡关系，表现为某种组织结构和制度安排。简森认为非营利组织内部治理机制的核心是董事会（或理事会）控制机制，还有一些其他的内部控制机制，如利益相关者控制机制。③

对于中国的非营利组织而言，比如中国青少年发展基金会，其内部组织结构主要体现在理事会、执行层和监事会三者的关系上。在外部环境确定的情况下，一个机构选择什么样的组织结构取决于许多原因，包括外部的政治、社会、经济、法律、文化等环境，也包括内部的机构性质、能力、人员素质、发展价值取向等因素。在中国青少年发展基金会的组织结构的建构与发展变化过程中，存在其机构的内在发展逻辑。④

一 全国青基会系统的组织结构

中国青基会初期内设理事会、秘书处和工作部门。1997 年前后，进行了大量机构调整工作，但主体还是这三块。理事会由中国青基会的创办单位和社会各界知名人士组成，是中国青基会的最高决策机构。秘书处是理事会的执行机构，内设办公室、研究培训部、宣传部、海外部、财务部、筹资部、基金部、"希望工程"管理办公室、展望计划办公室、监察办、法律部、信息中心、三辰影库办公室、教师培训办公室、爱心

---

① Peter Frumkin, *On Being Nonprofit: A Conceptual and Policy Primer*, Massachusetts: Harvard University Press, 2002, pp. 3 – 7.
② 李炳秀：《非营利组织内部治理机制研究》，博士学位论文，湖南大学，2004 年。
③ M. C. Jensen, "The Modern Industrial Revolution, Exit and the Failure of Internal Control System", *The Journal of Finance*, Vol. 78, No. 3, 1993, pp. 831 – 880.
④ 康晓光：《创造希望——中国青少年发展基金会研究》，漓江出版社、广西师范大学出版社 1997 年版，第 436 页。

工程办公室、"绿色希望工程"办公室等部门。中国青基会初期的内外部组织结构如图 2 - 1 所示。

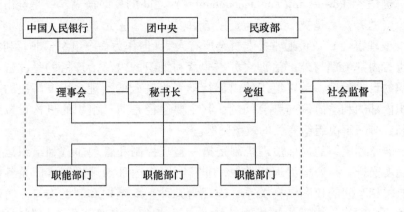

图 2 - 1　中国青基会初期的内外部组织结构

资料来源：陈俊龙：《非营利组织的绩效管理——以中国青少年发展基金会、沪东教会为例》，博士学位论文，复旦大学，2002 年。

此处只分析内部组织结构（见图 2 - 2），很明显，该结构非常简单，但也比较特殊。简单是指内部没有监事会，说明其没有这种现代内部监督机制，那么其监督如何进行？这里比较特殊的是有党组，通过中共的政党权威进行监督，而且政党的监督不是外部监督，而是内部监督。相比较其他非营利组织的组织结构，中国青少年发展基金会等官方非营利组织的党组是非常独特的，原因也简单，因为设立党组是《中国共产党章程》第九章第四十六条明文规定的："在中央和地方国家机关、人民团体、经济组织、文化组织和其他非党组织的领导机构中，可以设立党组。党组的任务，主要是负责实现党的路线、方针、政策，讨论和决定本部门的重大问题，团结非党干部和群众，完成党和国家交给的任务，指导机关和直属单位党组织的工作。"另外，也说明当时中国青基会的高层管理人员基本上是中共党员，这也容易理解，因为当时组建时的方式就是由官方派出人员，保留其行政级别，比如首任秘书长徐永光就是原共青团中央组织部长。并且中国青基会的决策权力由秘书长、党组、团中央分管领导掌握，而当时的秘书长和党组书记都是徐永光，并且他还保留团中央的行政级别，因此他在实质上掌握了主要的决策权。由此决定了其性质是官方非营利组织。这种组织结构显然与西方标准意义上的非营利组织不同，但有其存在逻辑，连西方学者也认可，并为之赋予了独特的组织类型名称：由政府组织的非营利组织，即官方非营利组织（a governmental NPO，GONPO 或 government - organized NPOs，GO - NPOs）①，这是中国独有的非营利组织类型。

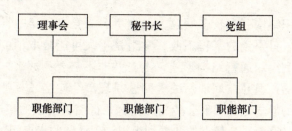

图 2 - 2　中国青基会的内部组织结构

其实，中国青少年发展基金会组织结构的建构与发展变化过程中，理事会、党组和秘书长负责制等结构要素始终是核心决策部门，构成其稳定结构，基本不变；而各种职能部门则属于可变结构，经常处于变化之中。中国青少年发展基金会的组织结构就由可变结构和不变结构两部分组成。②

不过，显然这种组织结构具有较多缺点：一是缺乏监督，容易走向腐败，脱离非营利性质；二是与政府的关系过于密切，缺乏独立性，不利于其自身的自立与发展；三是这种权力高度集中的科层制结构，体制比较僵硬，应对外部环境变化的能力先天不足，并且容易造成社会监督的失效；四是这种虚空的理事会模式既无法承担和履行法律赋予的责任，也无法在机构治理中发挥应有的作用。比如，"一、理事人数过多，且缺乏专业知识，难以议事；二、理事会与秘书处权责混淆不清，秘书处几乎统揽在道义上和法律上的全部权利和义务，集决策者、政策制定者以及行动执行者的角色功能于一身，缺乏监督，风险亦大；三、由于受到现行管理体制的限制，虽然法律制度赋予理事会决策机构的地位，但法律制度又同时设计了业务主管单位的领导角色，理事会和业务主管单位

① Thomas Risse - Kappen, ed. , *Bringing Transnational Relations Back*, In: *Non - State Actors*, *Domestic Structures and International Institutions*, Cambridge: Cambridge University Press, 1995.

Margaret E. Keck and Kathryn Sikkink, *Activist Beyond Borders: Advocacy Networks in International Politics*, Ithaca, N. Y. : Cornell University Press, 1998.

② 康晓光：《创造希望——中国青少年发展基金会研究》，漓江出版社、广西师范大学出版社 1997 年版，第 438 页。

的关系以及各自承担的责任没有明确界定，因此理事会只是形式上的决策机构，没有监控权利，形同虚设。"① 这些问题后来都暴露无遗。

二 2001 年后理事会决策制度化的尝试

虽然组织结构存在较多问题，但理事会、党组和秘书长负责制三个稳定结构中，只要党的章程不改，党组是不大可能被取消的；秘书长负责制是非营利组织通行结构形式，本身并非不需要；那么，只有理事会是可以变化的，但并非取消。关键问题是理事会应当发挥什么功能？如何将大而空的形式化的理事会转变为拥有并行使决策权的实质性理事会？这也是近年来逐渐成为热点的非营利组织治理话题的焦点问题之一。

中国青基会的治理探索并非是自发的，而是经历了从控制风险到建立公信的探索过程。可以分为两个阶段②：

酝酿阶段：从 2001 年起，中国青基会开始关注机构的制度化建设，将组织建设的重心放在决策制度化方面，以避免徒有形式的大而空的理事会决策不利的困扰，提出建立决策规则，走可持续发展的道路的方向。中国青少年发展基金会的内部组织结构出现重大变化的转折是 2002 年的一个危机事件，它使决策制度化问题变得迫在眉睫。2002 年 2 月，青基会曾因投资增值活动遭到境外媒体质疑，香港《明报》及大陆一些媒体刊发文章，指斥中国青基会"挪用希望工程捐款逾亿违规投资"，引起了广泛社会震动。这一危机事件使其决策机制制度化问题变得迫在眉睫。

"我们体会了非营利组织理事会不可替代的价值，于是萌生了将臃肿、虚化的理事会改造成权力机构的念头，并着手研究新的治理结构。"③

2003 年，中国青少年发展基金会进一步从财务预算和管理入手，加强了内部控制机制，同时在常务理事会上正式提出并讨论通过了《关于创建中国青基会新型治理结构的构想》。在这一构想中，理事会的职责被重新定义为"负责保证机构符合它的法定义务和道德标准，并且是透明和诚信的"。理事会应当成为机构自律的主体，拥有和行使决策权，并承担最终的责任。创建新型的青基会治理结构的目标是"使其具有强有力的、多元化的以及更具适应性的决策过程，以确保组织的有效性，为实

① 姚晓迅：《创建非营利组织新型治理结构——中国青基会的治理结构改革》，2005 年 11 月 21 日在中华慈善大会"加强能力建设 促进行业自律"论坛上所做的演讲。

② 顾晓今：《中国青基会治理之路》，南都公益基金会网站，2006 年 12 月 30 日，http：// www. naradafoundation. org/sys/html/lm_ 28/2007 - 07 - 30/153506. htm。

③ 同上。

现建设一个世界级基金会的目标奠定组织基础"。

2004 年 6 月 1 日正式施行的国务院《基金会管理条例》，对基金会管理运行做出了新的规定，对理事会的要求更为刚性。民政部要求"已经设立的基金会应在（2005 年）12 月之前完成换发登记证书工作"。这更加迫使中国青少年发展基金会必须提出解决方案，进行相应的治理结构调整。中国青基会于是以民政部《基金会章程范本》为基准，对机构章程和相关法律文件进行修改。"应该说，我们对治理的认识，的确经历了一个以控制风险为需求到提高组织公信力、寻求创新发展的觉悟过程。"①

实践起步：2005 年 5 月 17 日，中国青基会召开了第五届理事会第一次会议，理事任期为 4 年。新一届理事会在理事组成、理事会职责、决策程序、秘书长职权以及信息报告等方面，比较上届理事会有很大不同。理事们对章程进行了逐条修改，进行了三个小时的讨论。章程是中国青基会新的治理规则，修改后共 7 章 60 条 7129 字。章程在《基金会管理条例》基础上，增加了翔实和可操作的内容，部分标准有所提高，体现了中国青基会对更高组织目标的追求。

通过精减理事人数，明确理事资格、享有明确的权利并承担相应义务；清楚界定理事会的决策职责；确定理事会决策程序；建立秘书长对理事会负责的制度四项主要措施，形成了新型组织结构，并以新的《中国青基会章程》固定下来。② 经过调整，形成现在这样的组织结构（见图2-3）。

但是现在的这种内部组织结构仍然存在问题：一是从治理结构表面上看，监事能够监督理事会，而且理事会具有决策核心位置，但是，在实际上，业务主管单位替代了理事会，其结果就是基金会的执行机构（秘书处）只对业务主管单位负责，而不对社会负责。而业务主管单位常常代表国家，这就给了基金会不应有的"国家权力"。③ 康晓光在中国青基会组织结构调整前，对 2002 年危机做出回应时所指出的问题仍然存在。二是理事长一直是由兼全国青联副主席的团中央书记处书记担任，虽获得了体制内的合法性，但政府色彩过浓，缺乏独立性，尤其在当前许多民

① 顾晓今：《中国青基会治理之路》，南都公益基金会网站，2006 年 12 月 30 日，http：//www. naradafoundation. org/sys/html/lm_ 28/2007 - 07 - 30/153506. htm。
② 姚晓迅：《创建非营利组织新型治理结构——中国青基会的治理结构改革》，2005 年 11 月 21 日在中华慈善大会"加强能力建设　促进行业自律"论坛上所做的演讲。
③ 康晓光：《90 年代中国大陆政治稳定性研究》，《二十一世纪》2002 年 8 月。

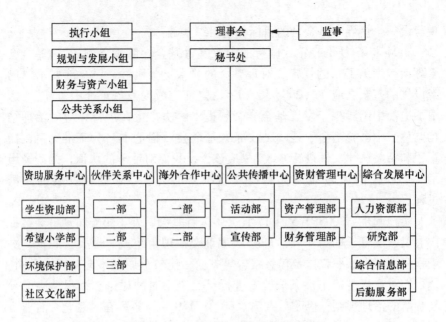

图 2 - 3　中国青基会现在的组织结构

资料来源：中国青基会组织结构，中国青少年发展基金会官方网站，http://www.cydf.org.cn/wmdzzjg.asp? cc = 66，2012 - 06 - 15。

众对政府充满不信任的背景下，公信力受损，不利于其自立与发展；另外，各执行小组是直接向理事会负责，而各职能部门是通过秘书长间接向理事会负责，本来他们应该是平级的，但如今互相之间似乎有了高低之分，并且没有了直接的联系机制，而实际的业务执行必须由他们共同完成，基于理性的选择，势必造成有利争着干、无利都不干的局面。在现代公司治理结构中，一般是采取矩阵式结构来协调事业部门与职能部门的关系，两种不同的执行部门之间会有交叉与联系机制。

第三节　资源禀赋

资源是任何组织发展的重要保证，特别是资源依赖理论（resource dependency theory）更是强调由于资源的稀缺性导致组织对于环境的依赖。对于非营利组织而言，其生存与发展延续所依靠的是相关资源，能否获得和拥有哪些相关的资源是极为重要的。前文提及，有关非营利组织的研究主要集中在内部组织结构和非营利组织与外部环境关系这两个领域，此处主要讨论非营利组织与外部环境的关系这个方面，即拥有哪些发展资源。当然发展资源与外部环境并非等同，发展资源包括内部资源，外部环境也未必都成为其发展资源，所以此处讨论的资源禀赋是两者的重合之处，即非营利组织通过从外部环境中汲取而来，并成为其发展的可利用资源，从而将纯属非营利组织内部的发展资源，比如组织的人力资源和结构资源排除在外，此处不作分析。

通常认为组织的资源主要包括以下几类：有形资源，特别是金钱和成员；组织资源，包括成员的知识、技巧和能力；动力资源，如对某种价值的追求；无形资源，如威望、地位及社会资本。① 作为以"散财之道"为基本价值目标的非营利组织更加依赖无形资本，比如公信力和社会资本。因为非营利组织承担着社会财富的分配功能，通过汇聚社会财富，并将之分配给需要援助者，这是社会第三次分配的一种形式，是社会保障的补充体系。

与此相似，以官方非营利组织中的中国青少年发展基金会为例，其援助教育的发展资源主要包括：援助资金、师资、组织资源、社会资本和志愿者人力资源。下面分别从教育援助所需资源的数量和来源两个方面对此五种资源进行分析。

一　教育援助所需资源的数量

（1）援助资金

这是非营利组织进行教育援助最重要的资源，以中国青少年发展基金会例，因为基金会是一个通过向社会募捐再用募捐所得进行资助的机构，而且目前中国青少年发展基金会主要以物资援助方式进行，希望工程项目的救助失学儿童和援建希望小学两大项目占了中国青少年发展基金会全部援助开支的 90% 以上，这两类都是物资援助。为保证希望小学的正常运转，就需要保证充分的校舍面积、操场面积、图书数量、课桌椅配齐率和教具教学仪器配齐率等。当然，对于任何组织来说，其生存和延续发展都必须有经费支持。

需要的资源数量有多少？先以 1998 年为例，这是中国青少年发展基金会成立和希望工程开展的头一年，时任主管教育的政府官员公开的数字为："1988 年，我国人均教育经费仅为 11.2 美元（约合人民币 40 元），列世界倒数第二。1988 年国家财政拨款为 321 亿元，加上其他渠道筹资

---

① Paul N. Ylvisaker, "Sources of Support for Nonprofit Organizations", In: Walter W. Powell, ed., *The Non - Profit Sector: A Research Handbook*, New Haven, C.T.: Yale University Press, 1987, pp. 321 - 396.

102 亿元，共 423 亿元。全国在校生 2.2 亿，人均不足 200 元，其中大学生人均 2300 元，中学生人均 140 元，小学生人均 60 元。公用经费大部分用于修缮危旧校舍，很多农村小学甚至买不起粉笔和备课本。如果给我国各级各类在校生和文盲每人每年增加 10 元教育经费，就需要 44 亿元人民币。……由政府大幅度增加教育投资显然十分困难。"[①] 以 1993 年中共中央、国务院颁布《中国教育改革和发展纲要》，提出到 2000 年财政性教育经费占 GDP 的比例达到 4% 的规定来计算可以得出全国总体上的资源缺口。1993 年，国家财政性教育经费及其占 GDP 的比例为 2.46%，以国家正式制度中文件要求的 4% 计算，当年缺口为 GDP 的 1.54%，当年的 GDP 总量为 3.5334 万亿元，[②] 那么缺口为 544.1436 亿元。另外，"1993 年全国拖欠中小学教师工资共计 14 亿元"。[③] 如果加上这部分，所需资源的数量将更大。

以单个援助组织所需资源的数量来计算，仍以 1993 年的情况为例，中国青少年发展基金会救助失学儿童突破百万，援建希望小学近千所，以当年的标准，为每位失学儿童捐款 100 元，援建每所希望小学需要 10 万元计算，当年需要的捐款收入至少 2 亿元。

（2）师资

师资是教育领域中非常重要的资源，需要的资源数量有多少？据统计，1988 年全国初中和小学教师不合格的比例分别高达 64.4% 和 31.9%；至 1990 年，全国还有 85 个县适龄儿童入学率不足 60%，全国每年有 250 万以上的学龄儿童因各种原因不能入学；已经入学的少年儿童流失问题也十分突出，1989 年全国小学学生流失率为 3.2%，一年有近 400 万少年儿童从学校流失；即使已经通过九年制义务教育任务中普及初等教育验收的县中，仍有 60% 的县农村小学毕业生升入初中的比例不足 60%，全国总计每年又约有 500 万的小学毕业的少年无法进入初中学习而流入社会。上述这些情况，在农村地区特别是贫困地区就更为恶劣或突出。而且 1980—1989 年全国中小学生流失量呈上升趋势，1989 年的学生流失量比 1986 年增长 38%，从 1980 年到 1988 年，全国流失生总数达

---

① 刘延东（时任团中央书记和中国青基会理事长）在宣布开展"希望工程"的新闻发布会上的讲话，1989 年 10 月 30 日。

② 岳昌君：《中国公共教育经费的供给与需求》，载杨东平主编《教育蓝皮书》，社会科学文献出版社 2009 年版，第 80—86 页。

③ 黄传会：《为了那渴望的目光：希望工程 20 年纪事》，安徽教育出版社 2008 年版，第 98 页。

3799 多万名。① 如果将全国初中和小学不合格教师全部替换成合格教师，需要的量非常巨大，这必须通过正式制度来逐步完成，但是培训农村小学教师正是援助方式之一，所需数量也非常实实在在，另外，新建的希望小学所需新增的教师数量是实实在在的需求量。

以单个援助组织所需资源的数量来计算，仍以中国青少年发展基金会的情况为例，至 1996 年年底，希望小学达 3643 所，以每所学校需要师资 10 人计算，也需要 36430 名教师。

从援助资金和师资情况可以看出，中国青少年发展基金会援助教育的内容主要是物资援助，智力援助极少涉及。

（3）组织资源

上一章中提到过，中国青少年发展基金会等非营利组织的制度空间正是在政府的"功能替代"性吸纳策略下形成并生存发展的，于是政府组织成了非营利组织最重要的组织资源，另外国有企事业单位也是重要的组织资源。相比而言，纯粹的私人领域的私营企业和三资企业是比较次要的组织资源。

需要的资源数量有多少？在中国，共产党和政府组织的权力与影响几乎无处不在，如果得不到党和政府的支持或默许，任何组织和个人所从事的任何公共活动都难以开展，无法达到预期的目标。地方政府组织和党政领导人的参与同样关键，比如建设希望小学项目，需要"采取地方政府和中国青少年发展基金会共同投资的方式"，创建希望小学需要同时获得县教委、县委、县政府、县地省三级团委和中国青少年发展基金会的批准。许多地方党政领导帮助希望工程募捐，有的帮助中国青少年发展基金会处理全国青基会系统与地（市）县基金管理机构之间的矛盾，清理地县基金。在 1996 年"希望工程"有 695 个实施县，这便需要 695 个县的县委、县政府、县教委、团县委的合作，希望小学原则上都建立在乡镇以下层级，一乡镇一所学校，至 1996 年年底，希望小学达 3643 所，意味着需要 3643 个乡镇政府的合作。

在组织外部对中国青少年发展基金会直接握有"生杀予夺"大权的政府部门有三个：业务主管部门为团中央，业务监督部门为中国人民银行，登记管理机关是民政部。其中团中央是在中国青少年发展基金会最重要的外部组织资源。此外，其他行政部门和地方政府部门也是中国青少年发展基金会的重要组织资源。

---

① 中国青少年发展基金会、国家科委中国科技促进发展研究中心：《中国青少年发展状况研究报告》，社会科学文献出版社 1992 年版，第 121—125 页。

（4）社会资本

社会资本理论产生于 20 世纪 80 年代，它最初由社会学家提出，但后来不断引起经济学家和政治学家的关注。基于不同学科的视角，社会资本的定义和分类也存在不统一的看法。一般而言，主要有三种观点：第一种是从政治学视角，帕特南和福山等人从较为狭义的角度出发，认为社会资本是指非正式的、地方性的社会网络或信任关系。本书根据帕特南的定义，认为"社会资本是指社会组织的特征，诸如信任、规范以及网络，它们能够通过促进合作行为来提高社会的效率"。① 第二种是从社会学视角，科尔曼将科层组织也视为社会资本的组成部分。第三种是从经济学视角，道格拉斯·诺斯等在前两种观点的基础上，加入了诸如政府和法律规则等正式制度。②

社会资本是相对于物质资本和人力资本而言的，物质资本表现为有形的物质形态；人力资本表现为无形的知识技能；而社会资本表现为人际信任、互惠规范和社会网络，它强调公民社会内部的信任关系对人们行动能力的影响。

据此，非营利组织的社会资本主要指非营利组织在社会网络中的良好关系、信任，它对于非营利组织的可持续发展至关重要。信任是"一方相信其需要在未来会被另一方所采取的行动所实现"③，或者是"一方期待另一方会乐意协作，履行义务，并在相互关系中尽一份力"。④

对于公益性组织而言，人际关系网络、知名度和公信度是立身之本，也是它们所能拥有的最宝贵的资源。正如中华慈善总会会长范宝俊所说："慈善事业的成败从根本上讲取决于慈善组织自身的建设及取得公认的社会信任，强化组织建设、不断提高社会公信度是慈善事业尤其是每个慈善组织可持续发展、长盛不衰、永远立于不败之地的根本所在。"⑤

对于中国青少年发展基金会而言，要获得社会资本，就要让人信任，觉得这是"让人放心的管理"、"领导同志的肯定"。"信誉是基金会的生

---

① ［美］罗伯特·帕特南：《使民主运转起来》，王列等译，江西人民出版社 2001 年版，第 195 页。

② ［英］帕萨·达斯古普特等：《社会资本》，张慧东等译，中国人民大学出版社 2005 年版，第 57 页。

③ E. Andson & B. Weitz, "Determinants of Continuity in Conventional Industrial Channel Dyads", *Marketing Science*, No. 8, 1989, pp. 310 - 323.

④ F. R. Dwyer, P. H. Sehurr & S. Oh, "Developing Buyer - Seller Relationships", *Journal of Marketing*, Vol. 51, 1987, pp. 11 - 27.

⑤ 范宝俊：《中国慈善事业面临的形势与任务》，《社会保障制度》2001 年第 10 期。

命!"是徐永光的口头禅。① 公众对中国青少年发展基金会实施的希望工程产生认同和信任，主动地认为救助失学儿童是自己的责任或义务，这便是希望工程的符号资源。

(5) 非师资志愿者人力资源

志愿者是非营利组织最重要的人力资源，这和政府组织与企业组织有所不同。社会公众以志愿服务方式进行支持对于中国青少年发展基金会来说是非常重要的，这不仅拓展了中国青少年发展基金会援助教育的人力，而且因为志愿者们本身来自民间社会，更加为公众所了解和易于接触，他们的行为和形象更有亲和力，也更易提高社会资本。这方面的需求量是难以估量的，非常之大，比如每所希望小学的建立都有大量当地群众义务出工。

二 教育援助中资源的来源

(1) 援助资金

援助资金从何而来？中国青基会建立之初，在1988年11月17日，团中央从青少年活动基金中拨出10万元作为中国青基会的注册资金，以及1万元的活动经费，免费提供办公用房，并为中国青基会第一批成员提供了高水平的全面的社会保障，包括工资、住房、医疗保险、养老保险等，使之有一条高水平的底线或退路，没有这一条，起步之初的中国青基会不可能吸引那么多优秀人才。但如果从数字上看，这么一点资金和物质资源对于希望工程的庞大资金量来说微不足道，截至2010年12月31日，希望工程累计募集捐款70亿元人民币。这看起来似乎政府并非中国青少年发展基金会的希望工程重要资金来源，事实上，政府的资助主要是通过希望小学匹配资金的方式。2006年的希望工程评估报告显示："在政府匹配资金的来源方面，37.4%的希望小学有本县政府的匹配资金，47.9%的学校有本乡政府的匹配资金，39.6%的学校有省、地等其他部门的匹配资金。"② 因为按照希望小学建设资金规定，县级人民政府的匹配资金与募捐款为1:1的比例。

不过上述评估报告也显示：援助希望小学资金最主要的来源还是民

① 康晓光：《创造希望——中国青少年发展基金会研究》，漓江出版社、广西师范大学出版社1997年版，第425页。

② 国家科技促进发展研究中心希望工程效益评估课题组：《希望工程效益评估报告》，国家科技促进发展研究中心，中国青少年发展基金会网站，2006年9月20日，http://www.cydf.org.cn/shiyong/html/lm_134/2006-09-20/151630.htm。

间，而非政府。"从955所希望小学的建校资金来源和结构看，希望小学的平均建校资金38.9万元，其中来自各级希望工程机构的建校款17.3万元，占44.5%；各级政府匹配资金12.1万元，占31.1%；当地群众捐集资6.7万元，占17.2%，其他来源的捐款2.8万元，占7.2%。"政府的匹配资金将近三分之一，因为各级希望工程机构的建校款本身来自社会上的募捐款，所以来自社会的援助希望小学资金超过三分之二。

更加值得注意的是，中国青少年发展基金会数据统计中的希望工程捐款收入中并不包含政府援建希望小学的匹配资金，对于资助失学儿童的全部捐款收入以及由各级希望工程机构的建校款全部来自社会上的捐款。这样，社会捐款比例更高。表2-2是"希望工程"捐款收入资金来源和结构数据统计情况：

表2-2　　　　"希望工程"捐款收入资金来源和结构　　　单位：万元人民币

年份	1989	1990	1991	1992	1993	1994	1995	1996	1997	1998	1999	2000
总额	135.9	775.1	357.4	5257.7	4498.2	6881.3	3633.9	6545.3	7397.3	19497.0	7570.0	6968.1
大陆捐款	135.9	412.1	220.0	2176.1	1369.1	5397.0	2290.5	5772.0	6029.1	19363.8	6120.8	5212.5
大陆捐款/捐款总额（%）	100.0	54.58	61.56	41.39	30.14	78.35	63.60	88.19	81.50	93.56	80.86	74.81
海外捐款	0.0	343.0	137.4	3081.7	3142.5	1490.1	1322.9	773.3	1368.2	133.2	1449.2	1755.6
海外捐款/捐款总额（%）	0.0	45.42	38.44	58.61	69.86	21.65	36.40	11.81	18.50	6.44	19.14	25.19
个人捐款									1622.9	1498.2	655.3	925.8
个人捐款/捐款总额（%）									21.94	7.24	8.66	13.29
单位捐款									5739.4	18786.5	6483.6	5780.2
单位捐款/捐款总额（%）									77.47	90.78	85.65	82.95
总百分比	100.0	100.0	100.0	100.0	100.0	100.0	100.0	100.0	100.0	100.0	100.0	100.0

资料来源：根据李诗杨（2001）、国家科技促进发展研究中心希望工程效益评估课题组（2006）、康晓光（1997：258—292）等统计整理而成。

　　李诗杨的研究数据显示，截至 1997 年 8 月 22 日，捐款总额为 16355.5 万元，其中个人捐款总额为 7459.7 万元，占总额的 45.6%；单位捐款总额为 8859.8 万元，占总额的 54.4%。从 1997—2000 年的统计资料来看，中国青基会的捐款总额中，个人捐款占 11.03%，单位捐款占 86.28%。[①] 康晓光所做的调查显示，中国青基会的单位捐款中，集体捐款占 49.5%，法人捐款占 50.5%。[②]

　　可以看出，个人捐款的比例在"希望工程"战略转移前后，有着较为显著的差别，中国青基会的捐款主体表现出从普通民众的小额捐款向企业和组织的大额捐款转移的趋势。但是，需要注意的是，一者单位捐款中，法人捐款才是真正由单位捐款，集体捐款其实是职工集体捐款，也就是说，实质仍是个人捐款；二者海外捐款的突出特征是捐款绝大多数来自社会的中低层的小额捐款。

　　当然，对于单位捐款中的职工集体捐款有多大成分是出于个人自愿，或是出于单位强制派捐，或是虽无捐款意愿但出于群体效应和从众压力，见大家都捐，自己不捐担心后果不好，不得而知，而这显然是对捐款收入结构有很大影响的。从康晓光所作的问卷结果来看，中国青基会的单位捐款中单位所有制结构的分布中，国有企事业学位占 69.4%，集体企事业学位占 7.1%，其他为私营和三资企业，占 23.5%。如果公有制企事业中有 20% 是出于单位强制派捐，那么实际个人捐款占捐款总额的比例将小于 50%。[③] 但尽管如此，还是可以由此看出，"希望工程"捐款的主体是来自全社会成员的大量的小额捐款，"希望工程"几乎是当时中国唯一的以从普通民众中汲取资源作为主要资金来源的公益项目。捐款者对于中国青少年发展基金会来说就是一种非常重要的社会资源，两者的联系通过捐赠和结对资助等行为来实现，通过信任关系来维系。

　　（2）师资

　　师资来源主要包括以下两条途径：一类是希望小学的所有教师，这是最主要的部分，这些老师隶属于教育部门，和所有其他公立学校的教师地位没有任何差别，其师资来源、管理和待遇等完全由教育行政部门负责，与中国青少年发展基金会没有任何关系；另一类是中国青少年发

---

① 李诗杨：《中国青少年发展基金会》，载洪大用、康晓光《NGO 扶贫行为研究调查报告》，中国经济出版社 2001 年版。
② 康晓光：《创造希望——中国青少年发展基金会研究》，漓江出版社、广西师范大学出版社 1997 年版，第 258—295 页。
③ 同上书，第 259—295 页。

展基金会聘请的担任教师的志愿者（包括中国青少年发展基金会1995年开始成立的希望工程全国教师培训基地那些专门给希望小学的教师进行师资培训的老师，至2009年9月，希望工程在全国培训农村小学教师64000余名）和从社会上招募的进行短期支教的志愿者老师，但规模很小。第二类可以看作真正的社会师资力量，虽然仍有许多本身是老师身份，尤其教师培训基地聘请的教员均为全国著名的教育专家、优秀的小学老师和教育部门的有关领导，但至少他们都有一个共同特征，即都是由中国青少年发展基金会组织和运作的，这种师资特别是支教大学生等是中国青少年发展基金会真正的智力援助力量。

（3）组织资源

首先，吸引政府组织并与之合作成了中国青少年发展基金会组织资源最重要的来源，中国青少年发展基金会开展希望工程自然如此，各级政府和各级党组织对中国青少年发展基金会的支持主要体现为：批准成立、支持或默许（不限制）某些活动、公开承认和肯定其贡献等。比如中国青少年发展基金会的成立是由中共中央书记处"批复"后才开始办理正常手续的。① 当时的党和国家领导人对中国青少年发展基金会的支持非常重要，主要形式有：担任名誉职务、题词、出席会议及捐赠仪式等。比如包括邓小平、陈云、李先念等几乎当时所有党和国家领导人都为希望工程题过词，万里和阎明复分别担任过中国青少年发展基金会名誉理事长和名誉会长，李瑞环、李岚清等多次出席会议、指导中国青少年发展基金会募捐等。其实，有些时候中央政府将希望工程视为政府自己办的，比如党中央和国务院制订的《90年代中国儿童发展规划纲要》和《1994年政府工作报告》等文件都明白无误地要求"实施希望工程"。国务院新闻办公室从1995年开始连续四年将希望工程写入人权报告，尤其是1995年12月8日发布的《中国人权事业的进展》报告第五部分"公民的受教育权利"明确写道："为弥补国家教育经费的不足，中国政府动员和组织社会力量参与扶贫教育事业。这项事业被称为'希望工程'。……中国'希望工程'的成功实施，受到国内外各界人士的好评。"② 此报告中，中央政府直接说希望工程就是中国政府自己办的。

其次，希望工程在所有实施地吸引地方政府组织和党政领导人的参与，比如建设希望小学项目，"采取地方政府和中国青少年发展基金会共

---

① 中国青少年发展基金会：《中国青少年发展基金会大事记：1988—1993》，1994，第1—2页。

② 中国青少年发展基金会：《中国青少年发展基金会大事记：1995》，1996，第21—22页。

同投资的方式"，获得所有县教委、县委、县政府、县地省三级团委和中国青少年发展基金会的批准，甚至许多地方党政领导帮助希望工程募捐，有的帮助中国青少年发展基金会处理全国青基会系统与地（市）县基金管理机构之间的矛盾，清理地、县基金。

最后，在组织外部对中国青少年发展基金会直接握有掌控大权的三个政府部门自然是重要支持力量：团中央、中国人民银行和民政部，尤其是团中央。其他行政部门和地方政府部门也是重要的组织资源来源。中国所有部级单位都多次组织募捐活动，为希望工程筹集捐款。比如1992年11月2日国家教委发出《关于支持中国青少年发展基金会实施希望工程的通知》，要求各级教育行政部门切实支持希望工程的组织、实施，使其在实施义务教育过程中发挥应有的作用。[①] 1994年3月22日邮电部为中国青基会发行了专供参加希望工程结对救助的捐助者使用的明信片，以支持中国青少年发展基金会推出的"百万爱心活动"。落实希望工程援助资金是由基层共青团系统和基层教委完成的。

另外，希望工程在实施过程中很注意吸收国有企事业单位，甚至私营企业和三资企业的支持。

（4）社会资本

人们对希望工程的信任，中国青少年发展基金会与外部的良好人际关系网络，形成的互惠规范和社会网络，在民众中的知名度和公信度是其可持续发展至关重要的社会资本。

如何获取这些社会资本？中国青少年发展基金会第一任副秘书长郗杰英认为有三种方式：一是人际交往，主要是基金会的工作人员通过与潜在的捐赠者进行"面对面"的直接接触进行宣传，以获得信任。形式主要有游说、拜访、聚会、会谈、宴请等。二是组织传播，即利用党政系统的组织体系，通过向上汇报、下发文件、召集会议、编发简报等办法进行宣传，以获得信任。三是大众传媒，即通过大众传媒，比如报纸、广播、电视、杂志、书籍、电影、图片等，对社会公众进行宣传，以获得信任。

中国青少年发展基金会和省级青少年发展基金会的工作人员都认为，希望工程通过社会动员获取符号资源的两个最重要的核心是"造势"和

---

① 中国青少年发展基金会：《中国青少年发展基金会大事记：1988—1993》，1994，第1—2页。

"煽情"。①"造势"指让希望工程的名字传遍社会的每个角落。比如"巧妙"报道邓小平为希望工程捐款的消息，大张旗鼓地请名人演出并不断报道各种"花絮"，甚至要求各省转播，要求各地方青基会"在省报或青年报一家主要报刊发广告"；"煽情"指打动人心，通过一系列精心设计的形象和符号，让人们觉得面对贫困地区失学儿童的双眼，自己不能不做出反应，伸出援助之手，否则会在良心上不安甚至受到谴责。比如以"大眼睛"为代表的希望工程形象，突出强调了"纯真、好看、刻苦、热爱读书"这些能够打动人心的因素，综合成一句话就是"我要上学"。

（5）非师资志愿者人力资源

非师资志愿者人力资源需求量很大，其来源也丰富多样。这些非师资的志愿者们，有的是社会影响力很大的文艺表演者、体育运动员，进行义演、义赛，比如成立之初，1989 年 9 月 2 日，中国青少年发展基金会、中国工商银行信托投资公司在北京展览馆剧场举办的"同在蓝天下"救助贫困失学少年大型义演。在北京的一些著名演员如李谷一、德德玛、韦唯等参加了演出；② 有的是新闻媒体人士；有的是知名作家或艺术家，比如冰心无偿担任希望书库主编，摄影家解海龙拍摄希望工程照片、作家黄传会的希望工程报告文学为中国青少年发展基金会进行义务宣传；更多的是广大民众，为中国青少年发展基金会进行义务募捐，比如"希望将军"赵渭忠的自发劝募行动。

另外还有一类虽无志愿者名义，但实质是真正的志愿者的广大群体，就是希望小学当地群众。研究显示，在希望小学的建校过程中，当地群众义务出工的行动也比较踊跃，每所希望小学的群众义务出工时间为1020.3 个人日。③ 这说明当地群众对参与建设希望小学的态度积极，行动踊跃。

三　资源的稀缺性

从上述对教育援助所需的数量和来源的分析中不难看出教育援助资源的严重稀缺。仍以中国青少年发展基金会开展的希望工程项目为例，比如援助资金，1993 年实际的希望工程捐款收入为 4498.2 万元，不到所

---

① 孙立平等：《动员与参与：第三部门募捐机制个案研究》，浙江人民出版社 1999 年版，第 132—133 页。

② 中国青少年发展基金会：《中国青少年发展基金会大事记：1988—1993》，1994，第 3 页。

③ 李诗杨：《中国青少年发展基金会》，载洪大用、康晓光《NGO 扶贫行为研究调查报告》，中国经济出版社 2001 年版。

需捐款收入 2 亿元的四分之一，可见资源的紧缺。师资上，至 2009 年 9 月，全国累计建设希望小学 15940 所，^① 这意味着至少需要师资 159400 名，但全国仅培训农村小学教师 64000 余名，只占所需师资的三分之一强，更别说全国有高达 64.4% 的初中教师和 31.9% 的小学教师不合格，需要补充替换或进行培训成为合格教师。

资源依赖理论可以较好地分析非营利组织与外部环境进行资源交换的情况。资源依赖理论的基本假设是任何组织都无法产生或控制所有的自身需要的资源，只有依靠其所在的环境中其他的组织交换和交易，才能够生存和完成其使命。^② 当其资源有限且无法自给自足时，组织倾向于与外部环境中掌握关键资源的利益相关者进行交换，汲取和转换各种资源，从而形成组织间的相互依赖关系网络。资源依赖理论高度强调社会控制，即掌握资源的组织（resource – holding organization）可以对其他组织发挥重要影响。当对于消耗资源的组织（resource – consuming organization）而言资源是关键性的并且少有替代品时，掌握资源的组织能够对消耗资源的组织发挥强有力的影响。^③ 随之而来的是，消耗资源的组织将愿意花许多时间与财力来满足掌握资源的组织的要求。依赖于多个外部组织的组织将面临后者之间的冲突。

早期研究如帕森斯指出，稳定的系统才能和环境协调，开放的组织才能应付环境的各种变化。^④ 其中的第三个层次，即外部治理结构，其主要任务是解决组织适应社会环境的问题。非营利组织属于外部资源依赖型组织，外部环境的依赖性尤为突出，因而治理结构与外部环境的匹配显得尤其重要。^⑤ 作为处于开放的系统之中的社会组织，非营利组织同时又可以借助这种开放系统来实现对非营利组织的规范和约束。

这种开放的系统是组织外部治理的环境，所谓组织的外部治理机制，主要是组织外部的环境条件和监督主体对组织形成的约束作用。现有研究表明，非营利组织的外部制约条件主要包括：法律制度和政府政策导

---

① 涂猛：《中国青基会 2009 年工作计划、财务预算的报告》，中国青少年发展基金会网站，2006 年 9 月 20 日，http：//www. cydf. org. cn/shiyong/html/lm＿138/2009－12－24/110903. htm。

② Jeffre Pfeffer and Gerald R. Salancik, *The External Control of Organizations：A Resource Dependency Perspective*, New York：Harper and Row, 1978.

③ Ibid. .

④ 臧红雨：《非营利组织整体性治理结构研究》，博士学位论文，哈尔滨工业大学，2009 年。

⑤ 邓国胜：《中国民办非企业单位的特质与价值分析》，《中国软科学》2006 年第 9 期。

向、资金和员工等社会资源、准公共产品市场、通过信息披露取得公众和捐赠者的认可等；外部监督主体主要包括：政府、行业协会、社区、独立第三方评估机构、捐赠者和公众、受益者、媒体等。[①]

但本书认为，非营利组织的外部环境还包括在多元相关利益主体之间的协调机制。因为非营利组织与外部的互动是一种合作网络的治理，指的是为了实现与增进公共利益，政府部门和非营利部门等众多公共行动主体彼此合作，在相互依存的环境中分享公共权力共同管理公共事务的过程。[②] 这类似于杨的组织间网络，[③] 后者指一些相关的组织之间由于长期的相互联系和相互作用而形成的一种相对稳定的合作形态，这样组织群就可以通过集体决策、联合行动来生产产品或服务，以便更迅速地适应不断变化的技术和市场环境，并提高自身竞争力。中国教育援助中各种类型的非营利组织也不例外。

当然，同时也应看到，希望工程实施过程中，组织资源和非师资志愿者人力资源来源比较丰富多样，稀缺性较小些，这与其行为策略有关，成功将正式制度中的资源转化为己所用，也充分使用了民间群众中的散在资源，这里体现的正是后面将要分析的适应性非正式制度的运行逻辑。

---

① 钱颜文、姚芳、孙林岩：《非营利组织治理及其治理结构研究：一个对比的视角》，《科研管理》2006 年第 2 期。
   刘春湘：《非营利组织治理结构研究》，博士学位论文，中南大学，2006 年。
   张明：《非营利组织的治理机制研究》，博士学位论文，暨南大学，2008 年。
② ［美］V. 奥斯特罗姆：《制度分析与发展的反思》，商务印书馆 1996 年版，导论。
③ Dennis R. Young, *Governing, Leading and Managing Nonprofit Organizations*: *New Insights from Research and Practice*, New York: Jossey Bass Wiley, 1993, p. 143.

第三章　资源汲取与行为策略

当某一组织的资源有限且无法自给自足时，组织倾向于与外部环境中掌握关键资源的利益相关者进行交换，汲取和转换各种资源。[①]

——Pfeffer & Salancik

宏观结构可授权或限制微观的行动者，而行动者在一定的结构环境中则会选择适合自己的行为策略。[②]

——James Coleman

　　教育援助行动者主体的内部的静态组织基础——组织结构和动态的生存基础——资源禀赋，会深刻影响其生存选择逻辑，基于一定的资源禀赋的状况，会采取对己有利的相应资源的汲取方式，组织结构的选择和设定是为行为策略作支撑的，它们还需采取一定的行为策略才能让自身利益和教育援助得以实现，而且这种行为策略是外显的，是可以体现出其为实现组织目标或利益而采取的行动、手段和方法的，或者说从自身发展和援助教育活动中采取的行动、手段和方法可以体现其行为策略。当然这种行为策略的选择并不都是被动的，恰恰也有主动地通过创新，甚至是非法的手段筹措到资源，而且在此过程中使教育援助活动兴旺发展，这便是一种适应性非正式制度的运行逻辑。"通过选取一个特定的正式制度作为已知制度，然后追溯不同的行动者在应对其制约因素和可能性的时候如何互动，这样的分析就能发现正式制度如何产生出其自身改

① Jeffre Pfeffer and Gerald R. Salancik, *The External Control of Organizations: A Resource Dependency Perspective*, New York: Harper and Row, 1978.

② James Samuel Coleman, *Foundations of Social Theory*, Cambridge, Mass.: Belknap Press of Harvard University Press, 1990.

革的潜在种子，即适应性非正式制度。"①

第一节　资源禀赋影响资源汲取

一　希望工程项目的资源运作途径和机制

本书用图 3 - 1 表示国内外的公益资源运作途径和机制。我们认为资源（Resource）的总起点是社会（Citizens），即使政府（GOV）通过税收等方式掌握的资源，其本源也在公民手中，资源的终点是受益对象（AID）。根据公益资源的来源和运作方向，本书区分了四种公益资源运作途径和机制：

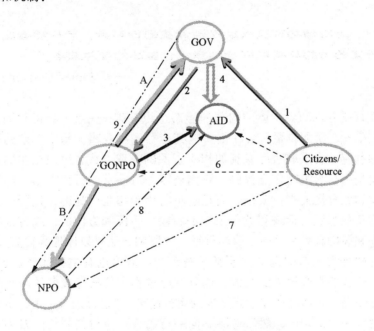

图 3 - 1　公益资源运作途径和机制图

资料来源：作者自制。

第一种，政府直接运作。

对于掌握在政府手中的公益资源，政府可能会通过直接向需要援助

① ［美］蔡欣怡：《绕过民主：当代中国私营企业主的身份与策略》，黄涛、何大明译，浙江人民出版社 2013 年版，第 35 页。

的受益对象提供援助。其公益资源流动途径是图 3 – 1 中的线条 1→4，从公民（Citizens）到政府（GOV）到受益对象（AID）（见图 3 – 2）。

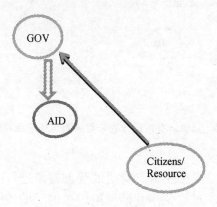

图 3 – 2 政府直接运作的公益资源运作途径和机制图
资料来源：作者自制。

这种途径一般用于全员义务供给的公益性事业中，比如义务教育多数是由政府直接向学龄儿童提供的。另外还有法团主义（corporatism）国家的特殊公益资源，比如瑞典教育与科学部（Ministry of Education and Science）1985 年颁布的教育法第一章第五条规定："地方当局有责任建立特殊学校并为智障儿童提供教育。"[①] 但这种途径在西方民主国家比较少见，一般会通过资助企业或非营利组织的方式去提供公共服务，比如即使瑞典此法规中也不排除法团（corporation）为智障儿童提供教育。比较极端的是在总体性社会中，国家对大部分社会资源，包括生产资料、生活资料、机会资源等直接垄断；消灭了统治阶级，过去的"国家—民间精英—民众"的三层结构变为"国家—民众"的二层结构，整个社会没有中介组织，国家直接面对民众。[②]

这种方式的优点是政府掌握了其他组织难以掌握的大量资源，直接援助速度快。其缺点也是比较明显的，比如政府提供公益服务的低效率、政府失灵及容易出现公益空缺，等等。

第二种，捐赠者直接运作。

① Ministry of Education and Science in Sweden, Education Act (1985), 1985 – 12 – 12.

② Tang Tsou, "Reintegration and Crisis in Communist China: a Framework for Analysis", In: Hoping – ti & Tang Tsou, eds., *China in Crisis*, V. 1 Book 1, Chicago: University of Chicago Press, 1967.

公民对于手中的公益资源，可能会通过直接向需要援助的受益对象提供援助。其公益资源流动途径是图3-1中的线条5，从公民（Citizens）到受益对象（AID）（见图3-3）。

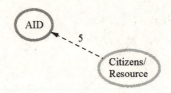

图3-3　捐赠者直接运作的公益资源运作途径和机制图

资料来源：作者自制。

这种途径一般见于公民对于身边的受助对象进行的援助，比如公民向路边乞丐的施舍；或者见于互助型组织里的互助，比如传统农耕社会中农民之间在需要的时候帮助对方，或者相互帮助。

这种途径快捷、简单、直接，但缺点很明显，只适合个体行动，不适合组织化运作，效率低。

第三种，非营利组织直接运作。

这是西方典型意义上的非营利组织，通过募捐集中掌握在公民手中的公益资源，然后直接向需要援助的受益对象提供援助。其公益资源流动途径是图3-1中的线条7→8，从公民（Citizens）到非营利组织（NPO）到受益对象（AID）（见图3-4）。

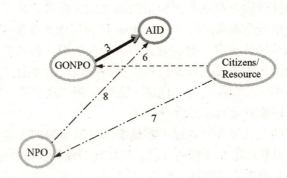

图3-4　非营利组织通过政府运作的公益资源运作途径和机制图

资料来源：作者自制。

这种途径一般见于西方对非营利组织的经典定义下的公益资源运作机制，尤其当非营利组织与政府是一种对抗关系（adversaries）或者竞争关系（competitors）时，通常如此。此种情况下，公民或者不相信政府，或者反对政府，非营利组织代表民众表达其声音。① 另外一种情况是当非营利组织是对政府的补充（supplement）关系时，也是如此，非营利组织填充公共服务供给中的空缺。非营利组织向以下服务对象提供服务：不信任政府者，或者是需要接受政府服务的社会边缘群体。②

这种途径优点是非营利组织高度自立、自主，但缺点是有的领域中非营利组织在提供服务上有优势，但在募集资金上（fundraising）有所不足，此类公益服务非营利组织将面临资源困境。

中国青少年发展基金会的海外募捐比较接近这种方式，其公益资源流动途径是图3-1中的线条6→3，从公民（Citizens）到官方非营利组织（GONPO）到受益对象（AID）。中国青少年发展基金会的国内募捐因为基本上都通过政府运作，故不属于这种方式。

第四种，非营利组织通过政府运作。

这是西方当前也较多见的非营利组织公益资源运作方式，政府是资金资助者而不是配置者。对于那些政府可以通过税收获得资金，但在提供服务上并不很有效的领域，西方国家政府通常通过外包、合同、合作等方式资助非营利组织，然后由非营利组织将间接掌握在政府手中的公益资源向需要援助的受益对象提供援助。其公益资源流动途径是图3-1中的线条1→9→8，从公民（Citizens）到政府（GOV），再到非营利组织（NPO），最后到受益对象（AID）（见图3-5）。

这种方式适合非营利组织与政府是一种伙伴关系（partnership）时③，政府是资金资助者而不是配置者，伙伴关系增加了有效性，非营利组织与政府在提供公共服务中进行了互补。④ 不过应注意的是，在此种方式下，

---

① J. M. Buchanan and Gordon Tullock, *The Calculus of Consen*, Ann Arber, MI: University of Michigan Press, 1962.

　R. H. Bremner, *American Philanthropy*, 2nd ed. Chicago: University of Chicago Press, 1998.

② H. B. Hansmann, "Economic Theories in Comparative Perspective", In: Powell ed. , *The Nonprofit Sector*, 1987.

　A. Ben - Ner, and Van Hoomissen, "Nonprofit Organizations in the Mixed Economy: A Demand and Supply Analysis", In: Ben - Ner, Avner. & Gui, Benedetto eds. , *The Nonprofit Sector in the Mixed Economy*, Michigan: The University of Michigan Press, 1993.

③ Salamon, L. M. , "Partners in Public Service", In: Powell. ed. , *The Nonprofit Sector: A Research Handbook*, New Haven, CT: Yale University Press, 1987, pp. 107 - 117.

　Salamon, Lester M. , *Partners in Public Service: Government - Nonprofit Relations in the Modern Welfare State*, Washington, D. C. : The Johns Hopkins University Press, 1995.

④ Benjamin Gidron, Ralph M. Kramer & Lester M. Salamon, eds. , *Government and the Third Sector*, San Francisco: Jossey - Bass Publishers, 1992.

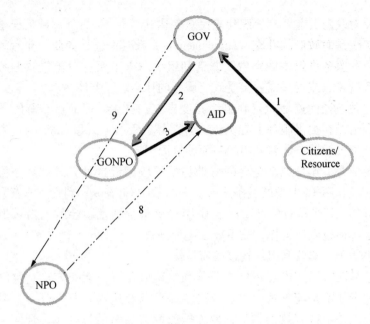

图 3 - 5　非营利组织通过政府运作的公益资源运作途径和机制图
资料来源：作者自制。

非营利组织只是公益资源先经过政府，其自身的组织运作完全是独立、自由的。另外新加坡官办社团和日本的"行政补充型公益法人"也接近于此，虽然都是由政府自己出面组建，任命组织的负责人，经费由国家拨给，任务也是由国家规定。不过新加坡和日本的这些半独立的和半官方的机构基本不需要从民众那里筹资，而且重点是为民众提供服务。西方的伙伴关系模式及新加坡、日本的半官方的机构模式有一个共同点：都弱化了从公民（Citizens）到政府（GOV）的阶段，重点在资源由政府（GOV）到非营利组织（NPO），最后到受益对象（AID）。

中国青少年发展基金会援助教育的资源运作途径和机制表面上也属于这种类型，但差异较大。

希望工程项目的资源运作途径和机制可以这样表述：如图 3 - 6 所示官方非营利组织（中国青少年发展基金会）将掌握在公民手中的公益资源，通过政府组织的行政路径募集，政府组织路径向需要援助的受益对象提供援助。其公益资源流动途径是图 3 - 1 中的线条 1→2 和 4→3，从公民（Citizens）到政府（GOV）与官方非营利组织（GONPO），最后到受益对象（AID）（见图 3 - 6）。

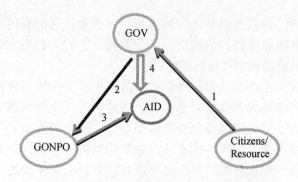

图 3 - 6 希望工程的资源运作途径和机制图

资料来源：作者自制。

希望工程项目的资源运作途径和机制虽然似乎与西方的伙伴关系模式及新加坡、日本的半官方的机构模式相似，不过值得注意的是，在中国，非营利组织不仅公益资源先经过政府，其自身的组织运作也是高度依赖政府机构，本身缺乏独立性、自主性。与新加坡官办社团和日本的"行政补充型公益法人"相比较，虽然都是由政府自己出面组建，任命组织的负责人，任务也是由国家规定。但是新加坡和日本的这些半独立的和半官方的机构的经费由国家拨给，基本不需要从民众那里筹资，而且重点是为民众提供服务，而中国的希望工程项目经费大多来自民众，重点是需要大量从民众那里筹资。希望工程项目模式与西方的伙伴关系模式及新加坡、日本的半官方的机构模式的主要差异在于：希望工程强化了从公民（Citizens）到官方非营利组织（GNPO）的阶段，重点在资源由公民（Citizens）到政府（GOV）与官方非营利组织（GNPO），最后到受益对象（AID）；后者则都弱化了从公民（Citizens）到政府（GOV）的阶段，重点在资源由政府（GOV）到非营利组织（NPO），最后到受益对象（AID）。

徐永光说："在青基会成立的时候，公募基金会都是依托政府的。当时基金会的成立是出于弥补政府对于公共投入的不足。基金会向社会要钱以后怎么落实？还是通过政府系统落实的。"[①]

中国青少年发展基金希望工程项目主要是通过社会捐赠、服务性收入和营利性收入的渠道来获取资金。除了那些符合政府管理条例规定的服务性收入（比如主办各类收费的会议和讲座等）之外，当时的中国几乎所有具备条件的社团都在力所能及的范围内从事"非法的"营利活动，如办公司。康晓光认为，在募捐方面，中国的官办社团创造了一种被国

① 转引自黄碧梅《管理希望工程如同走钢丝》，《人民日报》2009 年 10 月 30 日第 12 版。

外研究者称为"双重募捐系统"的体系：一方面，它们利用与主管部门的血缘关系获得政府部门的资助；另一方面，它们又利用主管部门的职权或提供公共物品获得社会的捐助。①

中国青少年发展基金会正是如此，以致许多的希望工程捐助者根本不知道他们到底是把钱捐给了基金会，还是捐给了主管的政府部门，许多人甚至认为希望工程本身就是政府举办的，连中国青少年发展基金会这个组织的存在都不知道，或者认为这是团委的一个部门。甚至在起步之初，绝大部分党政机关、企事业单位和社会公众都不知道中国青少年发展基金会是什么，但他们知道"团中央是一个正经单位，一般来说不会大张旗鼓地公开骗人，马马虎虎可以信任"。

二　中国青少年发展基金会对政府的资源依赖

通过上文对中国青少年发展基金会援助教育活动所拥有的发展资源，以及其项目活动希望工程的资源运作途径和机制分析，可以容易地得出结论：中国青少年发展基金会援助教育活动所拥有外部最重要的组织资源是政府组织，其活动展开所依托的最重要的组织载体也是政府组织。根据资源依赖理论，当某一组织的资源有限且无法自给自足时，组织倾向于与外部环境中掌握关键资源的利益相关者进行交换，汲取和转换各种资源，当对于消耗资源的组织而言这些资源是关键性的并且鲜有其他替代品时，掌握资源的组织能够对消耗资源的组织发挥强有力的影响。②

对于中国青少年发展基金会来说，外部环境中掌握最关键资源的组织自然是政府组织，尤其是本来也属非营利组织范畴，但在中国实际属政府部门的共青团系统。在民间组织资源极度匮乏的 20 世纪 90 年代，中国青少年发展基金会除了在共青团系统内寻找组织依托之外别无选择。③

尽管如前文所述，中国青少年发展基金会一直在力图进行"战略转移"，想走"自上而下、由官而民、独立发展"的改革道路，试图减少"官办"色彩，尤其是对政府的资源依赖。"要从体制上开刀，坚决果断地实现由行政化模式向市场经济条件下的 NPO 模式转型。"④ 不过现实并

① 转引自黄碧梅《管理希望工程如同走钢丝》，《人民日报》2009 年 10 月 30 日第 12 版。
② Jeffre Pfeffer and Gerald R. Salancik, *The External Control of Organizations: A Resource Dependency Perspective*, New York: Harper and Row, 1978.
③ 康晓光：《创造希望——中国青少年发展基金会研究》，漓江出版社、广西师范大学出版社 1997 年版，第 636 页。
④ 徐永光：《自知者明，自胜者强》，《中国青基会通讯》1998 年 10 月 25 日。

不容易。时至今日，改革开放 30 多年过去了，而政府主导型公益体制改革滞后，非营利组织官办色彩依旧浓厚，慈善资源由民间流向政府的趋势有增无减。据中民慈善捐助信息中心公布的《2011 年度中国慈善捐助报告》显示：2010 年全国慈善捐款 700 亿元，但 58.3% 的捐款都流入政府以及有政府背景的慈善基金会和红十字基金会系统，只有 1.3% 进入其他的社会团体、民办非企业和福利院领域里，而在这个领域里，依然有不少是有政府背景的机构。真正进入民间组织的不到 1%。另外，1300 多家公募基金会吸收的捐款绝大部分也是通过政府主管的行政系统来"执行"的。"中国的公募基金是 20 世纪八九十年代通过政府推动成立的，存在资金封闭性、项目垄断性、运作行政性等缺点。"①

　　长期以来，我国非营利组织资源匮乏。整个社会与文化传统中缺少现代的公益意识，权力至上和金钱至上仍是支配性的社会心理，虽然民间不乏善良和有同情心的民众基础。比如财富最多的企业捐款动力不足。据中华慈善总会会长范宝俊透露，该会在近两三年来募集到的善款，国内富豪的捐赠仅占 15%。国内工商登记注册的企业超过 1000 万家，有过捐赠记录的不到 10 万家，也就是说，99% 的企业从来没有参加过捐赠。②对此，有人发出了"为富不捐为哪般"的感慨，并指出"作为社会主义制度下的慈善事业，竟然有 99% 的中国企业'为富不捐'！这虽然暴露了中国富人群体良知道德、社会责任感、财富品质的不成熟，但同时也暴露出了政府在慈善事业上的智慧缺陷。"③

　　一方面是中国富豪在慈善捐赠方面的吝啬，"中国富豪们的'慈善冷漠病'实在病得不轻。"④ 另一方面是中国大陆贫富分化加剧。基尼系数是反映贫富分化程度的最直接的指标，"2007 年 8 月 8 日，亚洲开发银行发表了《减少不平等，中国需要具有包容性的增长》的新闻稿并公布了《亚洲的分配不均》的研究报告，在 22 个纳入亚行研究范围的国家中，中国'勇夺'贫富差距之冠，在衡量分配不平等的两个常见指标中，收入最高的 20% 人口的平均收入与收入最低的 20% 人口的平均收入的比率，中国是 11 倍，高出其他国家一大截；基尼系数，2004 年中国的数值是

① 徐永光：《慈善体制改革之困》，南都公益基金会网站，2012 年 4 月 13 日，http：//www.naradafoundation.org/sys/html/lm_ 351/2012－04－13/140807.htm。
② 舒婕：《面对慈善中国富豪很"抠门儿"》，《环球人物》2006 年第 7 期。
③ 张麦：《为富不捐为哪般?》，《政府法制》2006 年第 1 期。
④ 陈良：《慈善冷漠考问中国富豪：为何宁可挥霍不愿捐赠》，《法制周报——e 法网》2006 年 9 月 4 日，http：//www.sznews.com/news/content/2006－09/04/content_320643.htm。

0.4725，仅比尼泊尔的 0.4730 微低，远远高于印度、韩国、中国台湾。"① 这种收入差距显然还在继续拉大。这种情况说明普通中低收入者手中掌握的资源是非常有限的，对于中国青少年发展基金会来说，其实际争取到的义务教育援助资源也是比较有限的，甚至是不足的。

近年来又由于人民币升值，一些长期项目的资助资金相对缩水，同时国内物价上涨，执行成本升高。此外，中国政府大幅收紧外汇捐赠结汇手续，也让不少草根组织不得不放弃海外捐赠。最重要的变化则是整个国际社会对华援助态度的转变。面对已成为世界第二大经济体的中国，西方国家的援助策略随之调整，资金逐渐撤出。而受国际金融危机影响，各发达国家纷纷缩减对外援助预算。而且随着我国社会组织登记政策的进一步放宽，民间草根组织合法生存的空间越来越大，而老牌的公募基金会由于去行政化的改革走向，逐渐丧失可依赖的行政资源。杨团认为，近年来随着官办基金会进一步走向市场，民间组织获得合法地位，非公募基金会快速增长，中国公益市场的竞争会不断加剧，对资源的竞争趋于激烈。② 这样，中国青少年发展基金会等官方非营利组织往往不得不继续依靠政府组织的资源生存。

公募基金会有一个很鲜明的特点，越老的、政府背景越重的，和公众的联系越弱；越是比较新的和改革思维比较强的，和公众的联系度就越高。基金会中心网资料显示，几家非营利组织 2010 年和 2011 年的捐款总收入当中，来自自然人的捐款，红十字基金会是 9%、中国青少年发展基金会是 10%、中国儿童少年基金会是 20%、中国社会福利基金会是 39%、中国扶贫基金会是 43%，中华少年儿童慈善救助基金会是 2010 年最新成立的，有 54% 的捐款来自个人，因为其一开始定位民间性、资助型。中国青基会 2011 年的捐款当中，10% 是个人捐款，个人捐款的捐款者只有 5 万人。"这些机构是越来越傍大款，它就是搞几个捐款大户，其中 10 个捐款大户，就将他们一半以上的捐款问题解决了。所以，实际上你和公众的联系越来越疏远，你这个机构不是靠公众对你的支持，那么带来的问题是很多的，你的影响力肯定就下来了。"③

在国家侵入社会不断增加，有效性依然强时，比如政府通过半命令

---

① 莫神星：亚行揭露：中国基尼系数扩大到 0.473，已达到拉美平均水平，勇夺亚洲冠军，《发现》2008 年 12 月 14 日，http://www.fatianxia.com/blog/27120/#。

② 转引自王君平《"公募"与"草根"联手有力量》，《人民日报》2012 年 5 月 17 日。

③ 徐永光：《慈善体制改革之困》，南都公益基金会网站，2012 年 4 月 13 日，http://www.naradafoundation.org/sys/html/lm_ 351/2012 - 04 - 13/140807.htm。

式的动员号召公众为救灾和支援国家建设等活动而进行的募捐，用社会化方式运作的中国青基会和希望工程，在与国家对募捐空间的争夺中，即使有相当特殊的背景和高度的民众认同，仍然处于全面的下风。由于此前体制内的因素在希望工程的募捐过程中起到重要的甚至是不可替代的作用，一旦习惯了利用共青团等免费体制内资源的中国青基会的活动游离于政府之外，便会无所适从，效果弱化。早在1998年前后已经显现出此问题，比如1997年的"最后一轮募捐"和1998年的"志愿者再行动"，中国青基会募捐希望工程款转而利用国有商业银行，中国工商银行接收工商企业捐款，中国建设银行面向个人，中国农业银行开展爱心储蓄，三大商业银行同时为希望工程运作，通过遍布全国的商业银行的分支机构来募集捐款，这样共青团组织在其中发挥作用的余地变得非常之小，地方青基会也很难再寻求地方共青团组织的帮助。结果是地方青基会的负责人都表达了一个共同的观点：与过去的"百万爱心行动"等活动相比较，1997年的"最后一轮募捐"和1998年的"志愿者再行动"并不是十分成功。[①]

在一个政府行为的影响无所不在的"新总体性社会"中，任何涉及全社会的活动都会受到政府的关注，后者将在很大程度上决定此活动的最终命运。非营利组织试图通过完全脱离体制内的组织因素，完全脱离"政治优势"的方式，在社会中积聚起大量的社会资源相当困难，几乎不可能。国家明文禁止社会团体建立全国性的网络，而这种全国性的网络对于以社会化手段运作和汲取资源的民间非营利组织来说是不可或缺的。在此制度背景下，中国青少年发展基金会不能不借助于政府系统的组织优势，依赖政府系统的组织资源。

三　自主与依赖之间的钟摆

从本质上讲，非营利组织和政府、社会行动者的互动关系就是非营利组织和其他行动者间进行资源的交换，形成组织间的相互依赖关系网络。非营利组织必须在行政上与政府保持密切的互动，使本组织所倡导的议题被政策采纳，甚至影响政府政策的制定。而政府也在某些情况下需要非营利组织在政治上支持，以获取民众的信赖与支持。

然而，并非有资源依赖现象就一定能成为合作的伙伴。二者还必须在"目的"、"资源"与"供给"三个互动领域中有高度的互动状况。资

---

① 孙立平等：《动员与参与：第三部门募捐机制个案研究》，浙江人民出版社1999年版，第136页。

源依赖所形成的关系或互赖程度，视资源的重要性、替代的可能性与操纵供给的能力而定。两部门间要想形成稳定的合作关系还需要长期的互信与彼此尊重，然后才能成为合作的伙伴。

中国教育援助领域中的非营利组织，比如中国青少年发展基金会处于一种两难境地，在资源动员、筹资渠道、活动空间、社会服务项目等方面都面临着这种困境，只能游走于政府和社会之间，在自主与依赖之间不断钟摆，寻求平衡点。有学者将这种状态称为依赖性自治（Dependent Autonomy）。[①]

有关战略地位，徐永光的结论是："根据国务院《基金会管理办法》对基金会的性质定位和我们对国内外基金会的比较研究，中国青基会具有民间基金会、公共筹款机构和社会团体三位一体的机构特征。民间基金会的特征要求我们具备雄厚的具有资本多性质的基金，以基金的增值开展符合宗旨的活动；公共筹款机构的特征要求我们按照以需求为导向的筹资目标，动员海内外团体、企业和私人的财力资源，根据捐献者的意愿，即时把捐款用于社会公益事业；社会团体的特征则要求我们代表青少年这一特定的社会群体的利益，并为之竭诚服务。"同时，中国青少年发展基金会总结提炼出自己的基本生存和发展战略："配合党和政府的社会发展计划，取得政府的政策倾斜；依靠社会经济组织和个人的财力支持，增强机构的实力；面向广大青少年，为他们的利益竭诚服务，做出贡献。"[②] 其实，说穿了，就是要求中国青少年发展基金会游走于政府和社会之间，在自主与依赖之间寻求一个平衡点。而其实这仍是两难之选择。

Lesley Hustinx 等以中国与加拿大为样本，比较了中国与西方的非营利组织的职能和运作方式，及非营利组织与政府间的关系之区别（见表 3 - 1）。[③] Hustinx 等认为，国家与社会间的关系决定了非营利组织的职能和运作方式。在加拿大，国家与社会间的关系是自由民主的西方式公民社会，是与政府相分离的中间空间，草根性结社，注册简易，总体上是社会法团主义；其非营利组织的特征和主要职责是基于自愿参与的私立的、自治的组织，职责是提供服务，志愿者由非营利组织单个招募，其志愿行为是自由的，目标是实现集体与个人的利益。而在中国，国家与社会

---

① Yiyi Lu, *Non - governmental Organizations in China: The Rise of Dependent Autonomy*, New York: Routledge, 2009.

② 徐永光：《中国青基会第二届理事会第三次会议工作报告（摘要）》，1996 年 4 月 27 日，载《中国青基通讯》1996 年 5 月 15 日，第 3 版。

③ Lesley Hustinx, et al., "Student Volunteering in China and Canada: Comparative Perspectives", *Canadian Journal of Sociology*, Vol. 37, No. 1, 2012, pp. 55 - 83.

间的关系是一党制的双重公民社会，是政府主导的公民社会，边缘化的草根性结社，注册严格，总体上是国家法团主义；其非营利组织的特征和主要职责是基于服务占主导的非对抗性的，从官方非营利组织（GON-POs）到未注册的草根组织的连续体，选择与双重注册体系，职责是项目取向的，志愿者由国家制度性动员起来，其志愿行为是国家主导的，目标是实现共产党目标、集体的利益与道德上优越感的行为。

表 3−1　国家、公民社会、非营利组织和志愿行为的比较分析框架

	加拿大	中国
国家与社会间的关系	自由民主 西方式公民社会 与政府相分离的中间空间 草根性结社 注册简易 社会法团主义	一党制 双重公民社会 国家主导的公民社会 边缘化的草根性结社 注册严格 国家法团主义
道德基础	自由与平等的公民间志愿结社之新托克维尔思想	领导人的道德权威 通过为集体服务和建设和谐社会的道德优越感
非营利组织的特征和主要职责	基于志愿参与的私立的、自治的组织 政治的和非政治的	从 GONPOs 到未注册的草根组织的连续体 选择与双重注册体系 非对抗性的（服务占主导的）
志愿行为	作为自由行为的志愿活动 由非营利组织单个招募 提供服务 实现集体与个人的利益	国家主导的志愿活动 志愿者由国家制度性动员 项目取向的 实现共产党目标、集体的利益与道德上的优越感

资料来源：Hustinx et al.（2012）。

对于非营利组织开展的教育援助活动而言，一方面源自地方的积极主动，另一方面依靠当地的政治保护和社会强制实施，不少"规则并没有写在合同的条款中，甚至没有系统地加以规定，这些规则在日常交易之中演进和强化，并变成了习惯"。[①]

面对这种生存困境，非营利组织必须采取相应的行为策略。所以，

---

① ［美］蔡欣怡：《后街金融：中国的私营企业主》，何大明、湾志宏译，浙江人民出版社2013年版，第241页。

资源依赖将对非营利组织的行为策略产生显著影响。

第二节　组织结构影响行为策略

上文分析过，在公益品稀缺的背景下非营利组织有机会进入无涉意识形态但需求旺盛和实际的公益品领域，即便如此，却存在对它们的控制过严、制度空间不够之情况。中国青少年发展基金会处于一种两难境地，只能游走于政府和社会之间，在自主与依赖之间不断钟摆。这种生存状态必然影响到中国青年发展基金会的行为策略。组织结构的选择和设定是为行为策略作支撑的，如此才能让自身利益和教育援助得以实现。为了生存，中国青少年发展基金会必须满足掌握关键资源的组织尤其是共青团系统的要求，而且同时基于自身利益最大化的考量，也要不断加大自主性，扩大制度空间，在二者之间寻求平衡点。如何寻求平衡点？这必然需要采取相应的行为策略和方法。所以，就要分析其在此过程中采取的各种行为策略。

首先需要确定战略地位，徐永光给出的答案是："中国青基会具有民间基金会、公共筹款机构和社会团体三位一体的机构特征。"基于以上所述，中国青少年发展基金会的基本生存和发展战略是："配合党和政府的社会发展计划，取得政府的政策倾斜；依靠社会经济组织和个人的财力支持，增强机构的实力；面向广大青少年，为他们的利益竭诚服务，做出贡献。"①

《中华人民共和国民法通则》（1986 年 4 月 12 日第六届全国人民代表大会第四次会议通过）规定了四种法人：机关法人、企业法人、事业法人和社团法人。一方面，社会团体既然有别于党政机关和企事业单位，尤其不是党政机关，那么它就带有民间性。但是另一方面，《社会团体登记管理条例》（1989 年 10 月 25 日国务院制定）规定了社会团体在申请注册登记、制定章程、任免领导人、日常管理和业务活动、注销登记等各个环节都要经过主管部门批准。而这些主管部门通常是党政机关。所以社会团体没有独立于党政机关的自主权。党政机关可以而且必须以主管部门的身份按照此条例对社会团体进行全面干预，并承担相应责任。此外，社会团体通常是党政机关衍生出来的，也主动利用党政部门的行政

---

① 徐永光：《中国青基会第二届理事会第三次会议工作报告（摘要）》，1996 年 4 月 27 日，载《中国青基会通讯》1996 年 5 月 15 日，第 3 版。

资源谋取自己的利益。因此这些中国的社会团体带有很强的官方色彩。中国官方非营利组织的这种既不是官方机构，又没有独立于官方的自主权的"官民两重性"共同特征，也是区别于西方非营利组织的最突出特征之一。中国青少年发展基金会自然也不例外，是其中典型代表。中国青少年发展基金会的官方色彩表现为：（1）共青团中央拥有指派党组成员和任命秘书长的全权，共青团中央分管的副书记通常兼任中青会的理事长；（2）中国青基会的重要活动、机构设置及中层干部任命，都要经过共青团中央批准；（3）中国青基会依托共青团系统和教育行政系统实施自己最主要的项目——希望工程。①

上述第三点，便是中国青少年发展基金会在自主与依赖二者之间寻找到的平衡点，是其最主要的行为策略和方法。面对生存困境，中国青少年发展基金会既要获取自身利益的最大化，争取更大的自主权和生存的制度空间，又要更好地实现义务教育援助的目标，在自主与依赖之间不断钟摆，寻求平衡点。

不过，教育援助领域中的非营利组织也并不完全是消极被动的，而是通过发明各种"适应性非正式制度"的运行逻辑来逃避、利用和挪用国家正式制度，"如果适应性非正式制度只是扩展了正式制度的界限，或者创造了正式制度所未明确管辖的新型互动，它就可以持续存在，甚至在相当长一段时间内畅行无阻"。② 这些行为策略的适应性实践常常处于半合法和超合法的灰色地带。

其主要采取了以下行为策略：社会化手段与行政化手段并用的项目实施策略、治理结构上的依赖行政组织策略、与其他组织在教育援助资金上的博弈策略、对政府监管体制的双面策略、价值取向上非营利组织的营利策略。

一 社会化手段与行政化手段并用的项目实施策略

中国青基会的"官民两重性"特征及民间基金会、公共筹款机构和社会团体"三位一体"机构的战略地位，清晰地影响了希望工程的项目实施手段。募捐能力是非营利组织赖以生存的基础，主要通过项目实施来达成。为了获得更多义务教育援助的资源，争取更大的制度空间，中

① 康晓光：《创造希望——中国青少年发展基金会研究》，漓江出版社、广西师范大学出版社 1997 年版，第 470 页。

② ［美］蔡欣怡：《绕过民主：当代中国私营企业主的身份与策略》，黄涛、何大明译，浙江人民出版社 2013 年版，第 36 页。

国青少年发展基金会在希望工程项目实施过程中，采取了社会化手段与行政化手段并用的行为策略。而且笔者不大赞同康晓光的观点：行政化手段对中国青基会募捐工作的直接贡献不会超过 25% 。① 相反，笔者认为，中国青少年发展基金会在项目实施中主要是依靠行政化手段，社会化手段是依附于行政化手段的。当然，总的趋势是行政化色彩日渐淡化，社会化色彩日渐增强。

第一种，行政化手段。所谓行政化手段是指非营利组织利用政府的行政权力和组织体系来组织募捐和落实资助活动。② 中国青基会实施希望工程项目采取的最重要的一种行为策略就是行政化手段，即充分利用主管部门（共青团）及教育系统的行政权力和组织体系。

这种行为策略有时是出于政治原因的考虑，比如，中国青少年发展基金会第一次推出希望工程的方式选择了首先向全国各地的工矿企业的团组织发筹资信。其原因如徐永光所说："我们完成注册的时候，正好1989 年春夏之交的政治风波刚结束。中央此后直到国庆节期间，要求新闻界大力宣传建国 40 年的伟大成就，而我们的希望工程要讲贫穷，讲失学，这显然非常不和谐。当时我觉得很危险。……先发信的好处是避开了政治风险，造成既成事实……如果先要求开新闻发布会，也许团中央不会批。"③

尤其在全国青基会系统的建立之初，仍然相当多地依赖于政府权威和体制内的组织因素。中国青基会成立伊始就向团中央打报告要求充分利用共青团系统的特有优势筹集基金。④ 团中央明确批示，"要求团中央各部门、各直属单位积极支持基金会的工作"，特别是发文规定各级团组织的青农部门为各地实施希望工程的负责机构。可见，中国青少年发展基金会系统覆盖全国的网络完全是通过共青团组织命令而建立在其组织系统内部的网络而已。首先，在募捐环节中，早在全国青基会系统形成之前，在第一次全国希望工程工作会议上，团中央书记处确定各级团组织的青农部门为各地实施希望工程的负责部门，与中国青少年发展基金会一起组织一个覆盖全国的募捐和资助网络。另外，尽管中国青基会的募捐信是发给工矿企业的，但收信人是企业的团组织。这一举措立即得

① 康晓光：《创造希望——中国青少年发展基金会研究》，漓江出版社、广西师范大学出版社 1997 年版，第 418 页。

② 同上书，第 417。

③ 转引自康晓光《希望工程调查报告》，漓江出版社、广西师范大学出版社 1997 年版。

④ 中国青少年发展基金会办公室：《希望工程简讯》第 6 期，1989 年 12 月 7 日。

到了企业党政领导的大力支持。另外各级团委募捐时都会取得本级地方政府领导的支持，地方政府领导出于政绩和名誉考量，多数会支持甚至公开出面以政府行为推动募捐活动，比如许多重大募捐活动都有党政领导人在现场的身影，增强了希望工程的可信度。由于中国青基会巧妙利用官方背景，将资源获取渠道从官方向民间逐渐转移，最终达到充分调动民间资源的目的。在当时，中国青基会借助官方渠道已取得的合法性从民间渠道获得资源，转换成功的关键在于转换载体的选择，即党报和领导人。刊登募捐广告是市场化行为，在当时尚无先例，很难为人们接受，但是在党报上，特别是在《人民日报》上刊登募捐广告，无疑是借助了官方的资源为发动民间募捐赋予了合法性。同理，党政领导人既代表了官方的形象，又作为个人身份题词和捐款，也为发动民间募捐铺平了道路。影响最大的是邓小平1990年5月为"希望工程"做的题词，另外邓小平曾私下给希望工程捐款，并嘱咐是私下捐款，不要公开，但徐永光让受赠孩子给邓小平写信一事"无意中"见报，于是各地官员纷纷效仿，对希望工程大力支持。中国青基会这两个关键载体的成功选择，使社会化手段取得合法性。

其次，在资助实施工作中，行政化手段几乎是唯一手段，远远大于在募捐中使用的行政化手段。希望工程资助支出占青基会资助总支出的80％以上，而绝大部分希望工程资助工作是由县乡二级团组织、县教委或教育局和乡村小学完成的。从层级来看，越是接近基层组织（乡及以下），行政化手段越重要。在地方的层面，各级青基会及希望工程办公室和各级团组织始终保持着极为密切的关系。希望工程的许多活动，都以共青团的组织系统，甚至是以共青团组织的工作任务布置和实施的。许多地方团委的负责人经常称"希望工程是我们团组织的一项重要工作"。即使不断有过社会化手段的尝试，但"最后搞来搞去（希望工程的最后一轮募捐）还是借助党令政令的一个活动，没有组织行为你根本就弄不起来。完全不像国际上是自发自愿的"。[①]地方青基会在编制的归属和运作的关联上都与当地共青团组织密切相连。地方青基会的编制性质虽然各不相同，但相当一部分的地方青基会实质上是属于当地共青团的一个部门，在地方共青团组织的领导下开展工作，由国家全额或差额拨款工作经费。"没有团的系统你就无法生存，肯定是这样。……有的希望办是在团委的青农部，有的是在学校部，青农部长或学校部长也是希望工程

---

① 孙立平等：《动员与参与：第三部门募捐机制个案研究》，浙江人民出版社1999年版，第98页。

办主任。"① 这是因为，全国青基会系统基本上覆盖不到乡以下的区域，行政系统四通八达的优势成为落实资助最为依靠的方式。越是在基层，越是在具体的活动中，行政化手段的体制性和组织性因素的作用就越是突出。

中国青基会选择了基层团组织和教育系统来落实资助，主要原因有：一是团组织和教育行政部门的工作人员有工作积极性。因为毕竟落实资助是"分钱"的活，有动力。此外，基层工作人员可以借助落实"希望工程"资助的机会，与各级领导接触，从而扩大人际关系网络。于公于私，这都是一件"借花献佛"的好事。二是希望小学的修建必须纳入地方教育工作计划，教育部门要为希望小学配备教师、配套资金和事业经费，进行后续管理。三是整个的资助落实环节需要大量人力和物力，因为共青团系统和教育系统本身的管理成本和开支是由财政预算保障的，这就不再需要额外的人员薪资等支出，如此一来，就免除了中国青少年发展基金会的行政开支和管理成本，而如果由中国青少年发展基金会自己承担，会大大增加其管理成本。四是除了依靠团组织和教育系统，没有其他的合适选择。而在国外 NPO 已经形成完善的体系的情况下，这一任务可以由基层的民间组织或宗教组织来进行。

就算后来中国青基会不断尝试采取直接面向社会进行募捐的社会化手段，但其要舍弃的只是共青团对资源的运作方式，而并非要放弃对共青团组织资源的依赖和利用，恰恰相反，只是"以社会的方式动员体制资源"。"所以希望工程现在搞劝募行动成功的，不是志愿者在行动，而是党令政令在起决定作用。"②

第二种，社会化手段。所谓社会化手段是指非营利组织直接向社会募捐，自己落实资助活动。中国青基会实施希望工程项目上采取的一种行为策略是社会化手段，即直接向社会募捐，主要有组织街头宣传、义演、义赛、发募捐信、刊登募捐广告、召开新闻发布会等。社会化手段主要运用在募捐阶段，主要有：1989 年 9 月，中国青基会组织了"同在蓝天下"救助贫困地区失学青少年大型义演；1989 年 10 月，中国青基会向全国 28 个省市自治区的工矿企业发出了 13.7 万封募捐信；同月召开了"救助贫困地区失学少年"新闻发布会；1990 年 1 月 6 日，中国青基会第二次向全国 28 个省市自治区的工矿企业发出了 40 万封募捐信，但两批募

---

① 孙立平等：《动员与参与：第三部门募捐机制个案研究》，浙江人民出版社 1999 年版，第 108 页。

② 同上书，第 131—132 页。

捐信的效果并不理想。首先是成本大，收效小，虽募集了二三十万元的款项，但"发信光成本就要十几万元，而且信发到人家手里也不一定看"。① 而且更加重要的是，人们对这种募捐方式很难认同。于是仍然需要继续探索新的走向整个社会的有效手段，后来被称为"革命性的突破"的全新的社会动员和募捐方式在 1991 年 5 月发生了，中国青基会在《人民日报》等全国性报纸上刊登"希望工程——为救助贫困地区失学少年募捐"的广告，开创了中国青基会利用现代大众传媒向社会进行募捐的先例，反响巨大，影响深远，是希望工程筹款和发展的重要转折，此后，希望工程的活动才大规模开展起来。比如，1992 年 4 月，以邓小平的题词"希望工程"为主要点，在全国各主要媒体同时刊出希望工程新闻宣传稿和筹资广告，启动"百万爱心活动"。在"百万爱心活动"中，中国青基会进一步创造性地发挥了社会化手段，直接在报纸上刊登结对救助失学儿童报名表，捐款人则直接通过报纸获得募捐信息和报名参加结对救助。在 1994 年的"1＋1 助学行动"中，又开发出通过邮政系统报名结对的社会化募捐新模式。在 1997 年推出的"最后一轮劝募"活动中，中国青基会又创造出银行合作组织募捐的全新模式，即中国青基会委托商业银行发募捐信、填写结对卡、受理捐款。

进入成熟阶段之后，更加强了与企业、新闻媒体及国际 NGO 组织合作的募捐方式，开拓新的筹资渠道。2005 年设计实施"擦鞋机"、"公益娃娃"、"嘉年华"等方案。此后，中国青基会大力实施"大媒体＋大客户＋大系统＋大活动"推进战略，如与中央电视台等新闻媒体创新合作模式，动员企业捐赠客户，与全国青基会系统一道，成功推出了"希望工程圆梦行动"、"春暖"、"加油 2008！"等大型公益活动，取得了良好的效益和影响。比如抓住奥运机遇，全面实施"加油 2008！——希望工程快乐体育行动"，动员社会力量，为希望小学配备标准化体育器材，资助希望小学组织快乐体育运动会，对运动体育成绩好的学生和团队给予长期资助。中国青基会通过与招商银行合作开展"爱心操场 红动中国"、与统一集团合作开展"让奥运走进希望小学"、为灾区学校配置快乐体育园地等主题公益活动。2008 年 5 月 12 日，中国发生汶川大地震。5 月 13 日下午，中国青基会动员全国青基会系统启动"希望工程紧急救灾劝募行动"。获得 2008 年度中华慈善奖"最具影响力慈善项目"的"心灵守望计划"和与中国社会工作教育协会合作实施的社工志愿服务项

---

① 康晓光等:《希望工程调查报告》，漓江出版社、广西师范大学出版社 1997 年版。

目进展顺利。2008 年 8 月，中国青基会与世界银行决定联合开展"希望工程激励行动"。2009 年，中国青基会实施了希望工程 20 年系列公益活动方案，青基会系统与报纸、网络、电视媒体合作开展"寻访希望工程20 年"活动。2009 年，与宝洁公司合作，在一百多所宝洁希望小学试点开展"宝洁快乐音乐教室"的基础上，中国青基会在成都启动"希望工程快乐音乐"公益项目，等等。

随着中国青基会逐渐进入成熟阶段，在项目实施过程中，出现了社会化的方式逐渐增强，行政化的方式逐渐减弱的趋势。例如，"希望工程"的战略转移以后，远程教育计划的实施就是主要与网站、教学机构、软件开发公司等各种企业进行合作。

在社会化运作模式上，"希望工程"的动员中，对于组织资源的利用，是在整个社会化方式的大的框架之内的，因此，组织性资源在整个"希望工程"的动员中所起的是一种"局部性的作用"。以社会化方式动员"体制资源"，为广开募捐门路，扩大声势，"希望工程"改劝募信形式为募捐广告的形式，在报纸上刊登募捐广告，取得了很好的社会效果。

在地方希望工程项目实施中，以西藏自治区林芝地区希望工程为例，可以更好地体现其行为策略。1992 年 6 月，西藏自治区林芝地区希望工程正式启动，并于 7 月初成立了林芝地区希望工程领导小组，在共青团林芝地区委员会设立希望工程办公室作为希望工程的实施机构。从组织形式上看，林芝地区在团委内部设立的希望工程办公室实际上是官方机构，其人员配备、工作经费来源都是在团委机关内部通过行政手段完成的，专职工作人员工资完全由地区财政拨款，享有正式行政级别，完全行政化。

林芝地区希望工程运作由林芝地区团委希望工程办负责执行，援助募捐款的筹集基本上是行政化手段，通过地区党政部门的通知公告、红头文件方式传达募捐信息，协同团委和教育行政部门，动员区内外社会财力资源进行援助。在人员方面只有 1—2 位专职人员，属公务员编制。

资助的具体实施方式是，选择受助者的任务是由县（乡）团委、教育行政部门从乡村学校中收集名单申报到中国青基会组成受助者资料库。发放书本费的任务也是同理反向进行的，有些"非定向的"资助还要由这些基层组织确定受助人选。因此在整个实施过程中，县（乡）团委承担了繁重的工作。

募捐和资助实施能力方面，林芝地区在希望工程项目实施过程中，所采用的募捐方式基本上依靠行政化手段，有少量社会化手段，但社会化手段是依附于行政化手段的。地区团委募捐时都会取得本级地方政府——地区行署领导的支持，而且由于地处西部，又是西藏全国重点扶贫地点，地方政府领导出于政绩和名誉考量，通常会比较支持甚至公开出面以政府行为推动募捐活动，而且其他公共部门工作人员往往由于示范效应或者党政领导的潜在威慑作用，会自愿或不自愿地主动捐款。比如许多重大募捐活动都有党政领导人在现场的身影，在林芝地区所在地八一镇募捐时比较特殊的现象是，各个单位，包括党政部门、事业单位和公司厂矿都会捐款，希望工程举办的捐款直接通过志愿者（有时基本上是团委各部门工作人员）上门到各位单位去"募集"捐款。当地仅有的几家公司厂矿出于要在当地生存的考量，也会比较积极表现。因而，希望工程的可信度高，在募捐时，仅万余人口的八一镇通常一片火热。在资助实施工作中，行政化手段几乎是唯一手段，绝大部分希望工程资助工作是由地区和县两级团组织、地区和县两级教育局和各中小学完成的。

　　康晓光根据中国少年发展基金会系统提供的 1989—1997 年资料显示，记录在案的个人捐款（指国内外的个人向中青会提供的捐赠）、单位集体捐款（专指大陆的各类单位、组织通过在单位内部举办各种募捐活动，组织本单位成员向中国青基会捐款，捐赠收入由单位的代表转交给中国青基会）和法人捐款（指大陆的各类单位、组织和海外的各类组织向中国青基会提供的捐款，其捐款收入都是由法人财产转化而来）占记录在案的捐款总额的比例分别为 45.6%、26.9% 和 27.5%，于是得出的结论是"行政化手段对中国青基会募捐工作的直接贡献不会超过25%"，其理由是法人捐款属社会化手段的贡献，单位集体捐款中有部分也是社会化手段的贡献。[①] 笔者认为，诚然，单位集体捐款中有不少部分也是社会化手段，但值得注意的是，其中许多也正是行政化手段所致，有的职工捐款行为是出于单位的领导倡议、行政宣传手段及群体压力等因素才做出的，这自然是行政化手段的结果，一项对捐款单位的调查数据显示，在单位捐款总数中，只有将近一半的捐款是由职工捐助的；更为重要的是，大陆的法人捐款属行政化手段，而不属社会化手段的结果，因为当时的单位法人几乎都是党政机关、企事业单位，如果不是行政力量或者借用公共机构名义，领导人个人无权以单位法人名义捐款，可见，单位法人捐款自然是代表其公共机构（此处指政府机关和企事业单位）对社会履

---

① 康晓光：《创造希望——中国青少年发展基金会研究》，漓江出版社、广西师范大学出版社1997年版，第418页。

行的责任。另外据李诗杨的研究数据，截至 1997 年 8 月 22 日，中国青基会的捐款总额中个人捐款和单位捐款占捐款总额的比例分别为 45.6% 和 54.4%；1997—2000 年，捐款总额中个人捐款和单位捐款占捐款总额的比例分别为 11.03% 和 86.28%。单位捐款大大超过个人捐款，个人捐款比例很小。[①] 更加值得注意的是，虽然中国青少年发展基金会本身希望有更多社会化手段的意愿，但地方青基会系统基本靠行政化手段来募捐希望工程款。某团市委基金会负责人介绍 "98 希望工程劝募活动" 开展的过程比较有代表性："我们要求下面的任务很严：第一，必须保证完成任务；第二，纳入目标考核；第三，一票否决。"[②]

基于此，笔者认为，2000 年以前主要是依靠行政化手段，社会化手段是依附于行政化手段的。当然，后来尤其是 2002 年年初香港媒体《明报》披露报道 "希望工程违规投资" 以来，其总的趋势是行政化色彩日渐淡化，社会化色彩日渐增强。

这样过多运用行政化手段给希望工程带来不错的业绩的同时，也给希望工程的实施机构——中国青少年发展基金会带来定位愈加模糊的问题。

二 治理结构上的组织依赖策略

中国青少年发展基金会寻找到外部掌握关键资源的组织资源，在治理结构上依托共青团系统和教育行政系统，来实施自己的项目——希望工程。这种依托不仅有官方强制的成分，也有中国青少年发展基金会自觉自愿主动依托的成分。

那么，为何中国青少年发展基金会要自觉自愿主动依托于政府组织，尤其是其主管部门？显然，这是为了实现利益的最大化，因为有利可图，它们都是理性的经济人。

任何一种组织的制度安排，都是建立在一定的 "人性" 假设基础之上的。"每项管理决策，都是依据有关人性与其行为的假设"。[③] 自从亚当·斯密提出 "经济人" 假设以降，现代主流经济学把自利作为人类经

① 李诗杨：《中国青少年发展基金会》，载洪大用、康晓光《NGO 扶贫行为研究调查报告》，中国经济出版社 2001 年版。

② 孙立平等：《动员与参与：第三部门募捐机制个案研究》，浙江人民出版社 1999 年版，第 98—99 页。

③ Douglas McGregor, *The Human Side of Enterprise*: 25th *Anniversary Printing*, New York: McGraw-Hill, 1960 1st, 1985.

济行为的基本前提。在《国富论》中，斯密把经济分析的出发点确立为追求利润最大化的个人，19 世纪 50—70 年代的边际革命确立为追求效用最大化的个人，二者内在统一于追求自身利益最大化。① 所以帕累托认为这种"经济人"是全部经济分析的前提假设。

但是，"经济人"假设隐含着一种对人性自私的肯定，一直广招批评。20 世纪 20 年代以后，理性人假设逐步取代经济人假设，20 世纪 30—50 年代，萨缪尔森对效用的重新表述导致对理性和理性人的重新定义。根据现代经济学的解释，理性人就是约束条件下最大化自利偏好的人。效用是偏好的函数，用偏好定义理性，只需满足完备性和传递性两条假定。但经济学对偏好的定义，既可以包括利己偏好也可以包括利他偏好和互利偏好。在此理论背景下，Becker 开创性地用理性选择模型对利他偏好做出了解释，从而使利他行为逐步进入主流经济学的研究视野。②

根据当代西方经济学中最核心的假设——"理性人假设"或者"经济人假设"，每一个人都是富于理性的，都是会算计的，同时也是自私的，都在自觉地追求并使自己的利益最大化。对于社会组织，Becker 将经济人假设推广到社会学领域，来说明人类社会行为甚至家庭活动，用来说明社会组织中人的行为动机。③

理性在不同的制度安排下有着不同的表现形式。"理性人"在企业组织中，表现为对经济利益的追逐；在政府组织中，则表现为在追求个人利益的基础上，被强制要求为公共服务的"公仆人"；而在非营利组织中，表现为人们在追求个人利益基础上，自愿地为公益服务的"公益人"。④ 也就是说，在非营利组织中，虽然他们的行为存在着一种主观上"利他"的倾向，但同时还存在着一种追求个人利益的基础。

因此，中国青少年发展基金会进行义务教育援助的活动中，同样会出于自利动机，自觉自愿主动依托于政府组织，其组织依赖主要体现为：

首先，共青团中央对中国青少年发展基金会的主动支持。中国青少年发展基金会主要由团中央创建，用徐永光的话来说就是"我们是团中

① ［英］亚当·斯密：《国富论》（下），郭大力、王亚南译，陕西人民出版社 2001 年版，第 850 页。

② Gary S. Becker, *The Economic Approach to Human Behavior*, Chicago：University of Chicago Press，1976.

③ Ibid..

④ 毛刚：《我国非营利组织内部治理机制研究》，博士学位论文，西南交通大学，2005 年。

央的儿子"。① 团中央更为中国青少年发展基金会创造了不可缺少的重要条件，包括它为中国青少年发展基金会最初的募捐活动提供了合法性和社会信任；尽可能地为中国青少年发展基金会的募捐活动创造条件，比如邀请国家领导人、协调部门间关系，等等。

共青团系统为中国青少年发展基金会提供的支持主要表现在以下几个方面：第一，中国青少年发展基金会首批募捐信，其直接收信者是工矿企业的团组织。第二，党政机关、企事业单位和军队的团组织始终是组织希望工程募捐活动的积极力量。第三，希望工程的资助自始至终都是由各级团组织落实的。

其次，中国青少年发展基金会依托于政府组织，尤其是其主管部门共青团系统可以带来以下利益：第一，中国青少年发展基金会的注册资金和启动经费、办公住房是团中央提供的；希望工程资助活动所需大量人力和经费，但共青团系统和教育行政系统组织实施则省去了大量开支；希望小学的师资是极大的消耗性资源，依托教育部门则完全免除了这些开支，尤其是招募、培训和管理教师等实际困难。第二，中国青少年发展基金会的固定工作人员本身就是团中央的正式工作人员，他们或者"两头兼职"，或者由"主管部门派来"。尤其是第一批成员之所以愿意从政府机关"屈尊"到非营利组织工作，一个至关重要的原因是团中央保证了他们的"退路"，包括仍然可以在原单位领取工资、参加住房分配、享受公费医疗、领取退休金，享有团中央赋予他们的社会地位、身份和声望，"再不济也是团中央的干部"。第三，中国青少年发展基金会的许多业务活动、管理活动需要得到社会各界的合作与支持，但作为非营利组织，中国青少年发展基金会本身并没有什么资格或资本去换取有关部门的支持，得到公众的信任，此时往往请求自己的主管部门出面去和对方打交道，疏通关节，请各有关部门高抬贵手或予以合作，借助主管部门的行政权力开展自己的业务活动。

三　教育援助资金的博弈策略

由于中国青少年发展基金会进行教育援助时涉及多个主体，各个主体间存在多种复杂的关系，对于最为重要的资源义务教育援助资金，谁都想控制在自己手中，这必然会造成主体间存在一定的冲突关系。这里同样体现了正式制度与非正式制度的关系与互动。根据资源依赖理论，

---

① 康晓光：《创造希望——中国青少年发展基金会研究》，漓江出版社、广西师范大学出版社 1997 年版，第 253 页。

如果消耗资源的组织依赖于多个掌握资源的外部组织,将面临后者之间的冲突。[1] 于是,围绕教育援助资金,形成不同层面的博弈策略。

(1) 与教育行政部门之间的博弈策略

上文提及,中国青基会系统在希望工程款募捐和资助实施过程中,尤其在资助实施工作中,绝大部分希望工程资助工作是由县乡两级团组织、县教委或教育局和乡村小学完成的。但实际上团委和教育行政部门是平行和互不相干的组织,分别隶属于同一级地方政府的常委系统和政府系统,两者是同一层级、地位相同但职能各不相同的组织主体。为了协调两者在义务教育援助活动中必然涉及的关系和行动,组织结构上成立了各级地方实施希望工程领导小组,组长由主管教育的党政领导担任,领导小组的办事机构希望工程办公室设在团委。

但是,中国青基会系统和教育行政部门间的关系,在各级地方层面虽然有分管教育的党政领导作为总的组织与协调机制,实际上和中国其他政府机构的领导小组一样,只是一种虚设性机制,党政领导基本不会过问甚至可能都不清楚其自身的职责,因而团委的希望工程办和教育行政部门中的基础教育科室是一种互不隶属的松散关系,这必然导致两者间互动过程中的相互推诿或脱节,这种缺乏制度维系的无序互动明显影响到中国义务教育援助非营利组织对其行为的选择,从而影响援助的效果。

两者间的互动博弈主要体现在教育援助资金的协调机制上,比如希望小学的建设,有捐赠者指定意向和未指定意向两种。在希望小学的选址阶段,有捐赠者指定意向的希望小学建设的一般流程是希望工程办收到捐赠者的意向,和/或援建希望小学的捐款后,与县教育局基础教育科协调并确定需要援建希望小学的选址,包括所在地址和学校。如果是完全新建希望小学,因涉及建设用地,则还要上报县政府分管教育的领导,待审批后再向希望工程办提出申请。如果是修建原有小学,改造为希望小学,程序略为简单,不过此类希望小学往往需要政府配套资金,因为涉及政府拨款,所以也需先上报并经县政府分管教育的领导审批同意。未指定意向的希望小学建设还有两种情况,一种是捐赠者大笔捐款援建一或多所希望小学,但具体地址和名称等由希望工程办确定;另一种是希望工程办将募集的小额捐款集中使用于援建一或多所希望小学。

但有意思的是,在中国青基会系统制订的《希望小学援建项目申请

---

[1] Jeffre Pfeffer and Gerald R. Salancik, *The External Control of Organizations: A Resource Dependency Perspective*, New York: Harper and Row, 1978.

书》中，则将希望小学援建项目的申请人定为县级人民政府，由县级人民政府向青少年发展基金会申请。下面是《希望小学援建项目申请书》中的说明：

说　明

一、希望小学援建项目的申请人应为县级人民政府。《希望小学援建项目申请书》经所在省（区、市）青少年发展基金会审核同意后报中国青少年发展基金会。

二、新建和（改）扩建希望小学的捐赠标准分别为20万元和10万元，其中90%用于资助希望小学建设，10%用于中国青少年发展基金会的专项管理和行政费用。申请人须根据资助金额和地方财政的匹配能力，以有多少钱办多大事为原则，综合考虑学校新建/（改）扩建的方案。

三、中国青少年发展基金会将依据该申请书的内容向社会募捐，捐赠方认捐且捐款到位后，再正式通知申请人履行立项手续。

四、本表一式三份，报中国青少年发展基金会一份，报省（区、市）青少年发展基金会一份，县级希望工程工作机构自存一份。此表可复制。

中国青少年发展基金会制

这与实际流程并不完全相符，在实际工作中符合此《说明》的只有极少部分，因为县级人民政府如果真的需要修建学校，又缺乏资金，往往会直接向上级政府提出申请，而且正常程序是由县教育局向上级教育部门提出申请，或者向社会发出债券之类。另外，县级人民政府提交的申请书虽是向"上级"的省（区、市）青少年发展基金会提出，但手续上是由县级团委希望工程办转交，县级人民政府何必屈于自己的下属部门，故往往是行政命令。

而这份《说明》本身就体现了互动关系的松散与不可靠性。其实这只是中国青基会系统为寻求政治上的合法性和权威性而制定的一种表述而已，在文本上表明了中国青基会的权威性，又向捐赠者表明了其政治上的合法性。实际流程基本上是希望工程办将援建意向告知教育局，由教育局填写《希望小学援建项目申请书》表格并取得县政府办公室的盖章后发回希望工程办，由希望工程办向所在省（区、市）青少年发展基金会提交申请，经审核同意后由所在省（区、市）青少年发展基金会报中国青少年发展基金会备案。因为真正关键的环节是资金到位问题，所以只要有资金来源，这个步骤比较容易。但是由于多数时候需要县级人民政府配套资金，这就在很大程度上变成政府行为了。所以后面的希望小学的建设和管理环节主要由代表政府的教育局来完成。

希望小学的新建或修建改造阶段由希望工程办与捐赠者、教育局、学校和施工单位共同完成，实际操作中按合同由县教育局具体负责招标和监督建设，希望工程办负责资金发放、与捐赠者联络。这种管钱者、建设者与监督者相分离的关系本来是可能有效的，但实际操作中由于合同规定希望小学的招标、建设与监督都由教育局负责，自然希望工程办和捐赠者都没法起到真正的监督作用，而且希望办是处于捐赠者和教育局中间的协调人角色，当捐赠者的后续资金（按合同，一般希望小学的捐赠资金和给施工单位的工程款分两次到账，一次是工程启动前，另一次是学校竣工验收后）没到位，教育局会向希望工程办催款；而当捐赠者对学校修建的选址或工程进度、质量等有意见时，也会向希望工程办质疑。在多处调查中发现，许多地方出现在建校选址上打"擦边球"的问题，比如某些希望小学已经建立多年，教育局能以集中办学为由随意拆除，这不符合捐赠的永久保留的合同规定。

仅以内蒙古自治区包头市固阳县下湿壕镇福和希望小学为例，该学校原为下湿壕镇中心学校，后因县政府的教育财政缺乏，面临严重资金困难，于是1997年香港陈廷骅基金会出资20万元兴建下湿壕镇福和希望小学，1998年建成，固阳县人民政府在学校大门挂牌，并在学校操场立碑纪念。此后该基金会每年捐赠10万—30万元给该校，用于学习和体育基本设施的修建，贫困学生的学习用品资助等。该学校也一度成为固阳县各乡镇中最好的学校。不过，随着2001年国务院关于"基础教育改革"文件出台，全国各级地方政府开始大举推行撤点并校政策，固阳县也加入了此行列，并且力度不仅比全国其他省、区、市要大，在内蒙古也算比较大的。因为不仅如全国其他地方那样农村中小学被撤并，学生被集中到城镇学校上学，用规模大、学生集中的镇中心校取代了原先"一村一校"的状况，而且到2009年，全县农村中学已全部撤并回县城，农村小学教学点全部撤并回镇中心校。笔者于2011年8月调研期间了解到，下湿壕镇现有唯一的小学，原先的中心学校，当时的福和希望小学是全县最后一所被撤并的中心学校，将于2011年9月撤销，原有300余名学生全部到县城的小学上学。可是据当地老师称，此时陈廷骅基金会并不知道福和希望小学要撤销一事，2011年上半年还捐赠20万元给此学校。2011 年年底，全县农村小学全部撤并回县城，农村没有中小学。①

对于如此大力度的撤并办学，固阳县政府主管教育的副县长的理由是："农村学生逐年减少。近年来农村学生大量流入县政府所在地金山镇，少部分还流向包头等地，而且，根据固阳近年城镇化发展现状以及学生外流的趋势推断，今后几年内，农村学生还将继续大量外流。到2009 年年底，全县 8 所农村小学共有在校生 1188 人，并且还在锐减，2010 年 9 月，农村小学在校生已不足千人。"

表 3 – 2　　　　　　　　　2007—2010 年固阳县在校生人数对比

单位：人

年份	2007	2008	2009	2010
全县小学在校人数	8359	7106	6454	5793
农村中心校在校人数	2998	1765	1188	852

资料来源：《固阳县中长期学校布局调整规划》2010 年 10 月 11 日。

可问题是，一者希望小学被撤并并未征得捐赠方同意，甚至并未通知对方，于理不通；二者教育局以集中办学为由随意拆除，这不符合捐赠的希望小学永久保留的合同规定，因为按合同，希望小学不得更改作其他用途，更不得随意拆除，除非得到捐赠方的同意；三者诚然农村学生不断流向城镇是事实，可是该学校仍有充足生源，农村小学在校生不足不是充分理由。更为重要的是，其实这种农村学生不断流向城镇的事实本来就是由于政策导向所致的发展不公平后果，因为教育资源配置倾斜于县城的两所重点学校，农村、边远、贫困、民族地区的学校教育资源严重缺乏，而当公民在基于理性选择情况下，做出"用脚投票"的举动，自然是往县城的两所重点学校挤，但这现在变成了教育局做出更大力量撤并办学决策的民意基础，实在是本末倒置。从这里可以看到，这种现象可以还原为政策或制度问题，而且政策决策者在做出决策时往往有预期目标，在政策窗口打开之前会找到有利于这些预期目标的决策理由。这种情况可以从分析技术的鼻祖约瑟夫·沃利提出的"项目"逻辑模型中找到理论解释："某一公共政策如果希望得到某种结果，就要对此前的事件进行追溯分析，公共政策的出台先会引起一些活动，这些活动

---

① 访谈 N，内蒙古固阳县下湿壕镇福和希望小学老师家长为主，2001 年 8 月 10 日。

会产生直接结果，而后来，这些直接结果又会促成某些最终结果。"[1]

在此案例中，其结果是：县城所在地金山镇部分小学和初中班容量过大[2]，城内小学平均班容量达 51.62 人，城内初中平均班容量达到56.31 人。比如固阳蒙古族学校、工农路小学两所小学的大多数班都在 60人以上，固阳二中大多班级都在 55 人以上。孩子到县城读书后，家长将为每个孩子每年开支近万元用于其食宿，而固阳县 2009 年农民人均纯收入 5958 元，2010 年农民人均纯收入 6310 元，2011 年农民人均纯收入7182 元，2011 年城镇居民人均可支配收入 18846 元，2011 年，固阳县农牧民人均工资性收入 3029 元。可见近万元的教育支出不管对于农民还是城镇居民来说都是非常不易的，何况对于越过一个孩子的平均收入家庭来说基本上无法承担得起。

另外，当有新的捐款时，有的县教育局会以已确定要合并掉的破旧学校为名去争取捐方的信任和更多捐款，可拿到捐款以后又以上面规定要集中办学为由将资金转到另一条件已比较好的学校去，将原本可建设一所较小的学校的资金用去仅为另一所较大的学校添置一两幢楼。比如说西部某乡原有 A、B、C 三所小学，县教育局根据集中办学的学校规模调整规划，已经决定要合并掉 B、C 两所破旧学校，集中到条件好的 A 中心学校。某日有捐赠方通过希望工程办表达了希望在该乡援建一所希望小学，当然要求是学校设施差、条件艰苦。县教育局觉得用条件最差的学校去申请把握更大，因为更容易博得捐赠方的同情，于是将条件最差、最偏僻的 C 小学作为援建希望小学名单，并将填写好的有 C 小学相关资料的《希望小学援建项目申请书》交给希望工程办，由希望工程办按程序进行。可是等援建希望小学的捐款到账后，C 小学仍然被撤并，于是将此笔捐款转移到给 A 小学修建一个新的体育场。教育局同时将修改捐赠款用途的原因和意见通过希望工程办交给捐赠方，其理由是 C 小学已经按县教育规划撤并，故不适合重建，而 A 小学同样是设施差、条件艰苦的学校，同样需要援建，但由于此学校规模大，原有捐款无法援建整个学校，只能用于修建一个新的希望小学体育场。当然会附有大量工程修改审批表和说明之类。这已完全违背了希望工程的本意。对此，捐赠方虽然觉得修建一个新的希望小学体育场不大如愿，但或许觉得钱已经捐出，不好收回，便向希望工程办要求还是援建一所希望小学。而对此，

---

[1]　Joseph Wholey, *Evaluation*: *Performance and Promise*, Washington, D. C.: The Urban Institute, 1979.

[2]　资料来源：《固阳县中长期学校布局调整规划》2010 年 10 月 11 日。

作为中间人的希望工程办往往一边无法阻止教育局的行为，一边又被捐方视为背信弃义却无法说出真实原因。[1]

而且这类事情并非特例，调研中发现多个地方存在此类情况。现实中多数并未公开，最后捐赠方也默认了，但也确实有明确公开反对的。比如最近被炒得沸沸扬扬的"四川绵阳一重建中学被拆建豪宅 香港拟追回拨款"事件[2]，引发舆论关注，并再次引起人们反思中国慈善捐款的管理与使用状况。原名为绵阳民族初级中学的紫荆中学，在2008年"5·12"汶川大地震后因教学楼严重受损，由香港教师专业团体（NPO）教育工作者联会向教育界募捐200万港元，香港特区政府援助200万港元，绵阳市政府投入256万元人民币，三方共同出资原址重建，2010年3月底更名为绵阳紫荆民族中学投入使用。绵阳紫荆民族中学在2010年3月竣工开课，学生多为阿坝州灾区的少数民族，设施包括综合实验室、学生宿舍、饭堂、图书馆以及运动场。根据2009年5月香港教联会与四川省教育厅及绵阳市政府签订的协议，项目改变需要提前征得三方的同意。香港先后拨款90亿港元成立四川重建基金，每个项目都须经过审核和汇报，还要接受立法会和公众的提问与查询。但不到两年，紫荆中学就于2011年10月搬入租用的灵创科技电子学校，原址教学楼2012年开始拆除，由大连万达在该位置投资60亿元人民币兴建的"涪城万达广场"在2012年年底开业。绵阳紫荆民族中学被当地政府拆毁，土地卖给开发商改建地产项目引起各界反对声。尽管绵阳官方表示，将投资7000万元人民币新建该中学，但香港方面并不"买账"。香港议员王国兴表示，内地政府改变规划拆迁学校，白白浪费了香港纳税人的血汗钱。为此，香港特区政府正考虑追回捐出的200万公帑。香港发展局准备与有关的非政府组织和四川地方当局召开会议，考虑追索当初的拨款。香港的林瑞麟在四川出席香港123项支援灾区重建集体项目竣工典礼后回应媒体说，绵阳方面在紫荆中学拆除前后未主动向港方通报，港方在获悉此事后是不同意拆的。

但四川绵阳政府显然将矛头转向企业，这又折射出政府与企业关系的非对称性。据《第一财经日报》报道，绵阳有关官员声称，由于香港

---

① 资料来源：西部某希望工程办档案资料。因涉及边境敏感地区，并应相关方要求，只用 ABC 代替学校名称。

② 顾功垒：《不满绵阳紫荆民族中学被拆除，港府要收回当初援建款》，《联合早报》2012年5月26日，http：//www.zaobao.com/zg/zg120526_005.shtml。
《四川绵阳市政府：紫荆民中是发展商"擅自拆除"》，《第一财经日报》2012年5月24日，http：//www.zaobao.com/zg/zg120524_007.shtml。

特区政府不同意，绵阳市政府曾承诺暂时不拆除紫荆中学教学楼，但拿到有关地皮的万达绵阳公司后来"擅自拆除"教学楼，政府并不知情，已经对该集团做出严厉批评，万达也作了"深刻的检讨"。

而且，还需反思，"假如被拆中学不是香港援建……"这一沉重追问背后折射出相关制度缺位，捐助者"追问善款、追索捐款"的权利亟须法律保障。鸣一凡认为，每一个为慈善做出贡献的人，每一位为之交付善心的公民，都理应享有作为捐助者最基本的权利——能够通过一定渠道询问善款去向，遇到捐款被滥用也能像香港那样"硬气"地追回。唯有此，才能让善心之花不再凋零，从而倒逼我国慈善捐赠事业逐步走向正规化、阳光化、透明化。①

（2）与团委其他部门间的博弈策略

中国青少年发展基金会在希望工程的所有权问题上也一直受到团组织系统内的某个部门（如青农部系统）和各级团组织的挑战。

中国青基会与团委其他部门的互动关系，因为募捐款资源非常有限，那么就必然存在资源竞争的关系，尽管各个组织的共同目标都是要提供更多的义务教育援助，但任何组织都有追求自身效用最大化的倾向，即如何争取在有限的资源分配中取得最大的一块，或者由于扩大影响力，或者出于提高公信力，或者出于提高筹款能力，或者出于其他原因，但这种竞争互动关系的背后不管其出于私利还是公益的目的，都是一种源自各自利益的考量。因而中国青少年发展基金会面临与同行业的其他组织的竞争，以赢得越来越多的资源份额。

这种是团委系统内部竞争，比如中国青基会系统的希望工程办与同级团委的少年部、学校部、青少部、农工部甚至年代维权部在 20 世纪 90 年代中期就希望工程的所有权问题竞争激烈，康晓光 1997 年在《希望工程调查报告》和《创造希望——中国青少年发展基金会研究》两书中有详细描述。希望工程在各级地方团委建立办公室，开展资助工作初期，很多地方是兼职人员，或者县级甚至地级团委的希望工程办只有一名工作人员，其工作本身也需要团委其他部门共同协作完成，而且当时尚未达成共识到底该由谁掌管募捐工作，并且团委的少年部、青少部、或学校部（是在各个不同地方的不同称谓，其职能接近）本来就是主要负责中小学和儿童工作，如今有可以拿别人的钱来展示做好事、奉献形象的机会，当然都有意愿和积极性，于是争执不休，都想争取到工作的主导

① 鸣一凡：《假如被拆中学不是香港援建》，《联合早报》2012 年 5 月 24 日，http://www.zaobao.com/forum/pages5/forum_ lx120524f.shtml。

权，一直到中国青少年发展基金会完成全国青基会系统的建设，才使地方明确由希望工程办负责捐款的发放等事宜。但是，实际上由于县级团委希望工程办人手太少，真正组织募捐等工作还得靠团委书记组织协调，此事由于不属自己工作职责范围，团委其他部门的人往往抱着吃力不讨好的事尽量不沾的态度，经常出现相互推诿现象。

尤其是中国青少年发展基金会与早期帮助自己实施希望工程资助项目的负责部门——团组织青农部门竞争并排挤掉后者具有代表性。1999年之前的几次全国希望工程会议都是套在团中央青农部召开的工作会议中才得以召开的，此时青基会在没有"腿"的情况下，显然是希望依托各级团组织内的青农部门来开展工作。徐永光曾提道："青基会没有腿，必须借助于团内的某个部门开展工作。当时我们主张选青农部，但有些省指定由权益部或党校部承担这一工作。"① 此时青农部门显然也将希望工程作为团中央交给自己的一项职责去履行，同时分享由此带来的资源和利益，在 1990 年第一次全国希望工程会议上，团中央青农部部长韩长斌也指出："要将'希望工程'列入青农部门工作日程，纳入青农工作体系……要将'希望工程'作为青农工作的一部分，并把它同团在贫困地区的其他工作结合起来。"

不过这便形成了中国青少年发展基金会负责募捐、青农部系统负责分钱的局面，羽翼渐丰的中国青少年发展基金会不愿如此，于是想排挤并取代各级团组织的青农部门，徐永光说："随着希望工程的发展，管理业务量也急剧扩大，依附某一部门已无法满足现实的需要，建立独立的管理机构已势在必行。"② 运用的策略是建立地方希望工程机构，排挤青农部门运用的规则是《基金会管理办法》。结果是有 1/3 左右的团省委青农部部长转向青基会。③

中国青基会加强管理的策略借助的是建立全国青基会系统。中国青基会把 1995 年作为"希望工程的管理年"。清理整顿地（市）县基金。变希望工程捐款分散管理为集中管理，多层管理为高层管理，通过清理整顿，使地方希望工程基金管理机构的数量限定在上级管理机关能够控制的范围内。对全国青基会系统的组织管理方面，最显著标志是"希望

---

① 转引自康晓光《创造希望——中国青少年发展基金会研究》，漓江出版社、广西师范大学出版社 1997 年版，第 362 页。

② 康晓光：《创造希望——中国青少年发展基金会研究》，漓江出版社、广西师范大学出版社 1997 年版，第 362 页。

③ 同上书，第 184 页。

工程"服务商标的注册。1995 年 6 月 2 日，国家工商行政管理局商标局正式受理中国青基会"希望工程"服务商标的注册申请。经过多次协商，于 1996 年 11 月 6 日，国家工商局发布《关于对在经营活动领域使用"希望工程"名义加强管理的通知》，使青基会对"希望工程"的所有权得到了行政保护。1997 年 4 月 28 日，国家工商行政管理局正式向中国青基会颁发了"希望工程"服务商标注册证，这标志着中国青基会对"希望工程"的所有权得到了法律保护。将一项公益性社会活动的名称注册为服务商标，纳入知识产权保护法律体系，这在我国尚属首创。

中国青基会通过全国青基会系统真正实施对地方青基会控制靠的是地方"希望工程"基金。由于地方基金都设在各级团委，是团委的一个分支机构，虽然中国青基会对地方基金会没有人事任免权，在名义上归各级团委管理，但是地方基金开展"希望工程"的项目的管理权却属于中国青基会，因此中国青基会实际上是借助了团委的组织系统把全国的地方基金建立起来，并最终获得了对地方基金的实际管理权。很明显，中国青基会通过这种利益诱导、法律和官僚组织权威实行对地方基金的实际行政权。

比如，1995 年某省级团委（上海团市委）建立"希望工程"基金会，不愿被纳入全国青基会系统，经团中央调解仍无效果，中国青基会采取的办法不是通过强制手段解决，而是在《人民日报》上刊登了全国"希望工程"合法募捐机构名单，这个名单中没有该团委。名单公布以后，该团委立刻陷入不利的公众舆论之中，随即顺理成章地"归顺"于中国青基会的管理之下。

徐永光说："比如上海就不买账，希望工程你能搞我为什么不能搞？你可以募捐，我也可以募捐。我们（中国青少年发展基金会）去看账，他们就拒绝。涂猛、李宁去吃了闭门羹。我通过（团中央）书记处做工作，上海仍不买账，认为自己有权力搞希望工程，认为团市委与中国青基会没有隶属关系，可以不听你的。无奈之下，我们只好采取准制裁措施，即在报纸上公布经过中国青基会授权的省级希望工程实施机构名单。……在开列合法的希望工程实施机构名单后，加一条'上海希望工程的合法机构的建立还在协商中'。此举很有效，见报的当天，上海就来了传真，同意签署协议。"①

此外，还存在与外部的竞争，中国青基会与同级党政系统下属的其

---

① 康晓光：《徐永光访谈录》，1997 年 5 月 26 日。

他官方非营利组织，比如工会、妇联成立的宋庆龄儿童基金会、中国儿童少年基金会等非营利组织的资源竞争关系。在 20 世纪 90 年代中期就希望工程款的筹款权问题竞争激烈，康晓光的上述两书中也有详细记载。因为为贫困儿童争取教育援助是许多组织共同的目标与职责，比如中华全国总工会统一组织全国各级工会系统每年发起的"秋季助学活动"，帮助困难职工和农牧民、农民工子女解决上学难问题。另外，中国儿童少年基金会是经中央书记处第 100 次会议通过，于 1981 年 7 月 28 日正式成立的中国第一家基金会，业务主管单位是全国妇联。1989 年，中国儿童少年基金会发起并组织实施了一项救助贫困地区失学女童重返校园的社会公益项目——"春蕾计划"。其早期主要资助义务教育阶段贫困女童，2005 年"春蕾计划"被民政部授予"中华慈善奖"。截至 2010 年年底，"春蕾计划"筹集资金累计 10 亿多元，捐建 1000 多所春蕾学校，资助贫困女童 200 多万人次重返校园。

随着希望工程的成功，其筹集资源的方式被广为效仿，短短几年内，涌现大量类似的社会公益项目，一同与希望工程争夺有限的社会募捐空间和援助资金。东北某省青基会的秘书长助理指出："这也搞募捐，那也拉赞助，多少家都在这么做……（对有实力的企业及其会员）他们的资源我们在挖，别人也在挖。还有教育基金会、体育基金会、统战的光彩基金会、文化基金会，妇联的春蕾计划，计生委还有幸福工程。现在募捐的渠道已经太多了，这对希望工程肯定是个冲击。"①

当时各个非营利组织之间对资源的竞争是比较激烈的，有时也会出现重复捐赠现象，但总体上来说，还是筹款困难、资源不足。

中国青基会与其他非营利组织之间的互动很少，其核心问题是这些基金会或组织与团委及中国青基会没有隶属关系，都是独立的社团法人，双方背后都有强大的政府背景，只能借助同级党政机关的行政等级制度来作为控制力量，维系力度很小。在国外通常有行业协会来协调运作，但在中国由于这些非政府组织都具有官方背景，不会主动采取行业自律来约束自己。

四　对监管体制的双面策略

现有文献多数认为，非营利组织治理的外部环境系指建立在法律规

---

① 转引自孙立平等《动员与参与：第三部门募捐机制个案研究》，浙江人民出版社 1999 年版，第 137—138 页。

制基础上的政府监管和利益相关者监督①，但是现有有关非营利组织外部监督机制研究，又多数集中在政府监管上，诚然，政府通过监管提供一个适宜自主治理的空间是一个关键的环节，仅有政府监管，缺乏其他利益相关者的参与和互动，这种监督机制还是不充分的，不足以坚固非营利组织公信力的基础。如果说，非营利组织的政府监管具有强制性、制度性、刚性化特征的话，那么非营利组织的利益相关者监督则具有广泛性、直接性，兼具制度性与柔性的特征。② 如果没有形成良好的内部治理结构和具有健全有效的外部监督和制约机制，非营利组织对市场化运作这种工具性手段的运用，必然造成与其公益宗旨的冲突，使非营利组织的价值目标发生改变，将作为公益机构的非营利组织变成与企业毫无两样的"趋利机器"。③ 在中国，社会对非营利组织的监督是缺位的。非营利组织不同于其他两类组织的一个特征就是利益相关者的多样性，比如中学校长，就必须面对教师、校董会、纳税者、家长和学生，"每个群体都是至关重要的，每个群体都有自己的目标"④，而且捐款者监督本身也存在动力不足和监督主体缺失的问题。中国青少年发展基金会援助义务教育活动中，对于政府的监管体制采取了一种双面策略，即一方面迎合其监管机构的监管准入政策，另一方面又利用其他方式摆脱监管机构的监督和惩罚，甚至与监管部门或政策进行讨价还价。

英国学者克里斯托弗·胡德称，现代国家的政府是监管政府，不仅对政府内部进行监管，对市场和社会组织也要进行监管，当然对于不同的监管对象会采用不同的工具。⑤

其中对于非营利组织的政府监管，学术界一般以非营利组织通过注册取得法律地位的形式作为标准，将各国政府的监管分为"预防制"和"追惩制"两种形式。⑥

所谓"预防制"，是指政府设置较高的登记门槛，从源头上对非营利组织采取许可登记的形式，不符合条件的非营利组织得不到许可，也无

---

① 赵立波：《公共事业主体多元化及规制探析》，《国家行政学院学报》2005 年第 5 期。

② 刘春湘：《非营利组织治理结构研究》，博士学位论文，中南大学，2006 年。

③ 臧红雨：《非营利组织整体性治理结构研究》，博士学位论文，哈尔滨工业大学，2009 年。

④ Peter F. Drucker, *Managing the Nonprofit Organization：Practices and Principles*, Oxford：Butterworth – Heinemann Ltd. , 1990, pp. 13, 83.

⑤ Christopher Hood, *The Tools of Government*, London u. a. ：Macmillan, 1983.
Christopher Hood and Helen Margetts, *The Tools of Government in the Digital Age：Public Policy and Politics*, New ed. Basingstoke：Palgrave Macmillan, 2007.

⑥ 康晓光：《权力的转移：转型时期中国权力格局的变迁》，浙江人民出版社 1999 年版，第 200 页。

法登记，而得不到登记的非营利组织即为非法组织。一般认为亚洲国家，特别是东亚和东南亚国家为预防制的代表。预防制其实就是实施一种许可制，即政府对非营利组织的成立采取资格准入制度。根据许可的形式，许可制分为单一许可、双重许可和多重许可三种。其中，单一许可是指非营利组织的成立经过一个主管机关的批准成立。日本、韩国和澳大利亚是典型，不存在统一的非营利组织管理机构，非营利组织的成立经过一个主管机关的许可并登记后即可成立。双重许可是指非营利组织的成立不但要经过中央或地方的相关机构的认可，而且还要到专门的登记机关去审批、登记才能成立。中国台湾地区、新加坡、越南、泰国和菲律宾都是实行双重许可的国家和地区。这种预防制的监管方式将非营利组织的存在和合法地位的取得完全置于政府的控制之中。这样，国家的权力容易延伸到社会的各个层面，非营利组织成为国家权力的附庸，实现国家对社会的全面控制。"预防制最有可能的后果是，政府将自己的好恶和价值观强加给社会，被限制的民间组织可能不仅是对社会有实际危害，而且也可能是潜在危害，或有假想的危害性，有时甚至是政府不喜欢的或不欢迎的。"①

"追惩制"是指政府不设置任何门槛来限制登记，对非营利组织的成立和活动总体上采取支持的态度，但在组织成立后对于任何非法行为都将予以追究，对某些组织可以禁止活动、处罚或解散。这其实是"部分许可制"或部分登记制，一般认为欧美国家是追惩制的代表。在这些国家，一般认为非营利组织的活动属于公民个人的私域，立法和司法活动不应当干预，政府在总体的法律框架内为非营利组织的发展提供了良好空间，避免非营利组织的活动受到政府权力的专横干涉。比如《葡萄牙宪法》第46条规定："公民有权自由结社不需任何批准。"当然，政府的总体放任态度并非对非营利组织的监管，非营利组织要取得法人资格，公益民间组织要获得免税特权就得到税务部门登记，并接受严格的公益资格审查和公众监督，实施较为严格的监管。非营利组织的活动（包括登记）要受到民法的规范，有些特别的非营利组织还受公法的规范，如教会组织、商会和一些专业协会。比如德国就在宪法中直接规定追惩的条件，即将"在法律范围内"的结社自由改为"在宪法范围内"的结社自由。《德意志联邦共和国基本法》第9条第1款规定公民有结社权，第2款规定了追惩的条件。"部分许可制"以承认公民结社权为前提，政府

---

① 王名、刘培峰等：《民间组织通论》，时事出版社2004年版，第67页。

对非营利组织所承担的社会角色持肯定和支持的态度，视非营利组织为公共事务治理领域的合作者，不存在管理者与被管理者之间的上下级关系，政府的行政部门与非营利组织都必须接受由立法机关制定的法律的规制，政府对非营利组织的监管只能在法律框架体系下进行。这种"部分许可制"是政府权力与个人权利、政府管制与个人自由的张力中比较有利、合理的选择。

"预防制"和"追惩制"很大程度上反映了两种不同监管方式，也反映了政府对非营利组织成立所持的态度。当然在任何法治社会里，都不容许有法外的公民或组织，非营利组织自然也一样。因为对于非法组织的活动及非营利组织的非法活动进行追究，是任何政府要做的事情，无论其采取的是"预防制"还是"追惩制"。①

中国实施的是一种"预防制"监督机制，具体而言，非营利组织的政府监管制度特征可概括为：归口登记、双重负责、分级管理。归口登记是指非营利组织统一由民政部门和地方、县以上各级民政部门登记。其他任何部门无权登记社会团体、颁发社会团体法人、民办非企业单位法人、基金会法人证书。经合法登记的非营利组织，就有了法人地位，具备了民事主体资格，依法享有民事权利，承担民事义务。双重负责是指每一个社会团体都要接受登记管理机关和业务主管单位的双重管理。根据《社会团体登记管理条例》、《民办非企业管理条例》、《基金会管理条例》规定：国务院民政部门和县级以上的地方各级人民政府民政部门是本级人民政府的社会团体的登记管理机关。跨行政区域的社会团体由所跨行政区域的共同上一级人民政府的登记管理机关负责登记管理。同时，国务院有关部门和县级以上地方各级人民政府有关部门、国务院或者县级以上地方各级人民政府授权的组织，是有关行业、学科或者业务范围内社会团体的业务主管机关。登记主管机关的职能是负责社会团体的成立、变更、注销登记或者备案；对社会团体实施年度检查；对社会团体违反《条例》的问题进行监督检查，并给予行政处分。登记管理机关具有登记、年检、监督三项管理职责。业务主管机关的职责是负责社会团体筹备申请、成立登记、变更登记、注销登记前的审查；监督、指导社会团体的遵守宪法、法律、法规和国家政策，依据其章程开展活动；负责社会团体年度检查的初审；协助登记管理机关和其他有关部门查处社会团体的违法行为；会同有关机关指导社会团体的清算事宜等。业务

---

① 刘春湘：《非营利组织治理结构研究》，博士学位论文，中南大学，2006 年。

主管单位具有审查、指导活动、年检初审、协同监督等 5 项管理职责。分级管理是指全国性社会团体由民政部登记，地方性社会团体由县级以上各级地方政府民政部门登记，由相应的部门做业务主管单位。即对非营利组织按照其开展活动的范围和级别，实行分级登记、分级管理的原则。分级管理并不表示社会团体有级别之分，只是表明社会团体的会员来源和活动范围。全国性的社会团体可以在全国范围内发展会员，在全国范围内活动，而地方性的社会团体则只能在相应的区域发展会员、开展活动。民间组织不论其是哪一级登记管理机关登记的，不论它是全国性的还是地方性的，也不管会员多少、规模大小，民间组织的地位是相同的、平等的民事主体，它们之间可以存在横向的合作关系，但不存在纵向的隶属和指导关系。这也是一种非竞争性原则或限制竞争原则，即为了避免非营利组织之间开展竞争，禁止在同一行政区域内设立业务范围相同或者相似的非营利组织的原则；同时，任何非营利组织只能在登记管理机关的管辖范围内活动，不得越界，不得进行区域扩张。

对中国的非营利组织的发展而言，首先要面对来自现行法规和政策上的严格的制度限制，政治空间相当不足。当前中国在非营利组织管理上的基本特点是：门槛高、限制多、监管不力。其结果是：

（1）中国政府对非营利组织的双头管理体制导致其缺乏自治。双重管理体制是在计划经济体制下国家在对社会团体归口管理的实践中形成的一种制度安排，它在本质上将民间组织和政府置于相互对立的关系上，政府管理民间组织的首要目标是限制其发展并规避可能的政治风险，其手段则表现为通过双重审批进行准入限制。①

在这种体制下，中国官方非营利组织本身脱胎于党政机关，自然缺乏自治，不仅主要资源来源于党政机关，而且在组织上、职能上、活动上、管理体制上等各方面，都严重依赖于政府，这自不必说。但即使民间自发建立的非营利组织，由于要挂靠在业务主管单位上，也会受到政府各方面的限制和干涉。一方面，许多草根非营利组织在注册成立时由于找不到业务主管单位这个"婆婆"而无法注册，注册后业务主管单位自然会对其加以管控。并且调整过的政府职能迟迟不能落实到位，在非营利组织的登记注册、优惠税制等诸多方面，不仅约束过严，而且彼此不协调、不配套，严重影响着非营利组织的发展；但另一方面，业务主管单位也可能因为不愿承担吃力不讨好的风险而不愿接受非营利组织作

---

① 王名：《改革民间组织双重管理体制的分析和建议》，《中国行政管理》2007 年第 6 期。

为其挂靠机构，也可能在运行中的非营利组织规模、社会影响不断扩大后担心控制不住，而退出主管单位资格，使得非营利组织被迫中断。因为一个非营利组织一旦登记成立，除了象征性地接受财务管理方面的"年检"之外，没有任何日常性的评估和监督管理方面的制度约束，同时也难以落实有关公益事业的减免税待遇。对多元治理模式中政府的角色定位不明确，担心非营利组织的发展会危及国家的政治经济基础，尤其害怕非营利组织有政治目的，使得政府在制定政策时左右摇摆，部门之间相互扯皮，反而无力打击在"非营利"名义下开展的牟利等不法行为。其结果，自然是整个非营利组织界良莠并存，反而损害了真正的公益组织。近来频频出现的公益腐败现象，包括挪用巨额善款进行非正常投资等问题，其根本原因也在于非营利组织管理上长期存在的制度缺陷。这种状态随着政府改革的进一步深入，不仅束缚了自身的手脚，也严重束缚了政府的手脚。比如中国最大的草根环保类非营利组织"自然之友"就闹出原主管单位不愿承担资格，在新的主管部门迟迟不能落实的情况下，面临中断或失去社团身份的危险。壹基金在想从非公募基金会转变为公募基金会时就由于一直找不到业务主管单位而几近放弃。

（2）中国政府对非营利组织监管制度存在以下缺陷和问题：一是缺乏信任。政府在一定程度上对非营利组织缺乏信任，或者以工具论的角度看待非营利组织，认为非营利组织是政府执行某种决策的工具，也就是桥梁和纽带，是党和政府整合民意的工具。非营利组织被概括为"民间行为，官方背景"，其活动不能直接损害政府的利益、违背政府的意志，否则政府可以直接终止它的活动或者干脆取缔它。更加由于长期社会压抑，民间社会成长不足，缺乏足够的理智和自律，在社会管理方面曾经出现过"一管就死，一放就乱"的旧例，政府对自身管理能力缺乏信心，许多业务主管机关或地方政府机关抱着"多一事不如少一事"的态度，对非营利组织抱一种消极或者限制的态度。二是监管目标置换。虽然在《条例》总则第一条中明确指出立法目的是"为了保障公民的结社自由，维护社会团体的合法权益，加强对社会团体的登记管理"，但实际上政府通过登记允可监管制度将对非营利组织的监管目标转换为限制竞争、抑制发展的基本导向。三是监管错位。非营利组织首先是民事主体，是民间力量发起的自治组织，有权自主决定和管理组织的内部事务，政府不应该直接介入非营利组织的管理和运作过程。自主性是民间组织良好治理的前提。然而，时至今日，非营利组织的自主性并没有得到有效的保障，"官民二重性"被学界公认为是中国非营利组织的特点。主管部门对非营利组织内部事务干涉过多是不容争辩的事实。例如中国青少年基金会是由共青团中央创立并主管的，其主要领导成员必须由共青团机关任命或调配，重大的活动须经过共青团领导机关的批准。四是监管乏力。有关非营利组织内部治理的规定仍过于原则，在实际中缺乏可操作性，这在一定程度上导致政府监管具有很大的主观性和随意性。五是免税制度不当。免税制度是政府对非营利组织实施有效监管的一个重要途径，但有关法律、法规之间存在矛盾和冲突，非营利组织的"身份"是由政府主管登记机关决定，身份一旦确定，就自动具有免税资格，无须纳入税务部门管理。如以"接受财政部门拨付事业经费"为前提划分征免界限的税收政策，致使许多公民发起设立的草根组织及境外非营利组织，从事非营利性公益活动，却无法得到政府财政资助，也不能获得免税组织的地位，这显然缺乏合理性。六是特许制度。根据国际税法惯例，对互益性非营利组织的捐赠不应给予税收优惠。但按照中国现行非营利组织免收制度，并没有区分公益性和互益性非营利组织，可接受捐赠的非营利组织（享受税前全额扣除的优惠政策）需要财政局、国家税务总局以文件的形式加以特许。"特许制"进一步强化了非营利组织与官方的联系，不利于非营利组织自主治理，将妨碍公平的税收管理。

其结果，"许可制"往往只是阻抑了非营利组织的健康发展，监管效果不好，变成事实上的"放任制"①，《非政府组织法的立法原则》的实证研究表明：每个政府都必然会面临行政能力的限制，所以即使制定很多法律来建构监督机制，也未必能落实执行。

这种政治生态对于非营利组织援助义务教育的效果将产生很大的影响，比如上文讨论过的四川绵阳一援建中学（紫荆民族中学）被拆建豪宅，香港拟追回拨款的案例，就表明当前政府在 GDP 主义政策导向下，不仅与企业共谋，也会损害义务教育等公共服务，更会降低非营利组织进行义务教育援助的效果。其实这不是特例，而是普遍性现象，比如笔者在实际调研过程中发现许多类似案例，因为撤并学校、合并建校是全国性政策，其中多数的希望小学或中学都已经或正面临被撤并的命运，比如上文提及的西藏林芝县帮纳复旦希望小学、内蒙古固阳县下湿壕镇中心学校等。

由于有关公益事业的减免税待遇是非营利组织发展的最为根本的利益，所以中国青少年发展基金会一方面会利用政府在制定政策时左右摇

---

① 世界银行（组织编写）：《非政府组织法的立法原则》，台湾喜马拉雅研究发展基金会译，2000 年版。

摆，部门之间相互扯皮等对非营利组织管理上长期存在的制度缺陷，出现自利行为，甚至包括挪用巨额善款进行非正常投资等在"非营利"名义下开展的牟利等不法行为。更为重要的是，也会与政府讨价还价，以获得更大的自身利益。有两个典型案例：

案例一，基金会提出免税资格认定①

2009 年 5 月和 8 月，国税总局先后发布《关于加强股权转让所得征收个人所得税管理的通知》和《关于股权激励有关个人所得税问题的通知》，前者规定个人转让股权按照转让财产所得征收 20% 的个人所得税，但后者并未对"大小非"自然人股东纳税做出具体规定。

2009 年 6 月 19 日，中国青少年发展基金会、中国扶贫基金会、中国儿童少年基金会、南都公益基金会和友成企业家扶贫基金会联名上书税务总局，提交《就 2008 年度企业所得税汇算清缴延期进行的紧急请示》。此事件反映了 2008 年新的《企业所得税法》出台后，对于非营利组织收入免税资格认定严重滞后的问题。税务局各分管所进行 2008 年度企业所得税汇算清缴工作，要求基金会把捐赠收入并入应税所得计缴 2008 年度企业所得税，待非营利组织收入免税资格认定下来以后再将相应税款予以返还。按照《企业所得税法》，2008 年，仅中国青基会一家就得缴纳 5000 多万元的企业所得税。五家基金会提出的《紧急请示》表示，对于基金会组织而言，先缴税后退税是从来没有过的事。更为严重的是，此举将给基金会带来资助资金拨付的困难，给捐赠人乃至社会带来误解。

8 月 20 日，财政部、国家税务总局、民政部公布首批获"公益性捐赠税前扣除资格团体名单"。中国青少年发展基金会、南都公益基金会、华民慈善基金会等 70 多家公募与非公募基金会获捐赠税前扣除资格。

11 月 19 日，财政部和国家税务总局联合下发《关于非营利组织免税资格认定管理有关问题的通知》和《关于非营利组织企业所得税免税收入问题的通知》，明确认定了非营利机构的范围和免税的范畴。两个《通知》没有明确就基金会营利性收入企业所得税免税问题作出规定；限制、缩小了非营利性收入免税范围；对于非营利组织的免税资格做出了不合理规定，引起基金会等非营利组织的强烈关注。

12 月 22 日，南都公益基金会、友成企业家扶贫基金会、中国青少年发展基金会等 9 家基金会就财政部和国家税务总局联合下发的《关于非营利组织免税资格认定管理有关问题的通知》和《关于非营利组织企业

---

① 刘洲鸿：《非公募基金会在中国的发展》，载中国社会科学《中国慈善发展报告（2010）》，社会科学文献出版社 2010 年版，第 112—127 页。

所得税免税收入问题的通知》提出质疑，联合签署要求国务院对此进行违法性审查，并同时致函财政部和国家税务总局，提出就相关问题沟通的请求。三天后，另外 15 家基金会也参与进来，联署基金会达到 24 家。此事件也被评为"2009 年中国公民社会发展十大事件"之一。

案例二，基金会提出修改《关于规范基金会行为的若干规定（试行)》意见①

《关于规范基金会行为的若干规定（试行)》公开征求意见稿公布后，2012 年 5 月 3 日基金会中心网、中国非公募基金会发展论坛组织中国青少年发展基金会等部分基金会对该规定进行学习和座谈，对有关条款提出以下意见和建议：

（1）第一部分第九条至第十一条对《基金会管理条例》中基金会工作人员的工资福利和行政办公支出（不超出 10%）的构成做出了更详细的解释。我们认为，与项目直接相关人员的工资支出应计入项目直接成本，不应该计入日常运作费用。项目直接成本与日常运作费用的划分归集应与《民间非营利组织会计制度》中的管理费用、业务活动成本、筹资费用等会计科目的核算内容相一致。

（2）考虑到目前很多公益组织是在工商局注册的客观事实，第一部分第十三条建议去掉"基金会不得资助营利组织"。或者对营利组织进行清晰界定，将工商局注册的公益组织视同非营利组织。

（3）第一部分第六条中"用于应急的应当在应急期结束前使用完毕；用于灾后重建的应当在重建期结束前使用完毕"，考虑到受灾当地救灾的实际需求及捐赠人的意愿，建议修改为"未使用完的受赠财产可以根据捐赠人意愿再签订协议用于与原公益目的相近似的目的，并予以公示"。

（4）第三部分第五条中"年度工作报告除在指定的媒体公布外"，建议扩大指定媒体范围，特别是将网络媒体纳入指定范围。

（5）第三部分第二条建议增加：活动结束后，公布该活动的筹资成果和实际成本支出明细。

当然，中国青少年发展基金会的这种非营利组织改变政策的行为策略，在追求自己的利益最大化的同时，也有非常积极的一面。从理论上来说，非营利组织是对政府不足的补充（supplement)，是倡导并引起政策变革的重要力量，正如图 3 - 7 有关非营利组织的参与导致政策变革模

---

① 公益基金会网：《关于规范基金会行为的若干规定（试行）意见征求座谈会》，公益基金会网站，2012 年 5 月 7 日，http://www.foundationcenter.org.cn/guanli/html/2012 - 05/48575.html。

式所示①：

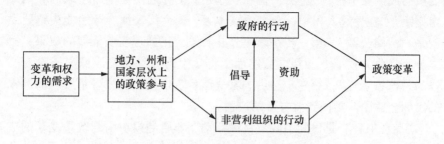

图 3 – 7 非营利组织的参与导致政策变革模式

资料来源：Frumkin（2002）。

从非营利组织改变政策的模式图可以看出，当社会有重要的社会服务和政治需求时，作为回应，非营利组织会采取行动参与政策其中，包括在从地方到国家的各个层面上，非营利组织宣传倡导，政府提供资金，从而导致政策变革。

在上面的两个案例中，中国青少年发展基金会等非营利组织的讨价还价就是试图改革政府政策的一种表达方式。在此方面，邓飞的"免费午餐"活动比较成功。2011 年 4 月，《凤凰周刊》记者部主任邓飞等 500 多名记者联合中国社会福利教育基金会共同发起"免费午餐"公益行动，在中国社会福利教育基金会开设专门账户，该基金会只收取 5% 管理费，倡议为贫困学童提供免费午餐，在慈善公益事业遭遇寒冬的 2011 年（来自中国民政部的数据显示，从 2011 年 6 月到 8 月，慈善机构收到的捐款额下降了 86.6%），掀起一股民间公益热潮。这个纯粹由民间发起的慈善项目，在 8 个月中筹募资金超过 2500 万元，在 13 个省的 110 所山村学校实行了免费午餐项目。2011 年 7 月 19 日，中央决定从 2011 年秋季学期开始启动民族县、贫困县农村免费午餐试点工作，并将宁夏确定为首批试点省区；10 月 26 日，国务院常务会议决定，从 2011 年秋季学期起，中央财政将投入 160 个亿，为试点地区约 680 个县（市）、2600 万农村义务教育阶段学生提供营养膳食补助。

免费午餐项目表明，在义务教育援助等公益项目上，政府组织与民间非营利组织也可以实现良性互动。事实上，推动政府介入根治学生午

---

① Peter Frumkin, *On Being Nonprofit*: *A Conceptual and Policy Primer*, Massachusetts: Harvard University Press, 2002, p. 166.

餐营养问题，也一直是"免费午餐"团队的希望。"免费午餐"行动协调委员会成员党军称，"免费午餐"发起团队的计划便是"希望政府在两年内接手"。在发起人当中，众多的媒体人、人大代表从一开始便决定要做的是"战略公益"，第一步是影响公共政策，正如现在所取得的成果；第二步是将公共政策上升到立法层面，将学生营养保障变成像义务教育一样的"国家责任"；第三步是由国家全面负责学生营养午餐事宜，而原来的民间公益团队则回到监督者的位置。

"免费午餐"是民间与政府良性互动、非营利组织引起政策变革的成功范例，"民间公益必须寻求政府允许、支持及合作，但绝不是所有的公益项目都能够影响公共政策"。[①]

这些很明显就是一项适应性非正式制度如何有助于官方规定的正式制度进行制度变革的例证。

五 非营利组织营利策略

人是追求自身"效用"（"偏好"的一个函数）最大化的理性人。在现实社会中，除了利他偏好以及互利偏好外，人们还具备自利偏好。

郭于华等对"希望工程"价值理念的研究发现，在社会结构中存在一种"事本主义的事业共同体"[②]，它既非因血缘纽带或共同地缘而联系的群体，也非仅仅基于共同利益关系（如股份公司）、情感联系和共同信仰（如宗教组织）。这是一种基于认同、以"事本主义"为原则而形成的心理共同体。对这种"事业共同体"，可通过激发成员内心的崇高使命感和成就感，以唤起成员之间、成员与组织之间互动、互相激励的行为动机，或通过组织的制度安排和结构设计，通过塑造组织特有的"文化"以形成组织发展的动力。因为，在非营利组织中，成员更多的是从使命感、责任感出发，从事具有高成就需求的"崇高"事业。这一方面是由于非营利组织成员人性中的"崇高美德"，另一方面是由于非营利组织的文化塑造。美国组织行为学家 Dill 的综合激励模型解释了这种"内力"和"外力"作用下的激励。

不过，自利偏好几乎适合于所有组织，即使是对于以志愿为特征的

---

① 庞清辉：《行动者邓飞》，《中国新闻周刊》年终特刊，2011 年 12 月 28 日。
邓飞：《"免费午餐"仍将继续 一天 3 元钱不够》，中国青年网，2011 年 11 月 1 日，ht-tp：//blog. renren. com/blog/297095226/794673677。

② 郭于华、杨宜音、应星：《事业共同体：第三部门募捐机制个案研究》，浙江人民出版社 1999 年版，第 11 页。

非营利组织也不例外。毛刚认为，非营利组织行为人的偏好结构由三部分构成：（1）自利性：对自己收益的关心；（2）利他性：对他人收益的关心；（3）互利性：对他人行动意图的关心。①

在中国义务教育援助中的非营利组织中，不仅本身营利性与非营利性性质混淆的民办学校具有追求营利和私利导向，而且以公益和非营利作为最为核心价值的一些非营利组织，比如大型基金会，也存在这种价值偏差，有时甚至是基于这种价值取向的一种行为策略。

中国官方非营利组织的最关键、最稀缺的资源基本上都是由政府提供的，但由于政府建立这些非营利组织之初的动机就是要减轻负担、"甩包袱"，于是资金缺乏成为非营利组织面临的首要困难和问题。比如中国青少年发展基金会成立时仅有 10 万元启动经费，其余均靠自己筹集。这样，许多非营利组织会利用体制的一些漏洞，追求自身利益的最大化，当然首先还是谋求生存。

因为一个非营利组织一旦登记成立，除了象征性地接受财务管理方面的"年检"之外，业务主管单位对其没有任何日常性的评估和监督管理方面的制度约束，同时也难以落实有关公益事业的减免税待遇。对多元治理模式中政府的角色定位不明确，担心非营利组织的发展会危及国家的政治经济基础，尤其害怕非营利组织有政治目的，使得政府在制定政策时左右摇摆，部门之间相互扯皮，反而无力打击在"非营利"名义下开展的牟利等不法行为。

比如中国青少年发展基金会"违规挪用善款投资"的问题。2002 年 2 月 28 日，香港《明报》在头版报道青基会涉嫌违反国家规定，挪用"希望工程"款逾 1 亿元，用于投资股票、房产及各类风险企业，并招致巨大亏损，其中不少投资项目以"回报少、效益低"告终。此事在海内外引起了广泛关注。国家审计署自 2002 年 5 月下旬进驻中国青基会展开审计。记者方进玉认为，"加派了审计人手，审计结果显示，徐永光不是没有问题，而是问题严重"②，但此次审计结果至今从来没有公开过。

这里涉及的其实是一个关键问题：中国青基会动用希望工程捐款"直接投资"是否违规？围绕对此问题定性方面引起的长期而广泛的争论，可以折射出中国青基会在现实空间中发展的历程与选择，这种价值选择自然会直接影响并体现到其对中国的义务教育援助事业的行为之中。

---

① 毛刚：《我国非营利组织内部治理机制研究》，博士学位论文，西南交通大学，2005 年。
② 方进玉：《违规投资玷污"希望工程"　青基会负责人难辞其咎》，《南方周末》2002 年 3 月 21 日（未发出）。

　　徐永光早在1994年1月的"第四次全国希望工程工作会议"上就曾明确指出：慈善基金不允许直接投资，这"不仅是我国的法律规定，在国际上，基金会也是把资金委托给银行或投资公司管理，以实现安全增值"。① 港区全国人大代表杨耀忠认为，"对于青基会，公众存有质疑。主要问题有三：（1）不论是赚钱还是亏损，善款是不能拿来投资的，这与捐款人捐资助学的初衷是相违背的。（2）现在有数据证明，一些捐款在投资的过程中出现了亏损。（3）青基会在全国极富影响力，它应该向捐款人交代清楚捐款的使用和管理情况，但是青基会并不透明，捐款人没有知情权，这伤害了捐款人的善良愿望"。② 其中第一条（也是主要立足点）与徐永光的观点并无出入，都认为慈善基金不允许直接投资。

　　那么，为什么要把善款用于有风险的投资项目？这显然是不妥当的，而且违反当时的法规。徐永光的解释是，在青基会创办初期，没有办公经费拨款，当时的法律不完善也不允许从善款中提取办公经费，一个背景就是按照当时的政策，青基会在实施希望工程的过程中，不能在捐款中列支行政管理经费，那么这一部分费用必然要靠自己想办法解决，为了这个团队能够支撑下去，所以不得不"挪用"部分待拨捐款，用于投资获益，这是没有办法的办法，徐永光认为报道中用"挪用"这个词好像是把钱装进自己的腰包，而实际上当初的目的完全是出于一片公心，就是想把希望工程的慈善事业做下去，而且发展壮大。另外，"当时那么多资深专家都写出厚厚的项目可行性分析报告，都说会有超值收益，谁知道会是现在的结果呢？看到后面的超值收益才是最大的动力。否则，为什么不像西方的比较成熟的基金会一样把投资独立出来放到投资基金里由专业人员打理，避免自己瓜田李下的嫌疑？"徐永光的解释是，当时国内的投资基金管理非常混乱，在经济形势这么好的情况下，国有证券公司都能亏损，钱放进去怎么能放心，何况就算当时真把钱交给别人打理，人家一样可以说里面有猫腻。即使如此，在20世纪90年代初的时候，银行利率相当高，把钱放在银行里，坐吃红利不是更好吗？对此，徐永光以为，如果今天来看，确实是最妥当的方式，但是当时那种环境下，投资产业项目的高额利润，让人无法抵御诱惑，看到身边很多人投资都成功了，自己见识又不比别人少，为什么不行？当后来意识到其中的问题，才及时撤出。他承认自己当初的做法是一个错误，但他也认为

① 徐永光："团结奋斗　再创辉煌——在第四次全国希望工程会议上的讲话"，1994年1月31日。

② 王子恢：《青基会遭遇信任危机》，《中国经济时报》2002年3月15日。

这是一个当时换了谁在他的位置都很难避免的错误。①

康晓光认为，在中国当时几个基金会中，青基会的管理已经算是很规范的了，要说"挪用善款投资"，当时中国的几个基金会都这么干，论投资效益青基会还算好的。② 当时，中国还成立了第一家由国家科委和中国人民银行支持、国务院批准成立的专营风险投资的全国性金融机构——中国新技术创业投资公司，这种在官方支持下诞生的公司，自然受到了众多基金会的信赖。2011 年年末，现任民政部民间组织管理局副局长、时任国家民间组织管理局社团登记处处长的刘忠祥发表文章《基金会保值增值问题研究》，总结了当时基金会投资的整体状况："20 世纪90 年代中期基金会比较热衷将基金用于投资、经营，还有些基金会搞过贷款、担保等。但对于大多数基金会来说，无论是投资股票，还是经营企业，收益都不理想。"可见，这种用捐款搞投资的行为确实是一个普遍事实。

再如，中国青少年发展基金会早期推出希望工程时，常用"策划"和"宣传"，具体的方式就是每次启动大型活动时，一般都要组织一次义演来形成宣传的高潮。义演的组织工作，最初都是由中国青少年发展基金会宣传部负责的，但是由于涉及相当专业化的领域，开始转为由自己成立的演出代理公司来运作。1992 年，中国青少年发展基金会和台湾地区著名艺人凌峰联合组织百场演出，演出最初的组织机构是中国青少年发展基金会下属的中国青少年社会服务中心，百场义演一开始虽然引起了很大的轰动，但经济上却是亏损的。于是调整了义演的组织机构，通过全国青年联合会找到当时的全国青联委员杨铁刚担任希望工程的"百场演出部"部长，获得成功。此后，1993 年中国青少年发展基金会决定成立一个常设的临时机构"希望工程演出办公室"。但 1995 年是个转折点，中国青少年发展基金会进一步计划成立一个直接面向市场的公司，专门代理希望工程的演出，通过中国青少年发展基金会和文化部协商，文化部下属的中国歌舞剧院和中国青少年发展基金会下属的社会服务中心共同出资成立了这样一个演出代理公司。③

但即便如此，康晓光仍然坚持非营利性是主张禁止非营利组织办公

---

① 梁爽：《"青基会事件"的教训和收获》，中国青年网，2011 年 6 月 27 日，http：//news. youth. cn/wzpd/201106/t20110627_ 1626570. htm。

② 康晓光：《创造希望——中国青少年发展基金会研究》，漓江出版社、广西师范大学出版社 1997 年版。

③ 孙立平等：《动员与参与：第三部门募捐机制个案研究》，浙江人民出版社 1999 年版，第 157—159 页。

司，非营利组织区别于营利性组织的根本特征，即非营利组织不以营利为目的。①"非营利"不是说非营利组织不能从事收费性活动，也不是说收费性活动不能有盈余，而是说非营利组织的理事或董事不能把盈余当作红利分配，而要把盈余全部投入符合宗旨的事业之中，主要生产非竞争性公共物品。简言之，所谓"非营利性"是指非营利组织可以赢利，但非营利组织的理事或董事不可以分利或分红。虽然有学者指出美国并无专门调整非营利组织的法律，政府对其管理主要是通过税法体现出来的。那些获得免税特权的非营利组织，既可以开展非营利活动，也可以从事营利性活动，只不过营利性活动必须纳税，而非营利性活动无须纳税。但康晓光认为应该坚决禁止非营利组织从事营利性活动，更不能对非营利组织的营利性收入给予免税。其理由是：（1）中国的税收体系极为薄弱，税收官员分不清非营利组织的营利性收入和非营利性收入；（2）如果对非营利组织经商给予免税，势必造成不公平竞争，也扰乱了正常的市场秩序；（3）对非营利组织经商给予免税，就等于开辟了偷税漏税的新渠道；（4）根本没有必要由非营利组织的工作人员拿着社会捐款去赚钱，然后再投入慈善事业，如其有经商天赋的话，可直接进入营利部门，赚钱后再捐款；实践证明，几乎没有一个非营利组织是通过正常方式获得经商成功的。②

除了以上分析的官方非营利组织，中国还存在大量其他类型的非营利组织，尤其是草根网络社会组织或志愿者协会，这类非营利组织的数量更为庞大，但准确数量无法统计，王名认为，"目前我国的 NGO 只有10% 是正式注册的，90% 都不能注册"。③ 不过非营利组织并非完全消极，而是通过各种适应性非正式制度来实现自身的发展与教育援助目标的达成。这样他们可以改善许多制度空间上的不利因素，许多能够把自己伪装成注册机构，并有助于官方规定的正式制度转变，即加以制度化了，而且这个过程并不简单的是非营利组织欺骗地方政府部门，而是国家工作人员与之共同推动的结果。

社团登记之难使大多数非营利组织处于事实上的非法状态。而为数不多的几个在民政部门登记注册的 NGO 基本上都是利用私人关系找到业务主管单位的。比如，在重庆市民政局正式登记注册的一个环保 NGO，

---

① 康晓光：《创造希望——中国青少年发展基金会研究》，漓江出版社、广西师范大学出版社 1997 年版，第 661—665 页。

② 同上书，第 663 页。

③ 王名：《改革民间组织双重管理体制的分析和建议》，《中国行政管理》2007 年第 6 期。

其得以注册的一个重要原因是民政局的一个主要官员是该组织会长的学生。某 NGO 由于没有在任何部门注册，无法开设银行账户接受国外捐助的资金，于是该组织的一个负责人利用其与单位领导私交甚好的便利条件，在接受捐助时使用该单位的账号，并由该单位的财务人员帮助管理，而且不需要缴纳任何管理费。但大多数 NGO 难以找到体制内挂靠单位，这样的私人关系并不是很容易找到。于是大部分 NGO 或以工商注册的形式存在，或干脆不进行注册而处于事实上的非法状态；另外，在国际机构支持下，这些本土草根组织更不必在乎是否在民政部门获得正式身份。在 2006 年度 CCTV 感动中国候选人中，就曾出现了"格桑花西部助学网"这样的通过网络组织起来的草根助学组织。网络草根 NGO 超越了地域限制，活动范围广阔，冲破了由于地域限制带来的社会活动的重重阻碍。在 2007 年福建省宁德地区的 10 个县市开展的"阳光助学劝募活动"中，帮困助学的主力军就是一个由诸多网络草根 NGO 联手组成的"阳光公益联盟"，他们利用网络及团队资源，把关爱的阳光洒向需要帮助的角落。梁晓燕认为，"既然相当部分 NGO 是工商注册，那它们就没有义务去公开账目，公共的舆论监督也就失去了依托；而对那些根本不注册的 NGO，监管更是无从谈起"。

各级地方政府也大多对有积极社会作用的网络草根 NGO 采取"三不"政策，即"不承认、不干预、不取缔"。这些适应性非正式制度的运行逻辑都逐渐成为转为正式制度的基础，尤其以四类社会组织直接登记的政策出台为重要标志。《广州市募捐条例》2012 年 5 月 1 日正式实施，首次明确规定，广州地区的公益性社会团体、民办非企业单位和非营利的事业单位（特别是在扶老、助残、救孤、济困或者赈灾领域），经申请取得募捐许可后，可在许可范围和期限内开展募捐活动。这意味着未来广州募捐不再姓"官"，更多民间公益组织和民办非企业将登上依法募捐的舞台。① 2013 年 4 月 1 日起，北京市区两级民政部门全面接受四大类社会组织（包括行业协会商会类、科技类、公益慈善类、城乡社区服务类）的直接登记申请；年内出台《北京社会组织直接登记管理办法》。② 在 2013 年 12 月 5 日举行的国新办新闻发布会上，民政部部长李立国说，行业协会商会类、科技类、公益慈善类和城乡社区服务类四类社会组织，

① 潘芝珍：《广州募捐不再只姓"官" 民间组织获公募权》，《新京报》2012 年 4 月 27 日，http：//gz. ifeng. com/zaobanche/detail_ 2012_ 04/27/191221_ 0. shtml。

② 魏铭言：《4 月 1 日起四类社会组织直接登记》，《新京报》2013 年 3 月 29 日，http：// www. bjnews. com. cn/news/2013/03/29/255693. html。

可以依法直接向民政部门申请登记，不再经由业务主管单位审查和管理，民政部在社会组织的登记管理上将会取消不必要的审批，下放权限。这标志着新的正式制度形成。[①]

本章以中国青少年发展基金会为例，对教育援助的适应性非正式制度的运行逻辑，即如何采取让自身和教育援助得以实现的行为策略进行了深入的研究和分析。研究表明，中国青少年发展基金会在希望工程项目的实施上同时采取了行政化手段和社会化手段策略；在治理结构上采取了对政府机构的组织依赖策略；对教育援助资金与其他非营利组织采取了博弈策略；在自主性上对政府的监管体制采取了双面策略；在价值和理念的选择上采取了营利策略。不过，中国青少年发展基金会由自利性、利他性和互利性三部分构成的偏好结构，使得其在援助教育时会出现行为的策略化。而且，最为重要的是，制度空间、资源汲取与行为策略三者间的相互关系具有强化的可能性，这样整体上便将影响着其服务效能，并进而导致其内卷化的形成。这将在下一章加以分析。

---

① 民政部：《四类社会组织直接登记　不必要审批将取消》，《新华网》2013 年 12 月 25 日，http：//news. xinhuanet. com/video/2013 - 12/05/c_ 118429433. htm。

第四章 非正式制度援助教育的效应分析

非营利组织似乎并不太重视绩效和成果。然而，相对企业而言，非营利组织的绩效和成果其实更加重要，但也更难测评和控制。[①]

——Peter Drucker

虽然有关非营利组织的效果评估是非营利组织研究中非常重要的一个方面，但由于评估指标的复杂性和动态性，对此并无统一的方式和指标体系，本研究在借鉴现有研究的基础上，并结合中国的非营利组织的独特性与实际，使用 APC 法对教育援助进行评估。

有关非营利组织的评估有不少专门的研究，不过多数来源于营利性组织的绩效评估与考核方法。当前国际上最为流行的非营利组织评估理论是"三 E"理论。所谓"三 E"，即指经济（Economy）、效率（Efficiency）与效果（Effectiveness）。经济是指以最低可能的成本供应与采购维持既定服务品质的公共服务。经济指标关心的是投入的数量，而不关注其产出与服务品质。效率是指投入与产出之比例。效率指标通常包括服务水准的提供、活动的执行、每项服务的单位成本等。效果则是指公共服务实现目标的程度。效果指标通常只关心目标或结果。需要注意的是，与产出、结果有所不同。"效果"可解释为产出所带来的结果，即提供的服务或生产出的产品带来的后果——例如学生通过接受学校的教育是否学到了知识、成绩的提高等。[②] 另外，20 世纪 90 年代盛行的平衡计分卡也比较类似。

也有学者对"三 E"理论提出了质疑与挑战，Mayne 和 Zapico – Goni

---

① Peter F. Drucker, *Managing the Nonprofit Organization：Practices and Principles*, Oxford：Butterworth – Heinemann Ltd. ，1990，p. 82.

② ［德］赖因哈德·施托克曼：《非营利机构的评估与质量改进》，中国社会科学出版社 2008 年版。

认为公共组织的评估应当从"三 E"向"三 D"转变，即诊断（Diagnosis）、设计（Design）与发展（Development）。① "三 D" 评估理论特别注重通过评估提升非营利组织自身的能力建设，但不易量化及实施奖罚。

但是这几种自上而下的只重经济、物质或组织能力方面的评估方式都受到批评，有学者提出"顾客满意度"理论。所谓顾客满意度是指顾客感受到的服务质量达到其期望值的程度。在众多服务质量评估模型中，以 Parasuraman、Zeithaml 和 Berry 所发展的服务质量差距模型（PZB 模型）与 SERVQUAL 评价方法最广为认同。② PZB 测量服务质量五维度（有形性、可靠性、反应性、安全性及关怀性），学者们后来将其称为 SERVQUAL 评价方法。

然而，以上方法有共同缺点，那就是指标体系都来源于对营利性企业的效用，忽略了非营利组织通过慈善行为来实现效用的独特特点，后者不仅应体现组织的经济和效率状况，还应体现社会影响和问责状况。另外，对于非营利组织来说，效率的目标值是很难计算的，所以这里就需要用"质"的描述。比如，（1）投入（Input）：给教育事业的资金提高 X 百万元，用于招聘更多的 Y 个老师；（2）产出（Output）：开设的班级数量和接受的学生数量因此从 X 上升到 Y；（3）结果（Outcome）或影响（Impact）：虽然由此引发的（可能的）效果可以用好的质量来描述（如个体和社会层面的教育水平都得到了提升），但由此产生的国民经济效果几乎无法用货币来计算。于是，也有更为直接研究非营利组织评估方法而非套用营利组织评估方法和另辟蹊径的方法，比如，德国的赖因哈德·施托克曼提出的非营利组织评估方法流行较广，包括非营利性、使命与战略、项目和组织能力等方面。③ 经济合作与发展组织（OECD）

---

① John Mayne and Eduardo Zapico - Goni, *Monitoring Performance in the Public Sector*, N. J.: Transaction Publishers, 1997, pp. 253 – 275.

② A. Parasuraman, Valarie A. Zeithaml and Leonard L. Berry, "A Conceptual Model of Service Quality and Its Implications for Future Research", *Journal of Marketing*, Vol. 49, 1985, pp. 4 – 50.
A. Parasuraman, Valarie A. Zeithaml and Leonard L. Berry, "SERVQUAL: A Multiple – item Scale for Measuring Consumer Perceptions of Service Equality", *Journal of Retailing*, Vol. 64, No. 1, 1988, pp. 12 – 40.
A. Parasuraman, Valarie A. Zeithaml and Leonard L. Berry, "Refinement and Reassessment of SERVQUAL Scale", *Journal of Retailing*, Vol. 67, 1991, pp. 420 – 450.

③ ［德］赖因哈德·施托克曼：《非营利机构的评估与质量改进》，中国社会科学出版社 2008 年版。

的发展援助委员会（DAC）的项目评估标准也非常有名①，许多国家组织都以其为参照，包括相关性、有效性、效率影响和可持续性。

中国学者邓国胜在借鉴赖因哈德·施托克曼等人的评估方法的同时，综合考虑了比较适合中国农村的参与式评估模式等，提出自己的非营利组织的"APC"评估方法。② 由于当前中国非营利组织面临的主要困境是公信度不足、治理结构不完善、组织能力弱小、效率低下，针对当前中国各类非营利组织只关注绩效的现状，"APC"评估方法特别强调了非营利组织问责与能力的评估。本研究将借鉴"APC"评估方法，重点研究非营利组织对中国教育援助的效果评估，包括援助的能力、资金、数量、影响和效果等方面。

"APC"评估方法包括对非营利组织三个方面进行全方位评估：组织问责（Accountability）、组织绩效（Performance）和组织能力（Capacity）。

第一节　组织问责分析

组织问责（Accountability）是指非营利组织对其使用的公共资源的流向及其使用效果的社会交代。非营利组织问责性评估则是对非营利组织问责程度的评价，通常包括非营利组织的治理结构；非营利组织的活动是否与组织的宗旨一致；组织的有关信息是否进行了必要的、准确的披露；非营利组织的财务是否透明等方面。③ 组织问责一直是非营利组织研究的重要课题，耶鲁大学在开始大规模非营利组织研究时，就将组织问责作为其选择的两个主课题之一。④

有关非营利组织的问责，不同理论有不同的观点，主要有以下几种：组织生态学（organizational ecology）⑤，资源依赖理论（resource dependen-

---

① OECD，"DAC – Development Aid Committee（2000）"，Nov. 2000，http：//www.oecd.org/document/22/0，2340，en_ 2649_ 34435_ 2086550_ 1_ 1_ 1_ 1，00. html.

② 邓国胜：《非营利组织评估》，社会科学文献出版社 2001 年版。

③ 邓国胜：《非营利组织"APC"评估理论》，《中国行政管理》2004 年第 10 期。

④ Treasa Hayes, *Management, Control and Accountability in Nonprofit/Voluntary Organizations*, Aldershort：Ashgate Publishing Limited，1996，p. 95.

⑤ Michael Hannan, John Freeman, "Structural Inertia and Organizational Change", *American Sociological Review*, Vol. 49, No. 2, 1989, pp. 149 – 164.

cy)①，利益相关者理论（stakeholder theories）②，符号学方法（semiotic approaches）③，俱乐部理论和代理理论（club framework，agency theory）。④⑤

在《麦克米伦高阶美语词典》中，问责是指"当一个人处于某一种特定职位时，公众有权利对其进行批评，而其本人有责任对与其职位有关的所发生的事情向公众进行解释"。凯登认为，问责是"行为主体对其职责负责，它们受外界评判机构的控制并对其汇报、解释、说明原因、反映情况、承担义务和提供账目"。⑥ 可见，问责主要是来自外部的监督机制。相应的组织问责主要是有关对组织的外部监督机制。

尽管徐永光1995年3月30日在第五次全国希望工程工作会议上的讲话中也指出，"社会监督体系必须覆盖全国。只有强化社会监督，我们的管理工作才能得到更有效的加强。所以说社会监督是保证希望工程杜绝腐败、立于不败之地的重要措施。"⑦ 不过他强调的是，在严格系统管理的同时，必须自觉地将希望工程置于社会监督之下。比如，中国青基会主动提供的外部监督措施，尤其是希望工程"社会监督日"的活动，与其说是一种监督行为，不如说是一种公关行为。"希望工程"真正有效的监督不是外部监督，而是内部监督，而在内部监督中独裁型领导人的自律发挥着决定性的作用。⑧

---

① Jeffre Pfeffer and Gerald R. Salancik, *The External Control of Organizations：A Resource Dependency Perspective*, New York：Harper and Row, 1978.

② R. K. Mitchell, B. R. Agle & D. J. Wood, "Towards a Theory of Stakeholder Identification and Salience：Defining the Principle of Who and What Really Counts", *Academy of Management Review*, Vol. 22, 1997, pp. 853 – 886.

③ Alnoor Ebrahim and Edward Weisband, eds., *Global Accountabilities*, Cambridge University Press, 2007.

④ Kevin Kearns, "The Strategic Management of Accountability in Nonprofit Organizations：An Analytical Framework", *Public Administration Review*, Vol. 54, No. 2, 1994, pp. 185 – 192.

⑤ Gugerty, Mary Kay & Prakash, Aseem, "Voluntary Regulation of NGOs and Nonprofits：An Introduction to the Club Framework," In：Gugerty, Mary Kay & Prakash, Aseem（eds.）, *Voluntary Regulation of NGOs and Nonprofits：An Accountability Club Framework*, Cambridge；New York：Cambridge University Press, 2010, pp. 3 – 40.

⑥ E. Caiden, "The Problem of Ensuring the Public Accountability of Public Officials", In：G. Joseph and P. Dwivedi, eds., *Public Service Accountability*, Kumarian Press Inc, 1988, p. 25.

⑦ 徐永光：《徐永光说希望工程》，摘自1995年3月30日在第五次全国希望工程工作会议上的讲话，中国青少年发展基金会网站，http：//www. cydf. org. cn/bk/144. htm.

⑧ 康晓光：《创造希望——中国青少年发展基金会研究》，漓江出版社、广西师范大学出版社1997年版，第172页。

第一，外部监督。中国青基会的外部监督主要包括：捐赠方监督、受助方监督、社会公众监督、新闻界监督、审计部门监督、中国人民银行监督、团中央监督和党政部门监督等方面。中国青基会接受外部监督的活动主要有：自 1992 年起，将每年 3 月第一周星期二作为全国希望工程"社会监督日"。届时，全国希望工程实施系统同时开展社会监督活动，邀请新闻界及捐赠者代表对希望工程财务及管理工作进行质询和监督，公布捐款的管理使用情况，听取意见，改进工作；由国家审计署公布对希望工程财务收支状况的审计结果；聘请中华会计师事务所对青基会财务状况进行审计等。①

希望工程的主要外部监督是审计任务，经历了各外部监督主体从积极争取到消极推诿，最后由"民间"第三方审计的过程。一方面，这是法律缺位造成的。在中国社会结构转型时期，旧的行为准则和管理规范逐渐丧失了约束力，而新的约束还没有及时形成，很长时间里没有行政法规或法律条文规定基金会负有接受社会公众监督的义务；另一方面，是官方监督主体责任分散造成的。民政部门、业务主管部门、中国人民银行、审计部门等都对基金会负有监督责任，但由于缺乏明确的操作规范，造成责任相互推诿。②

当然，随着中国 NPO 的不断发展，捐赠方的监督意识逐步加强，并且发挥更为有效的作用。以往的捐方监督主要体现在项目实施阶段，如捐赠款的发放和希望小学的建设过程，而在近期的远程教育和保护母亲河项目中，捐方的监督不仅体现在项目实施阶段，而且更注重项目完成以后的后续管理环节。例如，可口可乐公司作为青基会的最主要的长期客户之一，从外部聘请人员专门负责项目的监督，他们不但参与监督"希望网校"的建设，并且在网校建成后，对软件的配备、教师的培训以及网校的管理效果都进行全面的监督。宝洁公司的"希望工程快乐音乐"公益项目也是如此。另外媒体的监督也发挥了平衡与制约作用。

第二，内部监督。中国青基会的内部监督主要有：首先，"希望工程"一个重要的资助方式是"一对一"，即捐一笔钱，或是救助一名失学儿童，或是援建一所希望小学。捐款者都能知道捐款的落实情况，并可与受助人或所建学校建立联系。这种资助方式是透明、公开的，其本身就是一种接受监督的过程。其次，1994 年成立了由社会各界有较高声望

①　李诗杨：《中国青少年发展基金会》，载洪大用、康晓光《NGO 扶贫行为研究调查报告》，中国经济出版社 2001 年版。
②　同上。

的人士和捐方代表组成的希望工程监察委员会，专门负责监察工作，并建立监察巡视员制度。中国青基会对所有的捐款，从接受、开具收据到记账，有一套严格的程序和规范，并通过计算机实行操作和管理。捐款者可随时向青基会查询捐款的安排和使用情况。最后，中国青基会制定了全国各级希望工程实施机构统一执行的《希望工程实施管理规则》，对基金、资助、机构设置及人员配备、档案管理等工作做出了详细的规定，同时制定并执行了《希望工程实施机构和人员管理规则》、《希望工程会计核算制度》等。中国青基会每年组织一次"希望工程"财务大检查。①

但是中国青基会恰恰缺乏有效的外部监督。希望工程面临的是制度缺失和不良的外部监督环境，于是采取的是存在可持续性和普遍性限度的道德驱动的自律。②"实际上，无论是普通的社会公众，还是捐赠人和受助人，还是新闻记者，都没有'硬碰硬'的检查中国青基会的财务和管理状况的权利。从理论上讲，中国人民银行（对青基会）的监督是'刚性的'，但实际上也是非常'疲软的'。在所有的政府部门中只有团中央的监督是'实实在在的'，但它本身就是中国青基会的主管单位，但来自它的监督，很难说是'外部监督'。"③ 这样一种监督格局对中国公益机构的健康发展是极为有害的，这是中国青基会乃至中国一切社会团体所面临的最大发展危机！④

在此背景下，难免会出现组织问责的问题。比如，2002 年全国"两会"期间，全国人大代表、清华大学教授沈静珠提出议案，要求对慈善机构加强监督：社会公益团体如希望工程（中国青少年发展基金会）等机构，必须接受社会监督。同时，以杨耀忠为首的 20 多位港区人大代表也联名向大会递交了一份题为《促请政府彻查青基会账目，以维护希望工程声誉》的议案。这两份议案所指的是在两会开幕前夕，2002 年 2 月 28 日，香港《明报》在头版报道青基会涉嫌违反国家规定，挪用希望工程款逾 1 亿元，用于投资股票、房产及各类风险企业，并招致巨大亏损，其中不少投资项目以"回报少、效益低"告终一事。

但这其实不是第一次，比如早在 1994 年 1 月，香港《一周刊》报道"希望工程 7000 万元善款失踪"一事。

---

① 李诗杨：《中国青少年发展基金会》，载洪大用、康晓光《NGO 扶贫行为研究调查报告》，中国经济出版社 2001 年版。

② 周志忍等：《自律与他律：第三部门监督机制个案研究》，浙江人民出版社 1999 年版。

③ 康晓光：《创造希望——中国青少年发展基金会研究》，漓江出版社、广西师范大学出版社 1997 年版，第 172、480 页。

④ 同上书，第 172、484 页。

　　这里涉及的其实是这个关键问题：中国青基会动用希望工程捐款"直接投资"是否违规？围绕对此问题定性方面引起长期而广泛的争论。

　　《南方周末》报驻京记者方进玉认为，徐永光至少在十个方面涉嫌违规违法。主要有："徐永光违反国务院以及有关部门三令五申"，挪用希望工程捐款超过一个亿，草率投资，且多个投资项目均以"回报少"、"无收益"告终；挪用希望工程捐款，放在私人名下炒股，且故意对海内外捐款人和新闻记者隐瞒、欺骗，时间长达十年之久，等等。①

　　《中国经济时报》获得的文件亦显示，1996 年年底，青基会的股权投资达 5877 万元，委托金融投资及贷款为 3447 万元，房地产投资为 1109 万元，另有深圳欧密大厦、广西钦州糖厂等"其他"投资 1103 万元，投资总额已逾 1.1 亿元。②

　　也就是说，中国青基会使用希望工程捐款进行投资是事实，但关键问题是这种投资行为是否违规？

　　徐永光 2002 年在海内外多家传媒发表声明：动用捐款去"保值增值"不违规！在受到违规质疑后，青基会随后于 2002 年 3 月 1 日发表"严正声明"，否认有关质疑和指控。同时，青基会承认，只是利用捐款收支的时间差形成的资金暂存进行投资增值，并强调"增值合法、安全、有效"，青基会目前的存量资产状态良好，有的还有较大增值空间。

　　徐永光早在 1994 年 1 月的"第四次全国希望工程工作会议"上曾明确指出：慈善基金不允许直接投资。③ 这点是中国青基会和中国人民银行等监督部门双方的共识。对于"在国际上，基金会是把资金委托给银行或投资公司管理，以实现安全增值"这点，中国青基会和中国人民银行的解读则分歧很大。

　　这里涉及有关非营利组织使用捐款投资方式的法律和行政规章文本的解读。《中国经济时报》获得的一份中银会计师事务所的审计报告对 1996 年青基会的投资行为进行了评价："1995 年 4 月中国人民银行下发了《关于进一步加强基金会管理的通知》，在通知中明确规定：'基金会基金的保值及增值委托金融机构进行'。④ 按照这个文件规定要求，贵会有些基金的运作，尚有一定差距。……对不符合规定的基金运作，进一

①　方进玉：《希望工程的"希望"在哪里？——徐永光涉嫌腐败的调查与思考》，春秋战国网，2002 年 12 月 21 日，http://www.cqzg.cn/viewthread-46905.html。

②　王子恢：《青基会遭遇信任危机》，《中国经济时报》2002 年 3 月 15 日。

③　徐永光：《团结奋斗　再创辉煌——在第四次全国希望工程会议上的讲话》，1994 年 1 月 31 日。

④　王子恢：《涉嫌挪用捐款　青基会遭遇信任危机》，《中国经济时报》2002 年 3 月 16 日。

步研究后提出清理、调整意见。"

中国青基会刘文华接受《三联生活周刊》记者采访时说：1997 年，人总行委托中银会计师事务所对中国青基会审计，报告中说"与人行的规定有差距"，因此，1998 年，"人行下文，要求整改"。中国青基会向上面（人总行）写了个报告，第一，"委托金融机构管理，具体如何操作？"第二，"人总行可否推荐比较可信的金融机构"帮助管理青基会的投资？1998 年下半年，针对基金会能否投资的问题，开过几次会，其他"基金会也都向人行提出类似问题，结果人行没有推荐，后来也没有出台实施细则"。"人行 1995 年的这个《通知》，2000 年 8 月也宣布废止了。"

对此，人总行官员的解释是：根据国务院有关通知，中国人民银行自 2000 年 12 月 31 日之后，不再对"国"字头公益性基金会进行管理，并把管理权全部移交民政部，为此，人总行法规司在 2000 年 8 月颁布公告，废止、终止了《基金会稽核暂行规定》（1990 年）、《关于进一步加强基金会管理的通知》（1995 年）。"根据国务院授权，人总行自 1990 年以来，一直在对基金会的违规投资行为进行纠正，是监管的重点"，"道理很简单，拿着公众捐款自行投资甚至去炒股票，这是典型的本末倒置，中国的规定不允许，国际惯例也不允许基金会负责人拿着捐款去投资"。法规既有"废止之日"，那就一定有"颁布之日"和"有效期"。因此，任何公益性基金会动用捐款，在 1990 年 8 月至 2000 年 8 月的直接投资行为，均属违规。人总行根据国务院授权对慈善基金会进行监管，不是专门为哪一家基金会服务的，不可能为各基金会逐一介绍增值"代管人"，因此，"请求央行介绍一家金融机构……但无下文"等说法，纯属无稽之谈，不足为凭。

民政部官员也表示，受国务院委托，该部正在起草中国新的基金会管理办法，但在新办法出台之前，基金会投资问题仍按老办法、老法规执行；新条例的草稿中，也仍然写有"基金的保值及增值，须委托信誉可靠的金融机构进行"等内容。

现任中国青基会常务副理事长、原办公室主任顾晓今认为："主要因为国务院的《基金管理条例》没有出台……我们非常担心，（如果）我们一旦公布，其后果会怎样，公众是否能够接受？""因此，唯一的想法就是，我们自己不要在其中有贪污行为。"① 意思是虽然知道这不合规，但在法规出台之前没有明确的法规可循。

---

① 顾晓今：《中国青基会治理之路》，南都公益金会网站，2006 年 12 月 30 日，http：//www. naradafoundation. org/sys/html/lm_ 28/2007 - 07 - 30/153506. htm。

中国青基会投资增值的方式包括了用巨额捐款放在私人名下炒股等。不过徐永光对自己"是否炒过股"的说法前后截然不同。2002 年 3 月 21 日之前，徐永光曾多次坚决否认"炒股"，如 1994 年 2 月，对香港《明报》记者称：用捐款"在（股票）二级市场上做那种投机，这个我们是绝对禁止的！"2000 年 6 月，徐永光做客《人民日报》网站"强国论坛"时答："我们没有用捐款做过一分钱的股票投资"。① 甚至到了 2002 年 2 月，当《明报》正面披露了徐的炒股问题时，他仍然不予承认，2002 年 2 月 28 日的中国青基会《严正声明》称："在《明报》公布的内容中，有许多重大失实，诸如……动用基金以私人名义做股票买卖"。

但是，当未能刊登发行，却在网上流行的 2002 年 3 月 21 日《南方周末》文章披露了徐永光炒股的大量证据后，他忽然开始"改口"："众所周知，二级市场要求用自然人身份证开户，我是青基会法人代表，这些股票也都是中国青基会所有"②；2002 年 3 月 28 日他对香港《文汇报》说："我们在进行股票投资前已上报有关部门，并得到了批准"。他在 2002 年 4 月 22 日接受《三联生活周刊》采访时指出："我们在二级市场炒股的投入非常少，从 1990 年到 1999 年，十年时间全部投入也才 270 万元，结果是盈利 82 万元，本金也全部收回。"但他坚持说："这也属于保值增值，不算违规。"③

对此问题，法律专家指出："徐永光挪用捐款炒股，已经不属违规，而是违法了。"法律之所以要"一刀切"地禁止挪用公款从事"营利活动"，就是为了防止如下两种情况，一是有人心存侥幸，营利了，悄悄把本金和利息还给公家，而把"超额"利润据为己有；二是有人"手气"不好，炒股亏了，甚至"连本金都收不回来"，那就必然给国家造成无可挽回的损失；三是法律明确规定，希望工程捐款"保值增值"所带来的"收益"，属于希望工程，属于被救助的失学儿童和捐款人，徐永光不能随便"动"作他用。④ 港区全国人大代表杨耀忠认为，"不论是赚钱还是亏损，善款是不能拿来投资的，这与捐款人捐资助学的初衷是相违

---

① 徐永光：《徐永光说希望工程》，中国青年出版社 2001 年版，第 389 页。

② 曾鹏宇：《青基会就所谓"希望工程违规投资"作详细说明》，《北京青年报》2002 年 3 月 23 日。

③ 羽帆：《希望工程首遇法律公证考验民间公益组织诚信》，《公益时报》2003 年 7 月 15 日。

④ 方进玉：《希望工程的"希望"在哪里？——徐永光涉嫌腐败的调查与思考》，春秋战国网，2002 年 12 月 21 日，http://www.cqzg.cn/viewthread-46905.html。

背的。"①

沈静珠教授认为，公益机构接受社会监督主要基于两点考虑：其一，良心和自律不能保证公益基金的运作在每一个过程中都不出任何问题；其二，接受社会监督、提高公益基金的透明度是慈善公益基金能够可持续发展的前提条件，只有有效的监督才能赢得捐款者的充分信任。

卡耐基基金会主席曾经说过："慈善事业要有玻璃做的口袋。"原中国慈善总会副秘书长、1999 年《捐赠法》起草参与者之一杨团在谈到善款专用时称。"玻璃做的口袋，就是说你的口袋里有多少钱，你做什么事情，要透明到像玻璃一样，人人都可以看见。那么为什么要这样呢？因为你是非营利组织，运营的是公众的信任。"

徐永光称，由于缺乏必要的社会监督，"这么多年希望工程一直行走在天堂和地狱之间。"这是事件暴露的关键问题所在：中国的非营利组织缺乏真正有效的外部监督。②

另外，由于《基金会管理条例》一直强调对募捐主体资格的严格限制的属地管理原则和审批时限原则，各个省级青基会是独立的社团法人，而且都不能跨地区进行募捐，这会导致出现如下情况，如果团体捐赠者要对外地的孩子进行资助，必须经过多层转接关系才能将捐款送到孩子手中。这种特殊的关系明显影响到组织问责，如果希望基金在募集或使用上出现了一些问题或者受到外部指责，可以将责任推卸给地方团委希望工程办，以其并非青基会系统成员的法律理由，宣称其无希望基金募集主体资格，自然将所有责任都归结到地方团委希望工程办。比如林芝地区希望工程办与西藏自治区青少年发展基金会 2012 年 10 月之前一直是合作的关系，1992 年 6 月，西藏林芝地区希望工程正式启动，并于 7 月初成立了林芝地区希望工程领导小组，在共青团林芝地区委员会设立希望工程办公室作为希望工程的实施机构。不过由于中国青少年发展基金会系统规定，必须缴纳一定数额的款项作为原始基金（初期是规定 50 万元以上，后来要求按照 2004 年《基金会管理条例》的规定，地方性公募基金会的原始基金不低于 400 万元人民币），和全国其他多数地方的希望工程办一样，林芝地区希望工程办由于没有钱便没有缴纳这笔基金。不过这并不影响其希望工程的运作，也不影响其与西藏自治区青少年发展基金会间的合作，所有流程都是按照西藏自治区青少年发展基金会的规定进行，包括给捐赠者发的"结对卡"和捐款收据发票都由西藏自治区

① 王子恢：《涉嫌挪用捐款，青基会遭遇信任危机》，《中国经济时报》2002 年 3 月 16 日。
② 同上。

青少年发展基金会统一提供。但是，2012 年 10 月，当有人投诉称林芝地区希望工程办没有资格在上海募捐，西藏青少年发展基金会便立即取消林芝地区希望工程办的募捐资格，称其并非青基会系统成员；同时将责任归结到林芝地区希望工程办，以其并非青基会系统成员的法律理由，宣称是后者违规。

第二节　组织绩效分析

组织绩效（Performance）评估是对非营利组织的适当性、效率、效果、顾客满意度、社会影响及其持续性的评估。这一绩效评估框架吸取了"三 E"理论、"四 E"（即经济、效率、效果和公平）和"顾客满意度"理论（PZB）的优点，并增加了适当性、社会影响和持续性等方面的内容，更适合非营利组织的绩效评估。[①]

一　社会接受度和产出效益

首先，中国青基会的社会接受度。调研显示，各界人士认为，"家庭贫困是当地儿童失学的主要原因"，说明青基会以帮助因家庭贫困而失学的儿童继续学业为宗旨的项目定位准确。社会各界一致认为希望工程对当今中国社会发展的第一位作用是"保障儿童的受教育权"，说明青基会的事业定位得到了社会的普遍认同。80% 左右的公众对希望工程的捐资助学方式持肯定态度，70% 左右的捐赠者愿意继续参与正在开展的希望工程大规模劝募行动。但是认为"发展基础教育应该完全由政府负责，不应该让老百姓出钱"，对社会捐资助学方式持否定或者模棱两可态度的人也不少。[②] 这可以较好地解释这种矛盾现象：公众一方面对希望工程的认同程度很高，另一方面又希望其为政府所为。这是因为中国青基会一直以政府形象展现在公众面前，以行政化手段进行募捐、宣传等，这在资源整合方面给希望工程的实施带来巨大优势，但同时也混淆了公众对希望工程的真正实施者中国青基会的认知。陈俊龙的调查显示，63.8% 的公众不知道希望工程实施机构的名称，58.6% 公众认为希望工程的组织者是政府部门，即使是希望工程的捐赠者，认为希望工程的组织者是

---

① 邓国胜：《非营利组织"APC"评估理论》，《中国行政管理》2004 年第 10 期。
② 李诗杨：《中国青少年发展基金会》，载洪大用、康晓光《NGO 扶贫行为研究调查报告》，中国经济出版社 2001 年版。

政府部门的人也在 50% 以上。受助生家长中也有 51.0% 不知道希望工程组织者的性质，36.8% 认为是政府教育部门所为，只有 12.1% 的家长知道希望工程是民间组织所为。在回答"知道"希望工程实施机构名称的公众中，只有 46.3% 的人能正确回答出希望工程的实施机构是青基会系统，22.6% 的人回答是共青团系统，31.1% 的公众认为希望工程是政府教育部门所为。①

其次，希望工程的产出效益。希望工程自 1989 年 10 月 30 日开始实施，截至 2011 年 12 月 31 日，希望工程累计募集捐款 78.5 亿元人民币，资助农村家庭经济困难学生（包括小学、中学、大学生）逾 420 万名，建设希望小学 17574 所，建设希望工程图书室约 14950 个，配备希望工程快乐体育园地 3760 套，配备希望工程快乐音乐教室 353 个，配备希望工程电脑教室 132 个，配备希望工程快乐电影放映设备 287 套，建设希望厨房 257 个，培训农村小学教师 64000 余名。② 最近几年，平均每年的直接效益为募集资金不低于 1.2 亿元，资助服务支出力争达到 1.5 亿元；与捐赠人约定管理服务成本不低于 900 万元，投资增值收益不低于 800 万元，年度投资收益率达到 3%，各项费用控制在资助支出的 12% 以内，包括全年项目服务成本、筹资费用和管理费用总额（经费支出）各约占年度总成本费用（总支出）的 2.58%、1.74% 和 3.49%，三项总和不超过年度总成本费用（总支出）的 8%，工作人员工资、保险及住房公积金等不高于总成本费用的 4%。

其中，希望工程救助失学儿童的效益方面，中国科技促进发展研究中心希望工程效益评估课题组的评估结果显示：希望工程实施以来，中国农村贫困地区的儿童失学现象有很大程度的缓解，失学儿童的比例呈不断下降的趋势。③ 在 1996 年希望工程调查的 695 个实施县中，安排受助生占当年失学儿童的比例又有上升，占 2.2%（1998 年度）。希望工程救助已经成为保障贫困地区儿童继续学业的重要方式。希望工程救助活动的覆盖面广。县覆盖率达到 74.7%。在国家级贫困县，希望工程受助生的乡、校、村覆盖率分别为 96.3%、63.3%、41.3%，高于非国家级贫困县。希望工程的救助活动较好地贯彻了雪中送炭的原则，坚持对极

---

① 陈俊龙：《非营利组织的绩效管理——以中国青少年发展基金会、沪东教会为例》，博士学位论文，复旦大学，2002 年。

② 中国青少年发展基金会：《关于我们》，中国青少年发展基金会官官网站，2012 年 6 月 15 日，http://www.cydf.org.cn/about.asp。

③ 中国科技促进发展研究中心：《捐款是怎样花的——希望工程效益评估报告》，浙江人民出版社 1999 年版。

贫地区采取倾斜政策。

希望工程建设希望小学的效益方面，此评估结果显示：955 所希望小学的平均建设资金为 38.9 万元，其中来自希望工程的建校款为 17.3 万元，占 44.5%；各级政府的匹配为 12.1 万元，占 31.1%；当地群众捐款集资为 6.7 万元，占 17.2%；其他为 2.8 万元，占 7.2%。各地建设希望小学校的活动较好地遵守了希望工程的规定，希望工程实施机构的资金拨付情况正常。对 734 所在 1996 年年底已经建成的希望小学的调查显示：校均危房面积减少 79.5%，校舍面积增加 47.2%，操场面积增加 75.4%，图书数量增加 234.4%，课桌椅配齐率和教具教学仪器配齐率明显提高，办学条件显著改善。

希望工程对于提高贫困地区儿童入学率、巩固率，降低辍学率（"三率"）方面的作用，得到了贫困地区各级教育部门负责人的一致认可。希望工程促进了贫困地区捐资助学活动的发展。93.5% 的县教委主任、96.7% 的乡教办主任认为希望工程对改善本县、本乡的"三率"作用很大或有一定作用。其中 56.0% 的县教委主任和 58.3% 的乡教办主任认为，希望工程的救助活动使得很多本来因家庭贫困失学或面临失学的儿童可以继续学业，直接提高了本县和本乡的入学率、巩固率，降低了辍学率，这种直接作用是第一位的。40.8% 的县教委主任和 38.3% 的乡教办主任认为，在希望工程的感召下，家长积极送子女入学对于改善本县和本乡"三率"的作用比希望工程直接救助所产生的作用还要大。

最后，"希望工程"的社会间接效益方面。第一，希望工程推动了对贫困地区其他形式的捐资助学活动。中国科技促进发展研究中心希望工程效益评估课题组的评估结果显示：56.2% 的希望工程受助生的学校校长、21.7% 的乡教职工办主任和 5.1% 的县教委主任回答，希望工程是本地区唯一的捐资助学活动。在回答有其他形式的捐资助学活动的调查对象中，63.5% 的县教委主任、77.4% 的乡教办主任和 66.9% 的校长回答，其他的捐资助学活动全部或大部分是在希望工程的感召下发生的。[①] 第二，希望工程对于贫困地区教育的发展产生了良好的间接效益。92.1% 的县教委主任、96.7% 的乡教办主任认为，在实施"希望工程"以后，本地的教育环境明显改善。94.4% 的省级领导人、100% 的地级领导人认为，在实施"希望工程"以后，本地党委和政府对教育工作的重视程度明显加强或有所加强。67.3% 的受助生家长认为别人给钱让自己的孩子

---

① 中国科技促进发展研究中心：《捐款是怎样花的——希望工程效益评估报告》，浙江人民出版社 1999 年版。

上学，是他们坚决支持孩子上学的最主要原因。第三，为中国社会的现代公民意识的确立做出了有益探索。与"希望工程"相联系的一整套管理方式和组织体制还为潜藏在中国社会内部的、建立在自治基础上的自治精神和互助行为的实现，提供了组织和制度基础。

二　教育援助质量的主观感知测量

另外，笔者对教育援助质量主观感知的影响因素进行了大样本定量研究。[①]

（一）研究假设

依据研究目的、研究问题及文献分析，笔者将对以下研究假设进行实证分析：学生的地区、性别、年龄、民族等人口统计学背景差异以及学生接受过资助的次数、个人接受过资助或捐助的经历、本校学生是否得到过援助、是否听说过支教、有无支教老师和接受支教持续时间等义务教育援助中的事实性因素影响义务教育援助中学生的主观感知，这些感知进而影响义务教育援助质量及学生成绩。

（二）分析工具、研究时间、研究对象和数据收集

笔者分别于2009年7—8月、2010年7—8月和2011年7—8月结合自己带队组织暑期社会实践的方法在西藏、新疆和内蒙古等进行了大量实证研究，并委托在当地做志愿者的朋友于2010年5—7月在贵州，2011年5—7月在宁夏、广西，2013年5—7月在云南，进行了实证研究，发放调查问卷三套约3000份，共收回有效问卷2600份。其中结构性调查问卷结果采用SPSS和PZB模型定量研究方法进行分析。分析单位是人，即学生。

因变量　本研究的因变量是学生对资助效果的认同。这个变量主要反映了教育援助的结果，结果公平是教育援助质量的追求目标，而教育援助中学生的主观感知会影响到教育援助质量及今后学生成绩，因此是很好的衡量指标。

自变量　本研究的自变量是地区、性别、年龄、民族、接受过资助的次数、个人接受过资助或捐助的经历、本校学生是否得到过援助、是否听说过支教、有无支教老师和接受支教持续时间。这些自变量主要是评价者的人口统计学背景的变量和教育援助中的事实性因素，这些变量可以影响教育援助中学生的主观感知，而那些感知会影响到教育援助质

---

①　此部分主要见于笔者之前发表的相关论文中。翁士洪：《义务教育援助质量阐析：学生主观感知的视角——以新疆为例》，《教育发展研究》2014年第15期。

量及今后学生成绩，因此是重要的衡量指标。

控制变量　本研究的控制变量是 GDP、人均 GDP、人口密度、国家财政性教育经费。正如前文所言，不可否认，在现有的教育财政制度下，中小学教育经费主要是依靠政府来承担，而且政府也有义务提供带有公共物品性质的义务教育，同时，地方政府对义务教育的投资是受到当地的经济发展水平的影响的，因此，对于义务教育投入后的效果，可能会受到这些因素的影响，并且已有的研究也表明，这些因素对于教育支出水平有影响。所以有必要将其作为控制变量纳入分析模型。

（三）数据分析与处理

对于问卷数据的处理分析分为两个步骤：第一步为编码与录入建档。第二步为资料的统计分析，使用了 SPSS 19.0 进行分析。

信度与效度分析：整体问卷的 Cronbach's α 值为 0.7923，属于高信度；此外，各个维度的 α 值分别达到 0.8220、0.8126、0.7736、0.8157、0.7549，均大于 0.7，可信度良好。学者 DeVellis 和 Nunnally 认为，α 值在 0.70—0.80 之间，说明研究有较好的信度。[①] 至于建构效度方面，采用了 SPSS 19.0 进行分析，KMO 检定值为 0.8104，Bartlett 球形检验结果值近似为零，说明比较适合做因子分析，进一步利用因子分析过程分析，各个维度的特征值均大于 1.0，各关键品质项目负荷均在 0.50 以上，表明问卷的建构效度良好。

（四）实证结果分析

教育援助质量的多元回归分析（OLS 线性回归）结果如表 4 - 1 所示，多元回归模型 A 是对成绩提高的影响认同的回归模型，多元回归模型 B 是资助效果认同的回归模型。

多元回归模型 A 数据分析显示此次研究的自变量的容忍度均大于 0.4，VIF 均小于 2.5，可以认为基本上排除多重共线性问题。观察变量散点图也基本排除变量异方差问题的存在。对于自相关问题，通过检验 Durbin - Watson（DW）统计量，也基本排除该问题的存在。采用"进入"的方法得到回归模型及相关统计量如表 4 - 1 所示。整个模型的 R^2 = 0.659，说明回归模型具有较好的解释力。结果显示，性别和年龄因素都对资助效果的认同有显著的影响（其标准化回归系数均显著异于 0，绝对值较大），此外学校是否有学生得到过资助、学生是否得到过资助与接受过资助的次数等因素对资助效果的认同也有较显著的影响。回归模型中

---

① 陈江、吴能全：《人口统计特征对工作满意度影响的实证研究》，《统计与决策》2007 年第 23 期。

各服务项目的标准化回归系数表征了该服务属性对整体服务满意度的影响程度的量化结果，比如对于学校有学生得到过资助因素而言，其标准化回归系数 $\beta = 0.214$，表示学校有学生得到过资助的程度每提升一个单位（对于服务质量就是提升一个单位），将使得对资助效果的认同度提升 0.214 个单位，而后者直接影响教育援助质量认知的整体满意度。

表4-1　　　　学生对资助效果认同的回归模型（2010 年）

	模型 A	模型 B
（常数）	1.045	-3.422
地区	-0.338*	0.278
性别	-0.262*	-0.401**
年龄	0.056	0.367**
民族	0.024	0.021
是否听说过支教	-0.188	0.017
有无支教老师	0.303**	-0.057
本校学生是否得到过援助	-0.404**	0.214**
个人是否接受过资助或捐助	0.036**	0.025*
接受过资助次数	0.099	-0.228*
F	1.654***	2.497***
R	0.812	0.768
R^2	0.659	0.590
N	2163	2163

注：*** <0.01，** <0.05，* <0.10。

但是，这里还存在一个问题，这些学生对资助效果的认同度的影响因素是否会进而成为他们对真实的教育质量的认同？这便需要增加这些自变量与学生对成绩提高的认同度的分析模型。多元回归模型 B 数据分析在排除了多重共线性、变量异方差及自相关问题等的基础上，采用上述相同方法得到回归模型。整个模型的 $R^2 = 0.590$，说明所有变量的联合预测力达 65.9%，回归模型具有较好的解释力。结果显示，学生有无支教老师、个人是否得到过资助和本校是否有学生得到过资助等因素都对成绩提高的认同有显著的影响（其标准化回归系数均显著异于 0，绝对值较大）。回归模型中各服务项目的标准化回归系数表征了该服务属性对整体服务满意度的影响程度的量化结果，比如对于学生有无支教老师因素而言，其标准化回归系数 $\beta = 0.303$，表示有无支教老师的程度每提升一个单位（对于服务质量就是提升一个单位），将使得对成绩提高的认同度提升 0.036 个单位，这便进一步说明这些因素直接影响教育援助质量认知的整体满意度。

为了进一步探究教育援助质量——援助的效果究竟怎样，以及有哪些因素影响了援助的效果，本研究以新疆为例，通过对比分析南北疆不同地区、民族的教育援助质量，进而探讨影响教育援助效果的因素。为此，分别选取以维吾尔族为主体的南疆阿克苏地区的温宿县，及以哈萨克族为主体的北疆阿勒泰地区的布尔津县为研究对象。两县均是多民族居住的地方，人口结构、经济条件比较有代表性，而且两地比较相仿，所以选择其分别作为南北疆的代表性样本。

（1）两地的基本情况（见表 4 - 2）

阿克苏地区位于新疆西部，天山南麓，塔里木盆地的西北部。温宿县地处阿克苏地区北部，天山中段的托木尔峰南麓，塔里木盆地北缘。东与拜城县交界，南和阿克苏市毗邻，西与乌什县相连，北同吉尔吉斯斯坦共和国接壤。温宿县辖 4 个镇、5 个乡、1 个民族乡（共 6 乡）；县境内有 3 个农场、4 个牧场、2 个林场、2 个兵团；有维吾尔、汉、柯尔克孜、回等 21 个民族。

伊犁哈萨克自治州阿勒泰地区位于新疆北部，所属六县一市均为边境县。布尔津县位于阿勒泰地区西北部，阿尔泰山脉西南麓，准噶尔盆地北沿。西北部与俄罗斯、哈萨克斯坦接壤，东北部毗邻蒙古国，是中国西部唯一与俄罗斯交界的县，国界线长 218 公里。布尔津县辖 1 个镇、5 个乡、1 个民族乡（共 6 乡）；全县有哈、汉、回、蒙等 21 个民族。两地的基本情况见表 4 - 2（表 4 - 2 至表 4 - 5 资料均来源于当地统计局、教育部等政府部门）：

表 4 - 2　南北疆的代表性样本温宿县和布尔津县的基本情况（2013 年）

地区	自然情况					经济情况			
	总面积（万平方公里）	人口总数（万人）	人均面积（平方公里）	乡（镇、场）数（个）	国民生产总值（万元）	年人均国民生产总值（元）	财政收入（万元）	年人均财政收入（元）	农牧民年人均纯收入（元）
温宿县	1.46	25.41	0.057	18	439500	17296	72554	2855.33	12015
布尔津县	1.05	7.07	0.149	7	166700	23579	22975	3249.65	8360

（2）两地的义务教育发展基本情况

2007 年，阿克苏地区被国家教育部、发改委、财政部授予"西部地区两基攻坚先进单位"荣誉称号。温宿县"两基"① 人口覆盖率达到100%。2013 年，全县小学适龄儿童入学率达 99.86%，初中适龄儿童入学率达 98.94%；小学生辍学率控制在 0.02%，初中生辍学率控制在0.15%；初中毕业生升学率达到 89.25%。

2005 年，阿勒泰地区六县一市全部通过自治区"两基"验收，"两基"人口覆盖率 100%。2013 年，布尔津县小学适龄儿童入学率为99.92%，初中阶段入学率为 102.50%；小学辍学率为 0.01%，初中辍学率为 0.09%；初中毕业生升学率达到 95.00%。表 4 - 3 中是 2013 年两县的学校布局全面调整后的最新数据。

表 4 - 3　　　　　南北疆的代表性样本温宿县和布尔津县的
义务教育基本情况（2013 年）

地区	学校数（所）					在校学生数（人）		专任老师数（人）	
	教学点	小学	初中	一贯制学校	完中	小学生	初中生	小学	初中
温宿县	41	47	8	13	2	19625	8412	1642	922
布尔津县	13	8	2	7	0	5791	2207	528	312

由表 4 - 4 可知，南北疆义务教育发展差距大，北疆的布尔津县比南疆的温宿县发展情况要好，同时表明，在儿童入学起点上，因为义务教育的义务和强制性质，两地差距不大，但入学几年之后，因为其他因素的综合影响，温宿县学生流失较布尔津县严重，义务教育发展情况要差些，这在深入访谈中更是多次得到验证（访谈 N）②。

表 4 - 4　　　　　南北疆代表性样本温宿县和布尔津县的义务
教育发展基本情况（2013 年）

地区	小学适龄人口入学率（%）	小学生辍学率（%）	初中适龄人口入学率（%）	初中生辍学率（%）	初中升学率（%）
温宿县	99.86	0.02	98.94	0.15	89.25
布尔津县	99.92	0.01	102.50	0.09	95.00

① "两基"指基本实施九年义务教育和基本扫除青壮年文盲。
② 访谈 N，内蒙古固阳县下湿壕镇福和希望小学老师、家长、学生，2011 年 8 月 10 日。

从表4-5中可以看出，虽然南北疆相同行政级别的地区中小学预算内生均公用经费相差不大，南疆的温宿县还略高，但南疆的温宿县的生均事业费明显少于北疆的布尔津县，而这才是经费的大头，因此南疆的温宿县的义务教育经费明显没有北疆的布尔津县充足，关键差距在教育援助。

表4-5　　　温宿县和布尔津县的义务教育经费基本情况（2013年）　　　单位：元

地区	小学生均事业费	初中生均事业费	小学生预算内生均公用经费	初中生预算内生均公用经费
温宿县	3447.68	4151.00	585.62	712.12
布尔津县	4541.16	5177.63	549.36	678.55

调研发现，这两个县的经济发展程度和人口相似，但是义务教育受援助的力度差异较大。从表4-6中可以看出，北疆的布尔津县比南疆的温宿县的义务教育援助的情况要好。

表4-6　　　　　　　温宿县和布尔津县的义务教育建设
投入经费来源基本情况（2010年）　　　单位：万元

地区	总投资	中央财政	自治区财政	县级财政	对口援疆	社会捐资办学	乡配套	国债	自筹
温宿县	21870	8491	761	11862	641	0	95	0	20
布尔津县	30132	12639	1010	12865	1080	1143	655	0	740

本研究在调研中发现，虽然同在新疆，但是南北疆的两个地区对义务教育援助的态度存在一定的差异。比如布尔津县的学生对支教老师的适应能力和接受程度要高于温宿县（见图4-1、图4-2、图4-3）。这反映出南北疆对支教活动态度上的差异。民族习惯和教育观念上的差别等因素都对南北疆义务教育援助的态度造成了极大的差异。南疆长期以来就是维吾尔族聚居区，民族较为单一。北疆则是各民族分布较为均匀，特别是新疆解放之后大批汉族居民前来定居，由于汉族特别重视教育，影响到北疆各民族，从而使南北疆对义务教育援助的主观认知产生了一些差异，这也是一个很重要的原因。

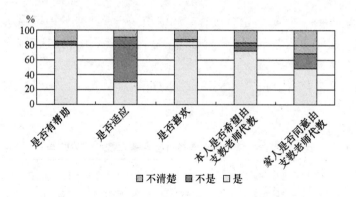

图4-1 布尔津县学生对支教的认同情况数据统计

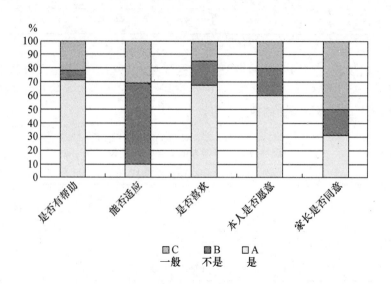

图4-2 温宿县学生对支教的认同情况数据统计

研究表明：学生受援助经历等因素对教育援助质量的认知有显著影响，可见非营利组织的教育援助可发挥更大效能，取得更大社会效益和影响。

但是，也不能否认中国青基会在提供义务教育援助时的效果不佳的问题：希望工程作用有限。

三 希望工程援助教育作用的有限性

提供义务教育援助的希望工程作用有限，表现在几个方面：

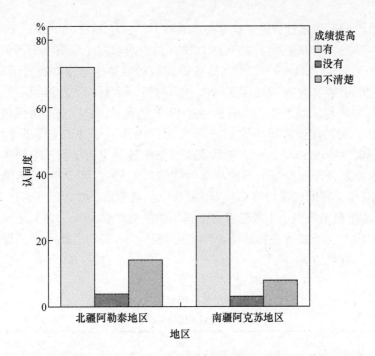

图4－3　布尔津县和温宿县学生对支教可提高成绩的认同度数据统计

第一，希望工程对义务教育援助资金有限。希望工程前20年共获捐款53亿元（平均每年2.6亿元），还不够在上海建设7—8公里地铁的钱，而且动用巨大的人力物力，而全国总工会发起的金秋助学活动只在一个工会系统，仅2005年至2008年就募得24.2亿元，平均每年4.1亿元，香港"苗圃行动"仅靠少数志愿者自1992年成立20年来已募得3.5亿港元。① 省级青基会中，新疆青少年发展基金会自1992年成立至2010年的18年中，共募集1.3亿元捐款，建立452所希望小学，资助7万多名学生，但其中一年的募集资金超过千万元的很少，并且近年来开展的比较大的项目如圆梦行动、明德奖学金、芙蓉学子等多资助刚考上大学的大一学生，义务教育阶段很少；捐赠资金70%以上是内地的青少年发展基金会转移而来。新疆青少年发展基金会秘书长就指出目前面临最大的困难就是资金募集，尤其内地企业捐赠少。②

第二，希望工程对义务教育援助数量有限。比如1998年调查的695个希望工程实施县中，安排受助生占当年失学儿童的比例仅为2.2%；全

① 苗圃行动网站，2011年3月1日，http：//www.sahk.org/funding_ profiles.php.
② 访谈J，新疆青少年发展基金会希望工程负责人，2010年8月17日。

国各级希望工程累计资助建设希望小学前十年总计 7111 所，仅占 1997 年全国小学数（628840 所）的 0.0012%，占全国农村小学数（512993 所）的 0.0139%（见表 4-7）。① 当然资助建设的希望小学主要在贫困地区，而且全国小学数量从 2001 年实行"并点撤校"后开始大量减少，但即使如此，2008 年全国希望工程募集捐款 12.1 亿元，资助家庭经济困难学生 28 万人，资助建设希望小学 1159 所，而 2008 年全国义务教育阶段寄宿生规模就达到近 3000 万人，资助家庭经济困难学生数量仅占全国贫困农村地区需要去外地寄宿上学的小学生数的 0.933%，到 2009 年全国希望工程 20 年共资助建设希望小学 15940 所，虽然全国小学数量一直在下降，但 2009 年全国希望小学数量仅占全国小学数的 0.0568%，而且还包括了所有实际上已经被撤并的希望小学，可谓杯水车薪。因此希望工程的作用确实是有限的。

表 4-7　　　　1997—2010 年希望小学数量与全国小学校
数变化情况对比　　　　　　单位：所

年份	1997	2009	2010
全国农村小学数	512993	234157	210894
全国小学数	628840	280184	257400
援建希望小学数量	7111	15940	17149
希望小学校数占农村小学数比例	0.0139%	0.068%	0.081%
希望小学校数占全国小学数比例	0.0012%	0.057%	0.067%

资料来源：根据中华人民共和国教育部公布数据、1998—2010 年《全国教育事业发展统计公报》和中国青基会官方网站整理计算而成。

第三，希望工程捐款投资效益低。尽管中国青基会在 2008 年度投资收益率达到 3%，但数据表明，"1993 年回报率已低于年借款利率"。投资失败的事不止一起。比如记者从举报人提供的青基会财务文件中看到，放贷 500 多万元收回 100 多万元。早在 1991 年 12 月，中国青基会就开始把希望工程部分捐款作为"贷款"，发放给绍兴中青公司老板俞祥根，借款 200 万元，利率 10.8%，期限五年；一年后，利率下调为 9.072%；1993 年，中国青基会又与俞祥根签订《共同购建晨光大厦协议书》，青基会投资

---

① 中国科技促进发展研究中心：《捐款是怎样花的——希望工程效益评估报告》，浙江人民出版社 1999 年版。

200 万元，参与晨光大厦建设；1993 年 2 月，俞祥根称晨光大厦建设资金不足，中国青基会又追加了 28 万元；1993 年 3 月，徐永光再次批准把 15 万美元借给了俞祥根。上述借贷、投资，至 1996 年 8 月"清理"时，才发现"后果严重"：428 万元人民币和 15 万美元的"放贷"，前后历经五年时间，总计只收回了 142.5 万元。① 又比如，希望工程巨额捐款被拿去投资大连中兴的投资项目"国际明珠城"。1996 年 8 月 17 日，徐永光与大连中兴股份有限公司黄晓河总经理的《会谈纪要》开宗明义："为了维护中国青基会在大连中兴股份有限公司的投资利益，（黄晓河必须）规范大连中兴公司的经营管理。"20 世纪 90 年代初，中国青基会贷款 1000 万元给黄晓河的兴南公司，但从 1993 年 12 月至 1996 年 8 月徐永光、黄晓河在京开会，中国青基会"仅收到一次分红款 49.2 万元"，另"派息 40 万股"。希望工程涉嫌违规投资，国家审计署调查发现至少有 1.18 亿元的投资金额尚未收回，并指相信很多投资项目亏损，不能收回。②

第四，希望工程的救助款，较少按时下拨。2002 年 2 月 28 日的中国青基会《严正声明》指出：希望工程"保证了各项捐款的按期下拨。十二年来，中国青基会从未发生助学金或建校款滞留下拨的问题"。但甘肃青基会原秘长苏宪华在接受《南方周末》采访时称："中国青基会的助学金和建校款，很难按时下拨的！"苏宪华说，很长时间以来，中国青基会一直有个大毛病：已经通知省里下拨的救助款、建校工程款，常常是"只听楼梯响，不见'款'下来"。"海内外的热心捐款不能及时下拨，可能留下许多后遗症，例如，本来捐款可以在 9 月 1 日（新学年）之前下拨，可我们到了 10 月或者 11 月才收到，等到我们再下拨，基层就会因为反正迟了，那就干脆扣下，要求受助的贫困学生在来年 3 月 1 日开学时，拿着写好的《感谢信》来领钱！"③

第五，中国青基会系统运作成本较高。费用收支矛盾比较突出，截至 2004 年年底，中国青基会经费收入与经费支出相抵，累计资金结存为 −1316.4 万元，其中审计调整 2001 年以前费用 842.4 万元，2001 年以后形成经费亏损 476.5 万元。在 2002 年实行约定捐款中提取 10% 管理经费的制度后，机构日常运行的基本管理费用来源得到了部分解决；而安全稳定的资金增值渠道又比较局限，存款利息逐渐下降，致使经费来源一

---

① 方进玉：《违规投资玷污"希望工程"青基会负责人难辞其咎》，《南方周末》2002 年 3 月 21 日（未发出）。
② 同上。
③ 同上。

直不足以支持项目服务和行政费用，经费收支难以平衡的矛盾比较突出。① 1994 年前后，中国青基会曾召集各省青基会秘书长开会，鼓动各地把希望工程非定向捐款和两三年内暂时不用的钱，拿到中国青基会那儿组建一个"共同基金"。比如 1996 年年底，湖南省青基会秘书长黄钦贵同意，对"共同基金"再追加认购 1000 万元，为此，中国青基会（甲方）与湖南青基会（乙方）签署了正式协议，1996 年 12 月中国青基会按 14.47% 的利率支付利息②，而同期的人民银行一年定期存款利率是 7.47%，这个运作成本非常高。中国《基金会管理办法》一般规定所有运作成本不得超过捐款总收入的 10.00%。

第六，希望工程的公益目标偏离。资助失学儿童方面：1990 年 11 月 10 日，中国青基会文件《"希望工程"助学金实施办法（试行）》[（90）中青金字第 03 号] 规定希望工程助学金的资助对象必须具备两个条件：一是"贫困地区因家庭困难而失学或即将失学的小学生"，家庭困难的标准是"全年人均收入在 200 元以下（含 200 元）"，或按当地标准属于特别贫困的家庭；二是"本人应是品学兼优的学生"。不难看出，这两条标准是有悖于希望工程的初衷的，是有问题的，因为它要求受助者必须是学生或者曾经是学生，这等于把从未上过学的失学儿童排除在希望工程的救助范围之外；另外它也是有悖于义务教育的初衷的，因为所有儿童都有接受义务教育的平等权利，儿童不能对自己的品质负责，学习成绩也不是儿童接受义务教育的条件，而是目的，要求品学兼优就将大量可能家庭更加困难、更需帮助的儿童排除在希望工程资助的范围之外，更别说那些从未上过学的真正的失学儿童。

援建希望小学方面，与救助失学儿童项目相比，其支出并没有用到最需要的地方，它的收入分配比率要比救助失学儿童项目低得多。原因并不在项目本身，而在管理者的指导思想之中。③ 比如，《关于"希望小学"建设和命名的几点意见（试行）》规定希望小学在办学条件、师资水平、教学质量等各个方面都要"在同类型学校中起示范作用"，要"逐步达到本县乡村的较好水平，并争创第一流水平"。希望小学选择校址的条件之一就是

---

① 涂猛：《中国青基会 2001—2004 年财务工作报告》，中国青少年发展基金会网站，2005 年 9 月 20 日，http：//www.cydf.org.cn/shiyong/html/lm_138/2006-09-20/153857.htm。

② 方进玉：《违规投资玷污"希望工程"青基会负责人难辞其咎》，《南方周末》2002 年 3 月 21 日（未发出）。

③ 康晓光：《创造希望——中国青少年发展基金会研究》，漓江出版社、广西师范大学出版社 1997 年版，第 110 页。

"效能相对方便"，这便导致后来希望小学建设屡禁不止的"锦上添花倾向"。又如，1992 年 10 月 6 日发布的《希望小学管理建设办法（试行）》[（92）中青金字第 38 号] 明确规定："希望小学的建设规模应高于当地乡、村中心小学规模的平均水平；在校生规模在 300—500 人之间。"这种对于建校标准的明确量化规定，毫不留情地将社会公益资源应该给予最大限度倾斜的资助对象——大量散布在穷乡僻壤的教学点，排除在希望小学的援建范围之外，这也有悖于希望工程和义务教育的初衷。

第三节　组织能力分析

组织能力（Capacity）是指组织开展活动和实现组织宗旨的技能和本领。当前，有关非营利组织能力评估的框架很多，其中一种框架是对非营利组织基本资源、组织内部的管理能力、组织外部的公共关系与动员资源的能力和组织自我评估与学习的能力评估。[①]

一　人力资源汲取能力

人力资源是现代组织的核心要素，组织中人员的素质是影响非营利组织的组织能力的一个重要因素。

中国青基会的人力资源可以分为三种类型，第一种为中高层领导，他们大多在青基会工作多年。第二种为普通工作人员，他们大多是年轻的毕业生或从政府部门、公司企业流动过来的。第三种是志愿者，流动性比较大，业务水平很有限。这三种类型的员工由于对青基会的认同、期望和所发挥的作用不一，如何吸引高素质人才，对于中国青基会以及众多的 NPO 来说，都是一个新的挑战。

2001 年时中国青基会（不包含各省级以下青基会系统）有员工 63 人（未包括后勤临时人员 15 人），其中正式员工 51 人，志愿者 12 人。正式员工中，教育程度上，研究生及以上学历 5 人，占 9.8%，本科学历 26 人，占 50.9%，大专学历 14 人，占 27.5%，高中及以下学历 6 人，占 11.8%（见图 4 - 4）。员工的职位结构上，秘书长、副秘书长 6 人，占 11.8%；总干事、副总干事、助理总干事共 29 人，占 56.9%；普通工作

---

① 邓国胜：《非营利组织"APC"评估理论》，《中国行政管理》2004 年第 10 期。

人员 16 人，占 31.3%。① 总的来看，中国青基会的员工多在 31—40 岁之间、教育水平以本科为主，比较有意思的是，正式员工中中高层领导超过一半，而这还没包括理事会的成员。

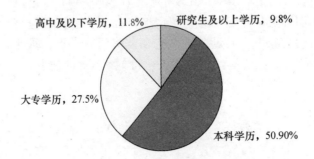

图 4-4　中国青基会人员学历构成

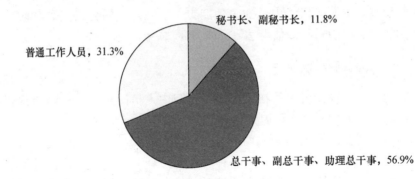

图 4-5　中国青基会人员职位构成

资料来源：陈俊龙（2002）。

中国青基会的领导层对青基会的发展是至关重要的。最关键的是理事职位，尤其自第五届理事会调整治理结构、以理事会作为最高决策机构以来，其作用更为重要，尽管多数理事非中国青基会工作人员。在第五届理事会的 21 名理事中，业务主管单位 2 人，政府部门 2 人，教育界 3 人，新闻出版界 2 人，商界 5 人，非营利组织 6 人，科研机构 1 人。其中，中国青基会专职人员 2 人，省级青基会 1 人。监事 3 人中，业务主管单位、非营利组织、教育（财会）界各 1 人。新的理事会治理结构仍然

---

① 陈俊龙：《非营利组织的绩效管理——以中国青少年发展基金会、沪东教会为例》，博士学位论文，复旦大学，2002 年。

面临不少困难，最具挑战性的是双重管理体制下的理事会与业务主管单位、秘书处三者的关系。双重管理的实质是上级主管单位对组织高管人事权的控制。第二个挑战是理事激励机制。因为理事是志愿者，在认同组织使命的前提下，参与理事会工作，投入个人资本。与企业股东不同，理事不是出资人；与机构创始人，理事缺乏事业成就冲动；与上市公司独立董事不同，理事没有薪酬吸引。理事还要承担责任，甚至是赔偿责任。与之相关联的是一个制度层面的问题。《基金会管理条例》第四十三条规定："基金会理事会违反本条例和章程规定，决策不当致使基金会遭受财产损失的，参与决策的理事应当承担相应的赔偿责任。"这就是说，要让不拿薪金的志愿者理事，在目前权责不完全对等的情况下，承担法律责任。虽然制定该赔偿条款有利于理事会谨慎决策，但由于缺乏实施细则，该条款在现实中可能无法执行，因此公众对其约束力产生质疑。①

表 4 - 8　　　　　　　　　　中国青基会理事会理事人数变化

	第四届理事会	第五届理事会	第六届理事会
理事人数	97	21	18

资料来源：根据姚晓迅（2005）和中国青基会网站公布数据整理而成。

激励机制不仅是对理事而言，还包括对整个组织的内部激励，即指机构对内部工作人员的激励。这一激励机制既包括人事、工资、福利等有形的因素，也包括领导人魅力、机构性质等无形因素。中国青基会公益组织的性质决定了工作人员既不能得到政府的权力，也不能得到企业的经济利益。对青基会工作人员的调查结果显示，员工对组织的评价结果主要取决于五个因素：工作性质、领导作为、工作环境、单位福利与发展机会、工作的困难程度。其中调查对象最关心和最重视的因素是所在单位或从事的工作能否给自己带来更多的发展机会和更大的发展空间；其次关心的是领导是否关心自己、做事是否公正、有没有能力和魄力；而组织内部的工作环境、福利与培训状况和工作的难度都被置于较次要的位置。② 由此看来，主要的内部激励因素还是公益事业本身的性质、公益组织独特的文化和不断的成功项目等这些无形因素。

---

① 姚晓迅：《创建非营利组织新型治理结构——中国青基会的治理结构改革》，2005 年 11 月 21 日在中华慈善大会"加强能力建设，促进行业自律"论坛上所做演讲。

② 康晓光：《创造希望——中国青少年发展基金会研究》，漓江出版社、广西师范大学出版社 1997 年版，第 508 页。

二 募捐和资助实施能力

募捐能力是非营利组织赖以生存的基础，主要通过项目实施来达成。中国青基会在希望工程项目实施过程中，所采用的募捐方式是社会化手段与行政化手段并用的方式，而且主要是依靠行政化手段，社会化手段是依附于行政化手段的。当然，总的趋势是行政化色彩日渐淡化，社会化色彩日渐增强。或许可以说这是一种准社会化的汲取资源手段。

第一，行政化手段。这种行政化手段的短期效果相当不错，但长期效果则未必好，因为毕竟资源有限，尤其变相摊派的募捐方式容易失去公众认同和社会资本。如前所述，希望工程捐款很大一部分来自单位集体捐款，其中将近一半是由职工捐助的。在募集捐款的时候，由于较多依赖体制内的资源和组织因素，采取对单位发动组织化动员的募捐方式，发展的志愿者是厂矿的党支部书记，企业的经理、总经理，公司的团委书记等，于是许多明星企业成了募捐和为各种大型希望工程义演拉赞助的重点对象。正如某国有企业，"我们为希望工程交过特殊团费，还有爱心储蓄。爱心储蓄仅一个星期时间就上来 60 多万元。一段时间里都是捐款，工会也捐，各部门也捐，捐款捐物都连上了……今年效益不好，捐款职工也承受不了。有的也有逆反心理。有的有意见，但有意见也得交。"① 于是，这种集体捐款事实上完全成了一种变相摊派，其运作方式完全是依靠命令，而这种行政化手段的长期影响是公众对希望工程的认同度较低，甚至反感，中国青少年发展基金会的社会资本不断削弱。

第二，社会化手段。希望工程的成功，与中国青少年发展基金会社会化地动员和利用社会资源是息息相关的。不过，与此同时，由于主要通过遍布全国的商业银行的分支机构来募集捐款，共青团组织在其中发挥作用的余地变得非常之小，没有了像各级共青团组织这种体制内资源的协助，其效果并不大理想，活动并不是很成功。中国青基会的工作人员也认为，"学者的第一感觉是'出事了，徐永光要跑'，这和预想不一样。……目标是 3 个亿，结果只有几千万元，不到 1 亿元"。某省青基会秘书长还认为，"当时北京有比较乐观的想法，觉得可以抛开共青团，完全走社会化道路，结果呢，和这个大不一样……以前的活动都是交给团委，团委书记自然就跑上跑下，现在不经过团口，企业里没人为你跑这

---

① 孙立平等：《动员与参与：第三部门募捐机制个案研究》，浙江人民出版社 1999 年版，第 108 页。

事了，自然效果不好"。① 可见，没有了共青团行之有效的行政组织依托，活动的效果就大打折扣，说明在很多方面希望工程很难离开依赖体制内的资源。

相比希望工程启动之前的中国其他基金会而言，中国青基会的社会化动员程度明显要高，比如当时影响最大、能够代表当时中国公益事业发展水平的宋庆龄儿童基金会和中国残疾人基金会等，其筹资的方式都沿袭了党的传统动员方式，即依靠各级对口组织，依靠系统的力量来进行劝募和筹集捐款，并没有真正能够进入社会范围，缺乏直接面对社会的能力。

这样过多运用行政化手段也表明中国青少年发展基金会实施希望工程的募捐能力有所不足，并且很容易使人将它与"政府"、"官方"字眼联系起来。

三 管理能力

中国青基会的组织管理能力主要体现在决策和控制机制上。初期，中国青基会的决策权力由秘书长、党组、团中央分管领导掌握，而前任秘书和党组书记是徐永光，因此他在实质上掌握了主要的决策权。2001年3月召开的第四届理事会上，进行了领导层调整，调整后中国青基会由顾晓今担任秘书长，徐永光为常务副理事长。2005年以后，决策权主要在理事会，执行权主要在秘书长及其办公室。2005年5月召开的第五届理事会，调整为中国青基会由涂猛担任秘书长，顾晓今为常务副理事长，徐永光外调为中华慈善总会副会长，后去非公募基金会任南都公益基金会的副理事长和秘书长，但徐永光即使2005年便已离开中国青基会，还仍然一直是中国青基会理事，并任规划与发展小组的召集人，执行小组召集人。2009年10月召开的第六届理事会除顾晓今兼任党组书记外，至今基本保持不变。中国青基会常务副理事长、党组书记顾晓今和执行小组成员、中国青基会秘书长涂猛只是规划与发展小组的成员，可见，实际决策权力仍然掌握在徐永光手里。当然，实际决策仍要得到团中央的批准，理事长一直由团中央书记处书记、全国青联副主席担任。

控制机制主要指中国青基会对地方青基会的控制。由于各级青基会在法律上都是独立的社团法人，彼此之间没有隶属关系，中国青基会与它们之间通过契约关系进行控制。但实际上，中国青基会通过施以"利

---

① 孙立平等：《动员与参与：第三部门募捐机制个案研究》，浙江人民出版社1999年版，第131—132页。

诱"和树立威信使得地方青基会对中国青基会"感情上亲近、经济上依赖、行动上服从"。①

中国青基会对地方青基会的控制是通过全国青基会系统的建立而进行的，"它通过签署项目协议的方式把独立的社团法人组成一个有机的系统"。这种制度安排，既满足了"希望工程"的内在要求，又不承担"分支机构"的经费开支；既成功地克服了政府设定的法律障碍，又同样成功地利用了政府制定的管理办法；既从共青团系统争取得了独立自主，又无偿地利用了它发动募捐、落实资助。②

由于依照《社会团体登记管理条例》（1989年10月25日）成立的省级青基会是独立的社团法人，而不是中国青基会的分支机构，中国青基会对这些地方青基会并没有组织领导权。为了强化统一管理能力，中国青基会在地方青基会的逐步建立过程中采取的应对策略，是从"救助贫困地区失学少年基金"入手，把中国青基会对基金的控制权在具体操作中转化为对各地青基会的领导权。又由于在全国青基会系统的建立之初，中国青基会是通过签协议的方式，获得对"地方希望工程基金"的控制，进而获得对对方青基会的控制，但这种"协议"本身是不受法律法规保护的，仍然由共青团运作中的行政力量决定。于是，中国青基会从行政途径要求对各地青基会基金管理办公室的负责人有任免权。1994年中国青基会进一步向团中央提出，中国青基会需要对省级基金管理办公室的负责人的任免有发言权。对各省实施希望工程的办事机构——省希望工程办公室，中国青少年发展基金会不便要求对其负责人拥有任免权，则要求"对这一职务的干部的管理，核心就是任免权。它的程序可以考虑由团省委提名，经协商一致后，由中国青基会任命。……为了加强对基金的控制，对确实不能胜任或不适合担任这一职务的，中国青基会有权撤免其职务"。③ 但显然，在中国青基会一步步获得对地方青基会人事安排的控制的实施过程中，遇到不少阻力，中国青基会通过人事权进行管理的方案并未取得预想的成功④，从而影响其发挥应有的效能。比如，上文提到的某省级团委（上海团市委）建立希望工程基金会，不愿

① 李诗杨：《中国青少年发展基金会》，载洪大用、康晓光《NGO扶贫行为研究调查报告》，中国经济出版社2001年版。

② 同上。

③ 徐永光：《团结奋斗 再创辉煌——在第四次全国希望工程会议上的讲话》，1994年1月31日。

④ 孙立平等：《动员与参与：第三部门募捐机制个案研究》，浙江人民出版社1999年版，第111页。

纳入全国青基会系统，从而形成对中国青基会对希望工程领导权的合法性的挑战，于是成为一场风波和争夺领导权合法性的斗争。

虽然1995年，中国青基会通过软硬兼施但针锋相对的多种方法最终解决了这个问题，但并未得到法律的保护，直到服务商标注册后才得以解决其在希望工程开展过程中的领导权之法律保护。但是，即使如此，仍始终未消除上海团市委对中国青基会在希望工程中的领导权的怀疑，想自己搞一套，而不受中国青少年发展基金会的制约。又由于上海本身是公益资源相当丰富的输出源，所以更加有自主权，至今对希望工程的外省援助仍然主要根据上海市委对口援助点的设置变化而变化，比如对原先的重点是对西藏自治区日喀则地区和新疆阿克苏地区，投入大量资源进行教育援助，但"7·5"事件之后的重点是新疆的喀什，对前两地的教育援助也随之减少，甚至取消。

本章使用APC法对中国青少年发展基金会教育援助的绩效进行了评估分析，通过实证分析，研究表明，其虽取得不错的成绩，但仍然存在绩效衰减的问题。中国青少年发展基金会的教育援助之绩效衰减的原因是：中国青少年发展基金会进行教育援助活动中的制度空间决定了中国青少年发展基金会组织自身及其援助教育的活动范围；教育的援助资源决定了中国青少年发展基金会组织援助教育活动的募捐规模与效果；志愿激励机制反映了中国青少年发展基金会组织援助教育活动的动力来源与价值取向；行为策略会影响中国青少年发展基金会组织援助教育活动的服务效能并最终体现为其教育援助的效果或绩效。这四者共同构成了导致中国青少年发展基金会援助教育的绩效衰减之重要因素，前面两个是外部因素，后面两个是内部因素。这样实际上带来了非营利组织的困境，继续生存但边际效益递减，于是形成了内卷化的现象。

研究还发现，中国青少年发展基金会内卷化的表现形态，有点类似于西方志愿失灵现象，不过值得注意的是，尽管二者表现形式有所相似，但形成逻辑不同：西方志愿失灵是非营利组织内部的自身的局限性所致；但在转型期的中国，非营利组织的内卷化则是由内外原因共同导致的：政府让非营利组织成长的制度空间存在不足，非营利组织的发展资源十分不足，且对政府具有高度的依赖性，即独立性不足；与此同时，非营利组织内部由于志愿激励缺失，出现了各种适应性反应的行为策略和互动。这是对转型期中国内生性制度变迁的一种独特路径提炼与制度解释。

第五章　比较脉络下的教育援助制度

　　教育规划或改革者的一个根本任务是建立机制，为实现既定目标，此机制将可根据其法则来运作。[①]

——Brian Holmes

　　统治人类社会的法律中，有一种看来比其他的更为明确和清楚。

　　如果人类要保持文明的状态或变得文明，结社的艺术必须以与平等的改善同样的比例增加和提高。[②]

——Alexis de Toqueville

　　本书的论述揭示了中国教育援助领域非正式制度的运行逻辑，及正式制度与非正式制度的关系和互动机制。那么相同的议题在其他国家能否观察得到，中国的这种制度逻辑与其他国家那些创新形式的教育援助的发展历程相比较又如何？

　　世界主要国家形成了不同教育援助政策模式，采取了不同的教育政策工具，而作为一种复杂的社会实践活动，公共政策在制定过程中受决策主体、目标群体、供给水平、教育制度与政策环境等条件的制约，从而导致选择这些政策工具。本章将通过这种比较分析，厘清教育援助政策的相关问题，提高教育援助政策的质量，进而为从根本上促进教育公平提供理论依据。[③]

[①] Brian Holmes, *Problems in Education：A Comparative Approach*, London：Routledge & Kegan Paul, 1965, p. 79.

[②] Alexis de Toqueville, *Travels in America*, New York：Washington Square Press, 1964；first published in France in 1835, p. 181.

[③] 此部分主要见于笔者之前发表的相关论文中。翁士洪：《义务教育援助政策比较研究》，《教育发展研究》2013 年第 24 期。

在全球化时代背景下，世界各国都认识到要充分发挥教育作为社会发展的平衡器、稳定器作用，增进社会公平，促进社会稳定，并尽量减少因为教育而造成的贫富分化、社会差异，积极应对全球化给其带来的张力，只有促进教育的均衡发展，才能真正公平地为每个人提供"生活通行证"。[①] 而事实上，世界各国都曾经或正在面临教育非均衡发展的严峻现实，尤其是当前的发展中国家更为严峻。在全球化视域下，教育面临一种张力，即教育有利于消除社会分化与差异，但同时长期的不平衡又会加剧社会分化与差异。[②] 还有，各国进行教育援助的目的有所不一，经济、教育水平高的国家主要是解决社会公平问题，即教育的结果公平，而发展中国家主要是解决人成为公民的初始公平问题，即教育的起点公平，两者都需要通过教育的过程公平来实现，援助政策就是其中重要的一环。以中国为例，教育是基本公共服务均等化的主要领域之一，但其现实是明显的非均等化。[③] 长期以来形成的农村义务教育发展不均衡，以及由此导致的发展不公平现象并不可能随之立即消除。学生入学难问题基本解决后，教育资源不均衡配置和义务教育办学差距、贫困家庭学生与非贫困家庭学生之间学习资源不公平，已经上升为制约农村义务教育整体质量提高的最突出问题。[④] 更为重要的是，在中国，需要解决每个人要适合生存在这个国家的一些基本素质问题。因为，识字是对公民参与民主和法治的最基本的素质要求。

所以，进入 21 世纪以后，各国都将教育改革作为促进国家经济和各方面发展的助推器。其中最重要的政策手段是通过教育援助来实现现代公民的素质培养，解决教育公平问题，促进国家发展。这也是教育援助的特殊性所在。

比较教育的基本功能是提供相关信息并做出两种解释：深入研究地方和局部语境，与超越地区或跨文化水平研究。[⑤] 本书将结合二者，认为

---

① ［美］德洛尔等：《教育：财富蕴藏其中》，联合国教科文组织总部中文科译，教育科学出版社 1996 年版，第 109 页。

② 孔启林主编：《世界主要发达国家义务教育均衡发展比较研究》，东北师范大学出版社 2009 年版，第 15—26 页。

③ Tingjin Lin, "Intra - provincial Inequality in Financing Compulsory Education in China: Exploring the Role of Provincial Leaders (1994 - 2001)", *Asia Pacific Journal of Education*, Vol. 29, 2009, pp. 321 -340.

④ 金东海、师玉生：《义务教育均衡发展与贫困地区学生就学资助的关联研究》，《西北师大学报》（社会科学版）2009 年第 5 期。

⑤ Edmund King, "Comparative Studies and Policy Decisions", *Comparative Education*, Vol. 4, No. 1, 1967, pp. 51 -63.

针对某个问题，世界各国会采取不同类型的政策，教育援助政策也是如此，以下将通过比较分析，概括出几种典型的政策模式。

第一节　教育援助政策模式比较

使用比较研究方法时需要回答三个基本问题，分别是：为什么比较？是否可比较？如何比较？罗伯特·霍尔特和约翰·特纳就指出，"'比较'一词的常识意义……主要指向一种研究方法而不是一个实质性知识的实体"[1]。首先，为什么比较？经典的比较方法主要在求同法和求异法的逻辑上展开。亚当·普沃斯基指出，"目前存在一种共识，即比较研究的特征并不是比较而是解释"[2]。查尔斯·拉金也指出，比较的知识"提供了理解、解释和解读社会政治现象的钥匙"[3]。其次，是否可比较？即什么是具有可比性的？假如被比较的实体之间没有共性，那么就没有必要对它们进行比较，因为这样的比较是没有意义的。乔万尼·萨托利认为，就其共享的某些性质而言，它们之间是可比的，反之亦然。[4] 最后，如何比较？斯梅尔赛认为，比较研究中，为了减少条件的数量，将这些条件分离以及明确它们的作用，调查者需要从事以下工作：①将不同的条件变为自变量、干预变量和因变量；②将一些因果性条件作为假定不变的参数或是给定的数值，同时将另一些条件作为允许其变化以便于观察其对因变量影响的操作变量（operative variable）。[5] 一般而言，比较研究者有时会强调共性，有时也会强调差异。本书的国际比较就同时使用了求同法和求异法。

在比较教育研究中，很重要的一个领域是政策机制比较，布赖恩·赫莫斯认为，"教育规划或改革者的一个根本任务是建立机制，为实现既

---

① Robert T. Holt and John E. Turner, eds., *The Methodology of Comparative Research*, New York: Free Press, 1970.

② Adam Przeworski, "Methods of Cross-National Research, 1970-83: An Overview", in M. Dierkes et al., eds., Comparative Policy Research: Learning from Experience. Aldershot: Gower, 1987.

③ Charles Ragin, *The Comparative Method: Moving Beyond Qualitative and Quantitative Strategies*, Berkeley: University of California Press, 1987.

④ ［意］乔万尼·萨托利：《比较与错误比较》，高奇琦译，《经济社会体制比较》2013年第1期。

⑤ Neil J. Smelser, *Comparative Methods in the Social Sciences*, Englewood Cliffs: Prentice Hall, 1976.

定目标，此机制将可根据其法则来运作"①。因为教育援助的公益属性是核心要素，教育资源分配是无偿的和非营利的。因此，可以根据教育援助政策的公益属性和提供者，将教育援助政策模式进行分类。本书将西方主要国家教育援助政策分为三种成熟、典型的政策模式：

表5-1　　　　　　　　　教育援助的三种典型政策模式

	市场化政策模式	混合型政策模式	公益型政策模式
公益属性	竞争性为主	公益性与竞争性并重	公益性为主
主要提供者	市场、政府	政府、市场和NPO	政府、NPO

资料来源：作者自制。

（一）市场化政策模式

这种模式的特征是政府试图利用市场机制的优势，尤其是源于竞争压力的激励政策来指导学校行为。其政策目的是提供高质量、公平教育，强调教育结果公平。其目标群体主要针对的是全体儿童，但偏重弱势群体儿童和长期以来的弱势学校。美国、加拿大②和日本为典型。美国20世纪80年代以来的义务教育援助政策为这种典型模式，"疏松的双向体制"和"无政府状态"多用于描述美国的教育组织。③市场化政策模式运用市场本位的政策工具，在义务教育系统中引进了竞争和选择机制，主要是从教育券、学费贷款和特许学校等政策工具入手，教育券和学费贷款是在"需求"方面提供的选择方式；特许学校则通过为家长提供更多的选择在"供需"两方面下功夫。

（二）公益型政策模式

这种模式的特征是由政府和部分宗教与公益组织提供义务教育，以北欧国家和德国、法国、意大利和西班牙等为典型。公益型政策模式的教育援助注重的是提高整个社会的水平，而不是一部分人的水平。其政策目的是提供公平的教育起点，强调教育起点与过程公平。其目标群体针对的是全体儿童。比如瑞典教育法中多次明文规定，要把追求教育公平作为教育发展目标，受教育权不会因性别、家庭背景、经济、住所、

①　Brian Holmes, *Problems in Education*: *A Comparative Approach*, London: Routledge & Kegan Paul, 1965, p. 79.

②　杨琼：《加拿大学校选择现状述评》，《教育发展研究》2004年第1期。

③　殷凤：《近年美国教育中的政策工具探析》，《外国教育研究》2006年第1期。

残疾等因素而受到影响，所有适龄儿童都有权享受免费教育。政府为此制定了一系列的条款，对中央和地方议会以及地方政府所应肩负的责任都予以了规定。为了进一步增加社会公平，瑞典的教育都是免费的，而且还会为儿童提供一定的学习资源，包括学生的书本费，甚至还包括学生的伙食费和上学交通费。①

（三）混合型政策模式

这种模式的特征为同时结合市场与政府力量，并同时强调教育的公益性与竞争性。其政策目的是提供公平的入学体系，强调过程公平和结果公平。其目标群体偏重弱势群体儿童。以英国和新西兰为典型。英国强调导督并举，监督管理机构和督学的关系引入市场原则成为合同买卖关系。英国所有的公立学校都实行学校董事会管理体制。地方教育当局与学校董事会是一种平等的伙伴关系，学校董事会由家长代表、教师代表和当地社区代表等组成，学校董事会的权力很大，包括学校的年度预算、教职工的任用或免职、学生的录取和开除、学校的发展规划等，学校的日常管理则由校长来进行。英国使用的是选择与竞争的模式，家长参与管理，有自由充分的选择权，同时教育提供者间也面临互相竞争。

不同的政策模式会使用不同的政策工具，下面分别讨论。

第二节　教育援助政策工具比较

政策工具（policy instrument / tool）是政府为解决社会公共问题或达成一定的政策目标而采用的可以控制的手段。从本质而言，政策工具是达成政策目标的手段及方式。② 在公共政策过程中，政策工具的选择与设计是一项具有关键意义的工作。③

萨拉蒙等从强制性、直接性、自治性及可见性四个维度概括了政策工具的功能属性。④ 英格拉姆与施耐德根据作为其理论基础的上述行为假设，辨别了五个政策工具：权威工具、能力工具、激励工具、符号和规

---

① 张国强：《瑞典的教育制度及教育改革》，《课程·教材·教法》1994 年第 11 期。

② Michael Howlet, and M. Ramesh, *Studying Public Policy: Policy Cycles and Policy Subsystems* (2nd ed), Boston: Oxford University Press, 2003, p. 87.

③ C. Hood, *The Tools of Government*, London: Macmilan, 1983.

④ Lester Salamon, M. and Odous V. Elliot, *Tools of Government: A Guide to the New Governance*, Boston: Oxford University Press, 2002, p. 21.

劝工具及学习工具。① 豪利特与拉米什根据政府介入公共物品与服务提供的程度把政策工具分为自愿性工具、强制性工具和混合型工具三类。②

　　本书将以具体的次政策工具为分析对象，借鉴豪利特与拉米什的三分类方法进行论述，因为其分类依据与教育的公共物品属性相契合，也与本书中政策模式的公益属性和提供者分类标准相吻合。

表 5 - 2　　　　　　　　　　　　教育援助的政策工具

	市场化政策模式	混合型政策模式	公益型政策模式
特点	自愿性工具为主	混合型工具为主	强制性工具为主
自愿性工具	教育凭证、特许学校、磁石学校、家庭学校	教会学校和私立学校	家长和学校的选择与参与管理
强制性工具	《2000 年目标：美国教育法》、《不让一个孩子掉队法》（NCLB）	《14—19 岁教育和技能白皮书》	《教育法》
混合型工具	联邦政府向公立和私立学校拨付大量的经费，以交换其提供的补偿性教育	补贴、契约或诱因教育行动区计划、城市卓越计划、初中学校联盟战略	补贴与鼓励类

资料来源：作者自制。

（一）市场化政策模式的教育援助政策工具

　　市场化政策模式主要运用市场本位的政策工具，比如教育券、学费贷款和特许学校等政策工具，这些政策工具都属于自愿性工具。主要有：一是磁石学校（Magnet Schools）：磁石学校遵循自愿入学的原则，学生可以不受学区限制，自由、自愿地选择自己向往的学校。二是特许学校（Charter Schools）：是一种非宗教性质的公立学校，它的运作具有很大的自由。学校由教育团体或个人开办并负责管理，在一定程度上独立于学区。三是教育凭证（Educational Voucher）：也可以称教育凭证制度为教育券制或学券制，是指政府发行给学生家长的一种证券，家长可以使用发放的有价证券在政府批准的任何学校中支付子女的学费或其他教育费用。四是家庭学校（Home schools）。此外，美国还实行了开放招生、由控股

---

①　H. Schneider, Ingram, "Behavioral Assumptions of Policy Tools", *Journal of Politics*, 1990, (2)：513 - 517.

②　［美］迈克尔·豪利特等：《公共政策研究》，庞诗等译，生活·读书·新知三联书店 2006 年版。

公司开办私立学校等措施。① 另外，在美国有大量由教会支持的私立学校和家庭学校，这些也属于自愿性工具。自愿性工具是其教育援助政策最主要的政策工具。

市场化教育援助政策模式并不排除强制性工具。1993 年克林顿签署的《2000 年目标：美国教育法》、2002 年布什总统签署实施的《不让一个孩子掉队法》（NCLB）都是强制性工具。为了促进教育发展公平性的实现，NCLB 法案通过联邦资助的方式资助需要的地区，2001—2004 年的三年间增加的涨幅达到 40%。②

另外需要注意的是，这种模式下的法律中规定的具体政策工具有不少属混合型政策工具。典型是美国《初等和中等教育法案》的第一章的规定，其目的是为贫困家庭的孩子提供教育。依据这一法案，联邦政府向公立和私立学校拨付大量的经费，以交换其提供的补偿性教育。另外如学费税收减免也是混合型政策工具。

（二）公益型政策模式的教育援助政策工具

强制性工具是公益型教育援助政策模式最主要的政策工具。比如瑞典教育法是典型，瑞典教育与科学部 1985 年颁布的教育法第一章第一条中就明文规定："国家为儿童及青少年提供义务教育以及某些同等形式的教育，包括听力缺失、视力缺失、语言缺失、智障儿童学校以及萨米学校。"第五条规定："地方当局有责任建立特殊学校并为智障儿童提供教育。地方议会对于此项条款应予以支持。"第六条规定："国家有责任建立特殊学校为听力缺失、视力缺失及语言缺失儿童提供特殊教育。"③

当然此模式也经常运用补贴与鼓励类的混合型工具，比如，为了消除因贫富差距而造成的教育不公平现象，瑞典政府规定，在义务教育阶段实行免费，国家不仅免除学生学费，而且学生在校学习期间所需的学习用品、资源都由当地政府提供。家长可以将孩子送到就近的学校。此模式同样会使用自愿性工具，比如在瑞典政府制定的可持续发展教育行动计划中，就把学校作为实现可持续发展的重要"社区行动者"和推动地方 21 世纪议程的关键。尤其在政策制定过程中非常注重家长和学校的

---

① 赵瑞情：《美国学校选择"新"进展》，《教育发展研究》2003 年第 10 期。
② 余强：《美国〈不让一个孩子掉队法〉的实施近况和问题》，《世界教育信息》2004 年第 11 期。
③ Ministry of Education and Science in Sweden, Education Act, 1985 - 12 - 12.

选择与参与管理。①

（三）混合型政策模式的义务教育援助政策工具

选择与竞争并存的混合性工具是混合型教育援助政策模式最主要的政策工具。比如英国，1997 年就率先提出了建立"协同政府"，同时把教育置于首位，工党政府上台执政伊始，就致力于改革英国教育薄弱学校，于 7 月发表题为《学校中的卓越》的第一份白皮书，视教育薄弱地区和薄弱学校为新政府教育改革的一个突破。英国采取"行动区计划"进行教育援助，促进教育均衡发展。其中有三种方式：

一是"教育行动区计划"（EAZ），是英国政府为提高弱势地区的教育质量而采取的一项重大教育改革措施，也叫作大行动区或法定行动区，1998 年开始启动。教育行动区改造薄弱学校的实质是实施采取公校私营、适当竞争的新的学校运营机制，即"公立与私营"合作战略，2001 年还鼓励商业部门根据合同接管办学失败的学校或薄弱学校，这类学校被称为"合同学校"。② 这里采取的就是典型的契约型的混合性工具。

二是"城市卓越计划"（EIC），也是英国政府为处境不利地区的学生提供援助，填补地区差距的一项重大教育改革措施，也叫小行动区，1999 年开始启动。城市卓越计划政策让各个层次的家长参与管理，尤其是那些属于弱势社会群体的家长，形成一种低层包容、自下而上的决策模式，并且做到共同管理与家长赋权。③ 这里强调了一种家庭与社区、自愿性组织和自愿性服务、自我管理和服务的自愿性工具。

三是初中学校联盟战略，也是英国政府推行的一项极富特色的加强薄弱学校建设的措施。另外，引入了教育督导制度的市场化改革，监督管理机构和督学的关系由原来的行政隶属关系变成了合同买卖关系，促进了学校督导市场的竞争。这里采取的是由强制性工具转为自愿性工具。教会学校和私立学校由私营机构或个人所有并管理，经费来自学费和捐款，属于自愿性工具。

另外，国立学校提供免费教育，经费由政府税收提供，《1988 年教育改革法》和《1993 年教育法》使家长获得了更多的择校帮助，政府要求地方教育当局向公众公布更多的关于学校的信息，包括区内学校考试结

① 王俊：《瑞典基础教育发展战略研究》，《外国中小学教育》2009 年第 10 期。

② 马德益：《英国基础教育薄弱学校改革的市场化特征》，《比较教育研究》2005 年第 4 期。

③ 孔启林主编：《世界主要发达国家义务教育均衡发展比较研究》，东北师范大学出版社 2009 年版。

果和其他行为指标，以帮助家长进行选择；建立教育标准处，对学校进行监督和检查；简化"直接拨款学校"的审批手续，缩短审批时间。① 这些都是补贴、契约或诱因型的混合性工具。

当然，此模式也采取强制性工具。比如英国法律规定家长必须确保年龄在5—16岁的子女接受全日制教育。2005年英国教育与技能部颁布了《14—19岁教育和技能白皮书》。

总之，从以上可以看出，三种政策模式都同时采取三种不同的政策工具，但其侧重点有所不同。其中，市场化政策模式主要采取自愿性工具，公益型政策模式主要采取强制性工具，而混合型政策模式主要采取混合性工具。

那么，各国为何选择这些政策工具，是由什么条件所制约的呢？

第三节　教育援助政策工具选择的约束条件

议程设置是政策制定的第一步，是指对各种议题依重要性进行排序，从而选择一些问题拿到台面上讨论，另一些问题却被排斥在外。② 在讨论政策制定时，我们必须首先了解：议程是如何设置的？谁参与了议程的设置？③ 这些条件就构成了教育援助政策模式下政策工具选择的前提条件，即某种政策模式为什么选择这些政策工具。

要分析教育援助政策模式与政策工具间的因果关系，需要借助其中之一的因果机制来解释各种中介因素对教育援助政策工具的影响。不同的教育援助政策模式具有不同的属性，受到不同的决策主体、目标群体、供给水平、教育制度与政策环境等条件的制约与影响，产生了不同的因果关系倾向，选择了不同的政策工具（见表5-3）。

---

① 徐双荣、隋光远：《八十年代英国和美国家长择校制度比较》，《外国教育研究》2000年第5期。

② 王绍光：《中国公共政策议程设置的模式》，《中国社会科学》2006年第5期。

③ Thomas J. Lando, *Participation Models*: *How to Promote Political Efficacy*, Ph. D dissertation. , University of South California, 1998.
Peter May, "Reconsidering Policy Design, Politics and Public", *Journal of Public Policy*, Vol. 11, No. 2, 1991: 188.
Roger Cobb, Jennie Keith Ross, and Marc Howard Ross, "Agenda Building as a Comparative Politics Process", *American Political Science Review*, Vol. 70, No. 1 (March 1976), 126 - 138.

表 5 - 3   教育援助政策工具选择约束条件

	市场化政策模式	混合型政策模式	公益型政策模式
决策主体	政府、社会	政府、教育组织和社会	政府和教育组织
目标群体	全体儿童	偏重弱势群体儿童	全体儿童
政策目的	高质量、公平教育	公平入学体系	公平的教育起点
供给水平	中等税收、低福利	较高税收、中等福利	高税收、高福利
教育制度	分权、参与管理	选择与竞争并重	政府主导、有参与
政策环境	市场自由主义	社会民主主义	社会合作主义

资料来源：作者自制。

因受到不同的政治、经济制度的结构性影响，会产生不同的规则。比如市场化政策模式的美国，是典型的市场至上、严格的三权分立的国家。其教育行政系统主要由联邦、州和地方三级组成。这种制度安排规定了联邦、州和地方三者在教育政策中各自的作用，由于地方一直是教育援助经费的最大来源，因而市场化政策工具是非常受欢迎的。公益型政策模式的瑞典则不同，瑞典的教育立法和行政机构是分开的，国家议会和中央政府负责制定教育法律、方针政策；对法律政策实施情况进行检查和监督。教育法中始终明文规定，要把追求教育公平作为教育发展目标，政府为此制定了一系列的条款，对中央和地方议会以及地方政府所应肩负的责任都予以了规定。[①] 这样，强制性政策工具是比较容易选择的。混合型政策模式的英国则经历了分权到整合的变化，受到新公共管理的影响，认为政府也是市场中平等的一员，应该采取企业家精神来管理政府，用企业管理模式来提供公共服务，英国从撒切尔夫人时期开始采取了教育政策的市场化改革。但 1997 年开始英国首相布莱尔及工党政府受整体性治理理念的影响颇多[②]，这种与其思想导师吉登斯第三种道路相吻合的思维强调的就是政府与企业和社会的整合、协同与合作，因而主要选择了整合性的教育体系[③]，其主要的教育援助政策工具是混合工具。另外，从供给水平上来看，美国政府开支占 GDP 的比重略低，国家财政性教育投入占 GDP 的比重基本维持在 7.3%。瑞典实行很全面的高福利制度，但经济发展速度不快，GDP 增速与政府开销形成一低一高的局面。为了保证福利政策的推行和税收，瑞典政府的开支越来越高，瑞

---

① 张国强：《瑞典的教育制度及教育改革》，《课程·教材·教法》1994 年第 11 期。

② Perri 6, *Towards Holistic Governance: The New Reform Agenda*, New York: Palgrave, 2002: 67.

③ 胡德维：《英国教育部公布〈14—19 岁教育和技能白皮书〉》，《基础教育参考》2005 年第 5 期。

典财政性教育投入占到 GDP 的 9.3%，1995 年政府开支占到 GDP 的 66%。这样规模的财政供给使得强制性政策工具成为首选。

市场化政策模式中，随着社会的发展以及国家教育中出现的新问题，美国的联邦、州和地方三者在教育中的作用发生了很大变化。对教育权利的研究发现，不仅有 20 世纪 80 年代联邦在教育权的增加，如里根政府时期，90 年代以后联邦的教育权也向州政府转移，以及州政府和地方政府之间也有权利转移。[①] 更重要的是 90 年代初开始教育决策中的政府权利转向社会和学校权利。[②] 公益型政策模式中，通过教育促进社会民主是瑞典基础教育发展重要的指导思想。民主的原则自然要求公民具有广泛的参与权利与能力，不同的行动者间可以互动。根据瑞典 1985 年修订的教育法的规定，所有的学校活动应符合基本的民主价值。这也就解释了瑞典在教育援助政策制定过程中受民主思想和社会权利的影响相当深，因而也有不少自愿性工具。混合型政策模式中，英国在教育政策制定过程中，打破了教育政策不民主、不包容的现状，让各个层次的家长参与管理，尤其是那些属于弱势社会群体的家长，形成一种低层包容、自下而上的决策模式，并且做到共同管理与家长赋权，鼓励吸引当地居民、学校教师、商业人员等利益相关者参与行动区的管理，而不仅仅是政府和学校的责任。20 世纪 90 年代后期以来，英国政府又提出了建立公平入学体系的政策，从教育起点出发追求教育公平，力求使所有的儿童不论家庭出身、种族、信仰、社会阶级背景都能够有机会在教育质量好的学校发展自己的潜能、培育成才。[③] "第三条道路"既强调社会公正，又强调效率、质量和竞争力。在这种政治哲学影响下的英国教育改革强调政府调控与市场机制之间的平衡。

第四节　小结：对中国教育援助制度的启示

通过以上分析可以看到，世界主要国家由于受到不同的决策主体、目标群体、供给水平、教育制度与政策环境等条件的影响，形成了不同

①　Eleanor Farrar, "Introduction to 'Federal Education Policy: A Review of 80s'", *Educational Policy*, Vol. 12, 1988.

②　Allan Odden and Priscilla Wohlstetter, "The Role of Agenda Setting in the Politics of School Finance: 1970 – 1990", *Educational Policy*, Vol. 12, 1992.

③　姚艳杰：《英国义务教育入学政策研究》，博士学位论文，福建师范大学，2008 年。

的教育援助政策模式，采取了不同的教育政策工具。不过，三种政策模式有共同机理，也正是对中国的启示：

一是保障教育弱势群体的教育公平。这有全球化时代背景，联合国教科文组织和主要发达国家都强调"弱势补偿"，即对教育弱势群体进行某种补偿教育，以消除教育上的不平等。1989 年联合国《儿童权利公约》、1990 年《儿童生存、保护和发展世界宣言》和《世界全民教育宣言》、1995 年联合国第四次世界妇女大会《北京宣言》等宣言和文件，都对教育中弱势群体表示了关注，对弱势群体面临的教育不平等问题提出了要求。特别是 1990 年由世界银行、联合国开发计划署、联合国教科文组织和联合国儿童基金会联合发起的世界全民教育大会通过的《世界全民教育宣言》明确提出了现实教育中妇女（包括女童）、残疾人和社会地位低下人口（如"穷人、街头流浪儿和童工、农村和边远地区人口、游牧民和移民工人、土著居民、难民、战争流散人口和失业人口"）存在的教育不平等及消除差距问题。西方马克思主义学者也专门研究了资本主义社会中由于社会和教育的不平等而产生的新的社会和教育不平等的问题。如美国学者 S. 鲍尔斯和 H. 金蒂斯、[①] 埃弗里特·罗吉斯[②]等认为由于社会和教育弱势群体对教育的漠视和落后的观念，使其在自身发展的过程中，很容易形成一个恶性循环。约翰·罗尔斯则提出一个关于弱势补偿的重要的原则，即对教育弱势群体在分配教育资源时进行弱势倾斜，实行对弱势群体的"优先扶持"以达到真正的教育公平的目的。[③]

这种国际上以扫盲为起点的要求为后述的公平问题提供了理论依据，其做法对中国教育援助政策选择具有重要的借鉴意义，要搞义务制教育核心的目的是不让每一个人成为文盲，因为文盲是很难推行现代民主和法治的。

二是教育援助政策制定过程中参与式民主。理查德·D. 范斯科德等在论述教育政治学的学科意义时，具体涉及了教育政策的目的是进行教育价值分配的问题，认为"教育政治学即通过政府的活动合法地借助权力在社会上分配（或分派）教育价值（或资源）的过程"。[④] 其中"合法

---

① ［美］S. 鲍尔斯、H. 金蒂斯：《美国：经济生活与教育改革》，王佩雄等译，上海教育出版社 1990 年版，第 75 页。

② ［美］埃弗里特·罗吉斯等：《乡村社会变迁》，王晓毅等译，浙江人民出版社 1988 年版。

③ ［美］约翰·罗尔斯：《正义论》，何怀宏等译，中国社会科学出版社 2003 年版。

④ ［美］理查德·D. 范斯科德等：《美国教育基础——社会展望》，转引自成有信等《教育政治学》，江苏教育出版社 1993 年版，第 40 页。

地借助权力"即教育政策的制定要合乎法律和道德。从某种意义上说，教育政策是一个国家的教育与政治关系的集中反映。在教育政策活动中，"行动者"主要有三类即政府（政府机构及其官员）、教育组织（学校及其他教育机构）和社会（这里包括作为受教育者的个人、家长和利益集团）。这些国家的教育援助政策制定过程有效发挥了平衡与制约作用。比如美国"择校"运动的理论基础是萌芽于 20 世纪 50 年代形成于 90 年代的教育选择理论。这种理论认为，教育选择的理论基础在于人生而自由的最根本的哲学信念，将教育选择权视为一种基本人权。教育选择的目的是在满足知识经济时代公民日益增强的多元化和多样化的教育需求同时，通过竞争机制实现教育资源的最优配置，不断激发教师工作热情，提高办学质量和效益。[1] 另外，美国的学区教育委员会成员是由学区内公众选举产生的，其选举过程就是地方居民参与教育事业的重要环节之一，而选举行为本身也就是参与者在教育问题上的态度和主张的一种表达方式。[2] 因此，学区教育委员会的选举为所有热心教育事业或与教育有利益关系的人们提供了参与渠道，选举产生的学区教育委员会代表着大多数选民的意志和利益。地方教育委员会在其决策过程中也非常重视民众的参与。

　　而中国目前在教育政策上的民主决策与管理方面的状况还不尽如人意，教育政策的制定中则呈现出"受益人缺席"的状态。公民社会的成长空间不足和行政主导的决策模式，使得公众参与不足，而公众参与不足将导致公众对政策认同感低，影响政策的实施，直接影响教育决策过程的科学化与民主化，不利于教育政策的公平性以及教育公平的实现。[3] 教育援助政策制定过程中参与式民主对于中国教育援助政策选择具有较强的借鉴意义，而且这种从孩童时期就接触到的民主参与对于培育和未来推行现代民主和法治，具有极为重要的理论和现实意义。

　　三是教育援助政策方面，西方国家从碎片化走向重新整合，突出表现在整体性思维[4]的重新复出。比如美国有分权传统，但 20 世纪 90 年代以来也更多地强调三大部门之间的关系，主张采取横向的、外部合同方式进行网络化运作方式的合作。因而可以预期，整体性治理模式将成为

① 雷彦兴、李香山：《中美义务教育中"择校"问题比较》，《辽宁教育研究》2003 年第 6 期。

② ［美］莫太基：《公民参与：社会政策的基石》，中华书局（香港）有限公司 1995 年版。

③ 张晓云：《中美教育公平比较研究》，博士学位论文，吉林大学，2006 年。

④ Peter Schreiner, *Holistic Education Resource Book*, Münster：Waxmann, 2005.

教育援助方面未来发展的主要方向。另外，不同经济体制国家或不同政治体制国家、不同教育体制国家会采用不同类型的政策来解决这个问题。但并非市场经济国家就一定能用市场手段解决，而计划经济体制或不成熟的市场经济体制国家就只能用政治手段解决。上述三种政策模式中只有市场化政策模式的美国主要采取市场手段，但同时也采取部分强制性政策工具等政治手段来解决。

这种整体性思维具有深厚的理论基础，其做法对中国教育援助政策选择具有重要的前瞻性借鉴意义。因为当前中国更多面临的是各相关部门有利则互相争功，无利则互相推诿，功能碎片化，缺乏整合与长期的可持续性，多头无绪的管理随处可见，教育援助的各个主体，如教育行政部门、团委的希望工程办和青农部系统、青少年发展基金会和学校之间的权责关系非常不明晰，更别说与体制外的非营利组织、企业、社会等多元主体的关系。[1] 因而西方主要国家的教育援助政策的整体性思维对中国教育援助政策选择来说具有一定的借鉴意义。

当然，限于篇幅，本章未分析发展中国家的教育援助政策、如何比较各国差异性政策工具、如何使用非正式政策工具以及如何解释整体性治理模式在西方与中国适用的差异性等。而这些都是非常重要的问题，比如盖伊·彼得斯等提醒不要忽视那些在政策制定过程中没有被提及然而在实践中经常被使用的非正式工具。[2] 另外，教育援助政策不能脱离社会政治系统，教育不能独立地消除现实的不平等，在许多国家，旨在消除不平等的一些制度本身程度不同地存在着不平等。[3] 而且由于不平等社会结构的存在，又加剧了教育机会实际上的不平等。[4] 另有研究表明，一般来说，经济发展水平越高的国家公共教育投资比例也越高。[5]

---

① 翁士洪：《非营利组织对中国基础教育援助的影响》，《教育学报》2010 年第 2 期。

② ［美］盖伊·彼得斯：《政府未来的治理模式》，中国人民大学出版社 2001 年版，第 205 页。

③ ［美］菲利普·库姆斯：《世界教育危机》，赵宝恒译，人民教育出版社 2001 年版，第 221 页。

④ ［美］S. 鲍尔斯、H. 金蒂斯：《美国：经济生活与教育改革》，王佩雄等译，上海教育出版社 1990 年版，第 75 页。

⑤ 刘泽云、袁连生：《公共教育投资比例国际比较研究》，《比较教育研究》2007 年第 2 期。

第六章 集权体制下教育援助良性发展的逻辑阐析

> 有关可持续发展的讨论就是鼓励整体性思维（Holistic Thinking），强调自然的、物理的、社会的、文化、政治和经济环境之间的联系。[1]
>
> ——Landry 和 Bianchini

> 人们将付出更多的努力积聚中介组织、家庭、个体志愿者和社区的力量，政府在其中不时扮演促进者的角色，从而结成伙伴关系，共同促进更高水平的社会福利。[2]
>
> ——E. S. 萨瓦斯

《中共中央关于全面深化改革若干重大问题的决定》规定："全面深化改革的总目标是完善和发展中国特色社会主义制度，推进国家治理体系和治理能力现代化。"这构成了中国教育援助良性发展的有利现实条件，同时也提出了新的问题，为此，我们必须结合历史和现实的制度与逻辑进行阐释。

中国虽然已经改革开放三十多年，政治与行政体制改革持续不断在进行，但总体上来说，在可见的未来，集权体制不会改变[3]，这是中国的教育援助活动必须面对的现实和制度基础。这种体制主要表现为围绕党领导政权建设、政治权力领导社会两重关系展开的一元化体制，即权力高度集中

---

① C. Landry and F. Bianchini, *The Creative City*, London：Demos，1995，pp. 15 – 16.

② ［美］E. S. 萨瓦斯：《民营化与公私部门的伙伴关系》，周志忍等译，中国人民大学出版社 2001 年版，第 349 页。

③ Anthony Jerome Spires, *China's Un – Official Civil Society：The Development of Grassroots NGOs in an Authoritarian State*, Ph. D. dissertation，Yale University，2007.

于党委和政府①，以及集中于上级部门；政府权力对经济、文化等领域的高度统摄占据核心和支配性地位。政府在改革中并没有也不会主动真正放弃公有经济的占有权，同样，政府也不会主动放弃对社会领域的主导权。在短时期内，要改变中国政府与非营利组织的支配性功能协作关系几乎是不可能的，因为这种制度安排具有历史和现实的合法性。②

"通过选取一个特定的正式制度作为已知制度，然后追溯不同的行动者在应付其制约因素和可能性的时候如何互动，这样的分析就能发现正式制度如何产生出其自身改革的潜在种子，即适应性非正式制度。适应性非正式制度更有可能产生和兴起于正式制度的推行者和非正式制度的创造者拥有共同利益的地方"。③

第一节　教育援助活动中非正式制度运作的逻辑

中国教育援助的实践表明，正式制度中的政府行动者与非正式制度中的非营利组织行动者共同通过以上分析的适应性非正式制度（各种"双重募捐系统"与双重行为策略等），来应对官方规定的这些正式制度的自相矛盾之处。这种创新甚或是非法的手段不仅扩展了非营利组织的制度空间，还为引起政策变革创造了一个正式制度可以接受的理论基础。

如本书前文指出，在新总体性社会中，政府通过政府选择、选择性激励（selective incentive）④和双重管理体制，将非营利组织吸纳其中。这同时也规定或限制了非营利组织的制度空间，非营利组织必须处于政府选择给其的制度空间中选择生存，而不能涉足其他领域和空间，并且即使在这些领域，其活动也不能威胁到政府统治的合法性，否则后果就是取缔其生存资格，就算那些适应性非正式制度，只要威胁到社会稳定或党的政治统治，就会遭到官方的打击。以"限制"、"功能替代"、"优先满足强者利益"为核心内涵的"行政吸纳社会"构成了当前中国大陆

---

① 林尚立：《党内民主——中国共产党的理论与实践》，上海社会科学出版社 2002 年版，第 43 页。

② 谢志平：《关系、限度、制度：转型中国的政府与慈善组织》，博士学位论文，复旦大学，2007 年。

③ ［美］蔡欣怡：《绕过民主：当代中国私营企业主的身份与策略》，黄涛、何大明译，浙江人民出版社 2013 年版，第 35 页。

④ Mancur Olson, *The Logic of Collective Action*, Cambridge：Harvard University Press, 1971.

的国家与社会关系。① 中国援助教育的非营利组织的制度空间正是在政府的"功能替代"性吸纳策略下形成并生存发展的，在自主性与依赖性之间进行钟摆。目前的体制挑选的不是真正以慈善为职业的非营利组织管理者，他们的主要管理者大部分都是现有主流官僚体制竞争的失败者，难免存在不透明、少监督的问题。这种慈善与非营利组织的管理模式，是后全能主义的体制特征。

非营利组织介入后有限的制度空间对中国青少年发展基金会的影响首先体现在资源汲取上。一方面，非营利组织可以在政府允可的有限制度空间内发挥自主性，并不断扩大资源汲取的范围，政府甚至会给予非营利组织汲取资源的合法性，帮助其动员社会以获得资源；另一方面，掌握关键资源的政府组织对消费资源的非营利组织发挥着强有力的影响，非营利组织援助教育的资源的汲取严重依赖着政府组织。希望工程项目的资源运作途径和机制就是通过政府来运作的，官方非营利组织（中国青少年发展基金会）将掌握在公民手中的公益资源，通过政府组织的行政路径募集，政府组织路径向需要援助的受益对象提供援助。

资源汲取的方式对非营利组织行为策略有着显著影响，在资源上高度依赖政府组织的这种生存状态下，为了生存，非营利组织必须满足掌握关键资源的组织的要求，而且同时也在追求自身利益最大化，又要更好地实现教育援助的目标，这必然影响到非营利组织的行为策略。因为宏观结构授权或限制微观的行动者，基于一定的价值的行动者在一定的结构环境中会选择自己的行为策略。② 行为策略最终的体现就是其教育援助的效果或绩效，因为行为策略会影响其服务效能。

简言之，制度空间、资源汲取与行为策略间的相互关系是：制度空间影响资源汲取方式，非营利组织对政府的资源依赖影响行为策略，行为策略也会反过来影响制度空间，而且三者间的相互关系具有强化的可能性，这样整体上便将影响着其服务效能。并且非正式制度由于内部组织结构独立性不足、志愿激励缺失，出现了各种适应性反应的行为策略和互动，将会导致其援助教育的绩效不断衰减。其结果自然是出现没有发展的增长、内向性生长，即内卷化。

---

① 康晓光、韩恒：《行政吸纳社会——当前中国大陆国家与社会关系再研究》，*Social Science in China*，2007 年第 2 期。

康晓光、韩恒：《行政吸纳社会——当前中国大陆国家与社会关系再研究》，世界科技出版社 2010 年版。

② James Samuel Coleman, *Foundations of Social Theory*, Cambridge, Mass.：Belknap Press of Harvard University Press，1990.

　　总之，正式制度的挤压使得非正式制度成长的制度空间存在不足，教育援助的发展资源非常稀缺，且对政府具有高度的依赖性；与此同时，非正式制度由于内部组织结构独立性不足、志愿激励缺失，出现了各种适应性反应的行为策略和互动。教育援助领域中的非营利组织并不完全是消极被动的，而是发明了各种"适应性非正式制度"的运行逻辑。这种创新甚或是非法的手段不仅扩展了非营利组织的制度空间，还扩展了正式制度的界限，创造了正式制度所未明确管辖的新型互动，进而引起了正式制度的政策变革，即发生了内生性制度变迁过程。这是对转型期中国内生性制度变迁的一种独特路径提炼与制度解释，也很好地解答了西方学界普遍困惑的问题：为什么在保持政权稳定的情况下，中国现有政治体系的范围之内发生了重大制度变迁？

　　本研究围绕非正式制度与正式制度的关系（替代、冲突、补充等）和互动层面，阐明了援助教育的正式与非正式制度的供给逻辑、正式制度与非正式制度的互动逻辑。这种制度逻辑与经典制度变迁理论，比如诱致性制度变迁和强制性制度变迁①，有相似之处，但不像经典的制度变迁理论对于正式制度与非正式制度的解释，如诺斯侧重于游戏规则的公共定义理论，本书阐释出的适应性非正式制度是指产生于正式制度空间之内，但突破或反作用于正式制度环境的限制的一些适应性反应的互动，援助教育的正式与非正式制度的供给逻辑正是在此正式制度与非正式制度的互动逻辑中所呈现的。这种逻辑也同样适合其他基本公共服务领域，比如养老保险、医疗保险、社会保障等，以及许多特定的、非全局性的领域，比如艾滋病防治、堕胎、街头摊贩、基层自治、土地流转等。另外，这种制度逻辑可以较好地解释内生性制度变迁过程，而不必引入制度依赖、制度排序、制度分层、制度转化、制度偏移和制度侵蚀等描述制度变迁的特定术语。② 这是对经典理论的补充和突破，具有创新性和独特性。

　　那么，接下来的问题便是如何实现教育援助的良性发展？

　　中国的转型，如果要在变革过程中避免无序，最重要的一点，就是要有一种多元的组织资源，也就是说，这个社会一定要发展出一套公民社会，重要的是现代性的社会组织。③ 中国共产党的十八大报告明确指出"在改善民生和创新管理中加强社会建设"，也就是说，将"加快健全基

---

① ［美］道格拉斯·诺斯：《经济史上的结构和变革》，厉以平译，商务印书馆1999年版。

② Kathleen Thelen, *How Institutions Evoove: The Political Economy of Skills in Germany, Britain, the United States, and Japan*, New York: Cambridge University Press, 2004.

③ 秦晖：《变革之道》，郑州大学出版社2007年版。

本公共服务体系"与"加强和创新社会管理"结合起来。所以要"加强社会建设"，就"必须加快推进社会体制改革"。很显然，要"加快形成政府主导、覆盖城乡、可持续的基本公共服务体系"，就必须"加快形成政社分开、权责明确、依法自治的现代社会组织体制"。要"改进政府提供公共服务方式，加强基层社会管理和服务体系建设，增强城乡社区服务功能"，就必须要"引导社会组织健康有序发展，充分发挥群众参与社会管理的基础作用"。按法理，政府不应该设立或掌控非营利组织。政府应尽义务，应通过税收筹集资金。不属于政府应尽义务的部分援助，应该交给完全非官方的非营利机构。对于教育，报告也指出："均衡发展九年义务教育，大力促进教育公平，合理配置教育资源，重点向农村、边远、贫困、民族地区倾斜，支持特殊教育，提高家庭经济困难学生资助水平，积极推动农民工子女平等接受教育，让每个孩子都能成为有用之才。鼓励引导社会力量兴办教育。"

而事实上，如表 6-1 所示，政府、企业、社会个人和非营利组织在教育援助领域中的功能有很大程度的重合，并且都主要集中在物资援助，而缺少智力援助。只有少量非营利组织和社会个人会关注学生情感方面的交流与援助。

表 6-1　政府、企业、社会个人和非营利组织在教育援助中的功能重合

关注的领域		政府	企业	社会个人	非营利组织
不充足的资金		增加政府开支	通过捐赠	通过捐赠	现金捐赠
不充足的设施		危房重建；新建学校；农村偏远地区教育工程	通过捐赠	通过捐赠	希望小学、春蕾学校等；图书馆项目；操场项目
低质的教育力量		特岗教师；教师继续教育工程；经济资助教师	通过捐赠	民办老师；代课老师；通过志愿服务	经济资助教师；长期与短期支教；教师培训
低效的课程		教改	—	—	课程研究
缺乏对学生的支持	经济的	贫困学生补助	企业奖学金；通过捐赠	学费、杂费	经济资助；爱心捐赠；一对一捐赠；营养项目
	情感的	—	—	家庭关怀	家访；通信；导师；咨询
多重问题		公立学校；政府与国际的关系	民办学校	—	公益学校

资料来源：Zhou（2011）。

以上这些，构成了非营利组织在教育援助领域继续存在的必要性，也是中国教育援助良性发展和功能转型的现实背景和依据。有三个方向：第一，针对面临失学的学生群体主要集中在进城务工人员子女，可以将资助贫困学生的一部分功能转向保障经济困难家庭、进城务工人员子女平等接受义务教育的权利；第二，针对农村、边远、贫困、民族地区的孩子虽然享受免费义务教育权利，但实际上仍然有许多孩子因贫失学，近年甚至比例加大，而且农村义务教育经费不足，差距和不平衡状态反而加大，可以继续保留甚至向农村、边远、贫困、民族地区倾斜；第三，最重要的是，针对当前中国尤其是农村的义务教育主要是知识教育，而生命教育和素质教育等智力援助在义务教育中本身就相当缺失，而且农村目前师资数量与质量难以保证，因此其空间相当大，政府做不了或做得不够，非营利组织有很大的空间，其影响将是无限的。所以智力援助将是包括中国青少年发展基金会在内的非营利组织援助教育的最重要的功能，这正是功能转型方向。智力援助虽因各种情况呈现复杂性，但带去了观念的改变、对孩子们的未来影响以及成长的帮助。要以教育资源的公平与均衡，以及机会公正为标准，同时要结合智力援助，比如在城市可以建立新公民学校，进行新公民素质教育，不仅是填补教育资源的空缺，而且承担培育现代公民的使命，使其达到参与民主和法治的最基本素质要求；在农村、边远、贫困、民族地区，不仅援助校舍、办公设施、办学经费、教学设备等硬件，侧重点要放在图书资料、文体用品、活动场地等促进儿童身心发展的硬件方面，更需要援助师资等软件，进行志愿者支教活动，促进素质教育，保障孩子平等接受义务教育的权利，承担培育现代公民的使命。

与此同时，囿于非营利组织的特性及其可持续性，使得其影响相对有限，这需要政府和社会共同行动。前文已经论述，制度空间不足是中国的非营利组织教育援助的内卷化生成的最重要的外部原因，因而，对于其未来的功能走向，首先必须从制度上解决此问题。中国共产党的十八大报告明确指出"加快形成政社分开、权责明确、依法自治的现代社会组织体制"，这为中国教育援助领域中的非营利组织的功能转型创造了有利的政策环境。

比如，2008 年以后，青基会等和一批非营利机构发起制订一个非营利组织的自律公约，创建了基金会中心网，截至 2012 年 6 月 29 日，基金会总数达 2725 家，其中公募基金会 1258 家，非公募基金会 1467 家。参加这些公约的机构都要接受评估，而且要公布自己机构的所有

资料。① 其中，非公募基金会是目前中国基金会类的非营利组织中增长最快的，见图6-1：②

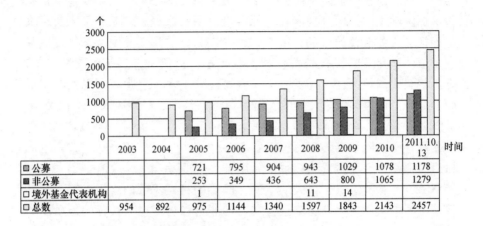

	2003	2004	2005	2006	2007	2008	2009	2010	2011.10.13
■公募			721	795	904	943	1029	1078	1178
■非公募			253	349	436	643	800	1065	1279
□境外基金代表机构			1			11	14		
□总数	954	892	975	1144	1340	1597	1843	2143	2457

图6-1　全国基金会数量增长趋势（2003—2011年）

资料来源：北京师范大学：《2010年中国非公募基金会发展报告》，第三届中国非公募基金会发展论坛，2011年，第8页。

从非公募基金会涉及的公益活动领域上看，福特基金会对2008年101家非公募基金会的调研报告显示，首先是教育领域的基金会有38家，占37%；综合公益（即涉及教育、医疗、文化等多个方面）的基金会有28家，占28%；其次是扶贫领域的基金会有17家，占17%；最后是助老领域的基金会有6家，占6%；其他领域的基金会有12家，占12%。③可见涉及教育援助的非公募基金会是目前中国主要的非公募基金会类，达到65%，主要提供义务教育援助。

非公募基金会的崛起，在民间非营利组织发展中具有里程碑意义：一是突破了民间组织登记难的制度"瓶颈"；二是改变了公益资源配置的结构，使草根组织获取本土资源有了可能性；三是能真正建立以理事会为核心的治理结构，增强非营利组织的公信力；四是有条件吸引专业人才，改变非营利组织人力资源匮乏的局面；五是为企业家、企业实现个

---

① 基金会中心网，http：//www. foundationcenter. org. cn/。

② 2005年之前没有公募基金会和非公募基金会之分。该图2009年及之前数据来源于中国社会组织网，2010年数据来源于民政部2010年全国基金会年检数据，2011年的实时数据来源于基金会中心网。

③ 刘太刚："中国大陆民企非公募基金会境况调研报告"，中国人民大学非营利组织研究所，2010年。

人公益理想、承担企业社会责任提供了渠道。①

当然，这里还存在教育援助领域中正式制度与非正式制度在多大程度上互动才是良性发展的问题。限于篇幅，这里只提出以下框架，以本书中讨论的几个关键要素，即教育援助资源的稀缺性（包括资源的数量和来源两个方面，各有多和少的两种不同程度），和教育援助行动者间的互动程度（包括合作、互补、迁就或笼络、竞争或冲突四种情况）建立起教育援助制度间发展程度（也可同时分析教育援助主体行动者的行为策略）的类型学，可以用在这些维度上的 4×4 矩阵来实现，可以分别用16 种类型的不同案例来加以分析检验（见表 6-2）。

表 6-2　　　　　　　　教育援助发展制度间关系与互动的类型学

		资源的稀缺性			
		需求数量		来源	
		多	少	多	少
互动程度	合作	1	2	3	4
	互补	5	6	7	8
	迁就	9	10	11	12
	竞争	13	14	15	16

资料来源：作者自制。

第二节　中国教育援助出路与机制
——政府与社会间多部门合作治理

今天，公共服务的跨界提供、政府的跨界治理已经成为一个比较普遍的现象，教育援助服务领域也是如此。前面已经看到，教育援助服务中存在许多相互竞争的提供者，这就需要这些不同部门之间的合作。

比如在美国，政府与非营利组织之间的合作及广泛互动具有长期历史，学者尼尔森得出结论：政府与第三部门之间的合作，而不是分离或敌对，是我们绝大部分历史的突出特征。② 萨拉蒙认为，当代美国福利国

---

① 徐永光：《使命、责任和希望——〈2008 中国非公募基金会发展报告〉概要》，2009 年7 月 2 日。

② Waldemar Nielsen, *The Endangered Sector*, New York：Columbia University Press，1979.

家的一个主要特点是，政府与非营利组织之间广泛存在的伙伴关系模式。① 它承认非营利组织的独有特点，但强调非营利组织和国家政府重合的领域以及潜在的合作关系。它也可被视为更为广泛的第三方治理模式的表现，它反映了美国治理传统以及近年来对服务成本和质量的关注。第三方治理模式强调了公共和私人机构之间大量的责任共享，以及公共部门和私人机构的大量混合。

志愿活动在世界上每个地方都有着浓厚的历史根源。例如在亚洲，慈善活动远在基督教到来之前就已经存在了。这种活动在古代中国非常明显，至少从 8 世纪开始，在慈善佛教中已经得到了巩固并被制度化了。②

对于正处在经济变化时期的中国而言，非营利组织经历了两个阶段，第一个阶段，即 1978—1989 年政府提议建立非营利组织，如中国青少年发展基金会在此时得以产生，此时非营利组织产生了不少新的动议，重点是发挥补充性作用，以获得政府的资金，出现对抗性作用的动议；于是 1989—1999 年，政府限制非营利组织，建立"双重管理体制"，政府试图对非营利组织的对抗性作用做出回应；2000 年以后至今，是第二个阶段，一方面政府调整对非营利组织的限制措施，逐渐规范化，比如新的《基金会管理条例》出台；另一方面随着非营利组织的新动议生根，政府开始提供新的服务，免费义务教育的推出即是最重要的政策方式，但政府随之也出现了服务扩展的一系列问题，比如严重非均衡化发展，智力援助严重缺失；今后的发展趋势将是非营利组织宣称进行改进，并以互补方式与政府一道促进服务的分配，这就意味着双方可以成为合作伙伴关系（partnership）③，非营利组织与政府在提供公共服务中进行互补。因为政府是资金资助者而不是配置者，非营利组织在提供服务上有优势，但在募集资金（fundraising）上有所不足；而政府可以通过税收获

① Salamon, Lester M., *Partners in Public Service: Government - Nonprofit Relations in the Modern Welfare State*, Washington, D. C.: The Johns Hopkins University Press, 1995.

② Barnett Baron, *An Overview of Organized Private Philanthropy in East and Southeast Asia*, Paper prepared for Delivery at the John D. Rockefeller 150th Anniversary Conference, New York: Pocantico Hills, 1989.

③ Salamon, L. M., "Partners in Public Service", In: Powell ed., *The Nonprofit Sector: A Research Handbook*, New Haven, CT: Yale University Press, 1987, pp. 107 - 117.
Salamon, Lester M., *Partners in Public Service: Government - Nonprofit Relations in the Modern Welfare State*, Washington, D. C.: The Johns Hopkins University Press, 1995.

得资金，但在提供服务上并不很有效①②，伙伴关系将增加有效性。③ 比如当前上海等地的公益创投方式，已经是进行合作的一种尝试。④ 上海市还在对非营利组织资助上引入了竞争和合同管理。

随着治理这一概念的扩大，政府治理日益超越自身的边界，越来越多地与社会的其他组织、团体联系在一起。这是因为食品安全、环境保护、经济发展以及其他众多问题的治理，需要政府多部门以及政府与社会其他组织的合作才能完成。这涉及了公共服务的多元提供以及治理的社会参与。⑤

依据资源依赖理论和第三方政府理论（或第三部门管理理论），所谓"协同合作"（collaboration），就是合作方之间的资源交换，非营利组织之间的资源交换需要遵循"优势互补"原则，即合作方通过合作，获得对方的优势资源以弥补自己的短缺资源。⑥ 对于政府与非营利组织之间的合作通常通过两种方式实现，并相应形成两种模式：一种是"合作供应模式"（collaborative – vendor model），非营利组织只作为政府项目管理的代理人，拥有较少的处理权或讨价还价的权利；另一种是"合作伙伴关系模式"（collaborative – partnership model），非营利组织拥有大量的自治、发言和决策权。⑦ 后者在福利国家中更加普遍，本书主要指这一关系模式。这种以组织间合作而非扩张的方式，有利于利用非营利组织的资源优势，形成公私协力的局面，以更好地实现公共服务的提供。⑧

国外有关教育援助的研究表明，英、法、美、日四国共同的非政府来源教育经费包括私立学校收费、社会服务、社会捐赠、企业投资等。法国 1996 年非政府来源义务教育经费达 17.2%，日本 1997 年为 2.8%，

---

① H. B. Hansmann, "Economic Theories in Comparative Perspective", In: Powell ed., *The Nonprofit Sector*, 1987.

② A. Ben – Ner, and Van Hoomissen, "Nonprofit Organizations in the Mixed Economy: A Demand and Supply Analysis", In: Ben – Ner, Avner. & Gui, Benedett eds., *The Nonprofit Sector in the Mixed Economy*, Michigan: The University of Michigan Press, 1993.

③ Benjamin Gidron, Ralph M. Kramer & Lester M. Salamon, eds., *Government and the Third Sector*, San Francisco: Jossey – Bass Publishers, 1992.

④ Yijia Jing and Ting Gong, "Managed Social Innovation: The Case of Government – Sponsored Venture Philanthropy in Shanghai", *Australian Journal of Public Administration*, Vol. 71, No. 2, 2012, pp. 233 – 245.

⑤ 竺乾威：《公共管理研究中几个值得关注的领域》，《中国行政管理》2012 年第 4 期。

⑥ 康晓光：《NGO 与政府合作策略》，社会科学文献出版社 2010 年版，第 6 页。

⑦ 顾丽梅：《公共服务提供中的 NGO 及其与政府关系之研究》，《中国行政管理》2012 年第 1 期。

⑧ 敬乂嘉：《合作治理：再造公共服务的逻辑》，天津人民出版社 2009 年版。

美国 2004—2005 年度为 2.3%。非政府渠道来源经费虽在各国义务教育经费中占较小比重，但仍起着不可替代的作用。① 通过对国外一些国家的资助情况进行梳理和分析，可以发现国外义务教育阶段的资助形式主要分为现金、实物、免费、补贴、抵充及减免等形式。从国外义务教育阶段学生就学资助的经验来看，大多数资助经费来源于政府的公共经费，还有一些国家强调通过社团、企业、国际援助项目等渠道多方筹措资助经费。② 正是在这个意义上，各级政府都试图通过鼓励民办教育、非政府性教育资源等方面的投入来弥补财政教育资源不足的问题。

本书使用 2006 年（实行免费义务教育政策的起始年份）的统计数据对中国东、中、西部五个省市（自治区）的 263 个县级地方的非营利组织的援助影响是否、如何及在多大程度上影响了县级地方的基础教育质量进行了系统研究。分析单位是县，包括县、县级市、县级市辖区和直辖市所属县。考虑到四个区域的经济差异较大，以直辖市的县为参照设置哑变量。数据来源，共收集河南、广西、天津、重庆和新疆的 263 个县级单位的数据，部分县市的资料未见公布则未统计。研究了以初中升学率为因变量时，社会捐资办学经费占教育总支出的比重等对于基础教育水平的影响，同时还将 GDP、人均 GDP、人口密度、国家财政性教育经费、地方财政支出作为控制变量纳入分析模型，多元回归模型分析结果如表 6-3 所示：

表 6-3　　　基础教育中社会捐资及地方财政与初中生升学率的回归模型（2006 年）

	模型 A	模型 B	模型 C	模型 D	模型 E
常数	58.706	58.530	76.267	78.603	82.585
社会捐资占教育总支出的比重（%）	0.035**	0.029**	0.016**	0.020**	0.037**
社会捐资和集资办学经费（万元）	0.000***	0.000***	0.001***	0.000***	0.00007***
县级类型（参照组为直辖市所属县）					
普通县			0.000***	0.001***	0.011**
县级市			0.039***	0.040**	0.103
县级区			0.000***	0.002***	0.000***

① 黄崴、苏娜：《发达国家义务教育经费投入体制比较及其对我国的启示——以美、英、法、日为例》，《比较教育研究》2009 年第 10 期。
② 金东海、秦浩、陈昊：《国外义务教育阶段学生就学资助政策对我国的启示》，《外国教育研究》2009 年第 8 期。

续表

	模型 A	模型 B	模型 C	模型 D	模型 E
GDP（万元）		0.643	0.138	0.511	0.150
人均 GDP（元）		0.515	0.389	0.662	0.303
人口密度（人/平方公里）		0.349	0.570	0.268	0.317
国家财政性教育经费（万元）				0.004 ***	0.003 ***
地方财政支出（万元）					0.041 **
F	25.603	13.115	12.366	13.374	10.934
R	0.478	0.489	0.557	0.577	0.531
R^2	0.229	0.239	0.310	0.333	0.282
N	263	263	257	257	231

注：*** <0.01，** <0.05，* <0.10。

从五个模型中可以看出，社会捐资水平与初中生升学率有显著关系，也就是说，社会捐资水平在一定程度上会提高初中生的升学率；比较模型 A 和模型 B，控制了 GDP、人均 GDP、人口密度之后，仍为显著水平；比较模型 A 和模型 C，可以看出，地方财政支出、国家财政性教育经费也明显与初中生升学率有显著关系，不过，在控制这些变量之后模型仍然成立。从模型 E 来看，社会捐资占教育总支出的比重每提高 1 个百分点，初中生升学率会提高 0.037 个百分点；社会捐资和集资办学经费每提高 1 万元，初中生升学率会提高 0.00007 个百分点。此外，控制变量中国家财政性教育经费、地方财政支出水平也会影响初中生升学率，国家财政性教育经费、地方性财政支出水平每提高 1 万元、初中生升学率分别会提高 0.003 个百分点和 0.041 个百分点。[1]

研究表明，在控制了地方的经济发展水平、人口密度等因素之后，非营利组织的社会捐资总额及其占教育总支出的比重等因素能显著地影响一个县级地方的基础教育水平。这为更加有效地提供基础教育这一公共服务提供了有力的理论支持。

在国际教育援助层面，援助方内部政府主导、多头参与的援助体系以及政府间渠道和非政府渠道并重的援助方式，带来了援助活动中援助方和

[1] 本模型经过了正态分布的检验、多种共线性的检验以检验模型假设是否合理、是否符合高斯假设条件的问题，模型具有解释力和说服力。此部分主要见于笔者之前发表的相关论文中。翁士洪：《非营利组织对中国基础教育援助的影响》，《教育学报》2010 年第 2 期。

受援国之间复杂的关系网络。援助活动不仅仅发生在援助国和受援国的中央政府之间，而且也包括不同层次的多重角色，从援助方和受援国两方面来看，中央政府、次政府角色（中央政府中的职能部门和地方政府）、非政府部门（公民社会组织和私人部门）都介入到援助活动中。① 通过援助建立起来的多方面、多层次的关系有助于双方在各个层级、各个领域开展教育合作交流。这里就涉及如何整合这些跨界的多个部门的问题。

政府与非营利组织之间应广泛存在一种新型的伙伴关系模式。它承认非营利组织的独有特点，但强调非营利组织和国家政府重合的领域以及潜在的合作关系。它也可被视为更为广泛的第三方治理模式的表现，重视服务成本和质量，强调公共和私人机构之间大量的责任共享，以及公共部门和私人机构的大量混合。

那么如何进行多部门的整合与跨界合作？对于中国，其治理结构可见图6-2。

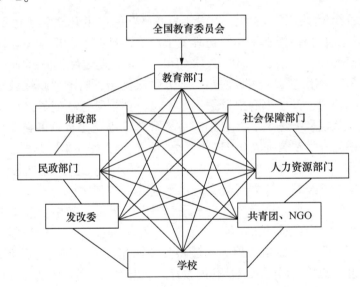

图6-2 教育供给的治理模式

资料来源：根据 Perri 6（1997：48）提出的 Holistic Government 模型，作者整理而成。

（1）建立全国性的教育决策中心。这个中心应该可以协调教育、人力资源、财政、社会保障、民政和共青团系统等多部门，能起到相对的核心作用，不一定是大部门，也不是曾经的教育委员会或国家教育部，可以是在政府系统内围绕教育供给这个核心问题而设的协商式机构，坚

---

① 周弘、张浚、张敏：《外援在中国》，社会科学文献出版社2007年版，第314页。

持以问题和需求为中心。① 在教育的提供上，政府必须起核心作用，因为在提供这种公共服务的多元治理结构中，必须有一个核心，这只能是政府。更为重要的是在中国以前的经验都表明政府政策的引导才是调动公民对政策支持的积极性的最大力量，几乎所有成功政策都由政府主导，公民也认同这种方式，所以在中国的视野下必须看到义务教育援助背后不同治理主体的责任的区分。

（2）外部：在政府部门与非政府部门或私人部门之间进行整合。加强与非营利组织、社会团体、企业及个人之间的合作与协调。在国际上许多西方教育发达国家都开始了这种新的治理结构。比如，瑞典是全球有名的高福利国家，教育几乎都由政府免费提供，但现在也允许新的教会学校和私营独立学校的存在，尽管瑞典教育与科学部不提供资金支持，但这些新的独立学校还有其他获得资助的渠道，许多由营利性公司提供基金，这些公司能够接触到私人资本市场。因此，尽管缺乏国家资助，自1992年改革以来，瑞典的独立学校数量却急剧地增加了。另外，政府通过整合学校质量方面的信息，并告知家长和学生。仍以瑞典为例，在斯德哥尔摩市，市政委员会每年出版关于学校的简介，对地区内所有学校做综合的介绍，包括有关成绩数据等相关指标、家长满意度调查结果等，后者由每所学校的学生家长进行。在瑞典的纳斯卡市，市政当局每年出版一份目录，与学校代金券一起发给家长。目录介绍了每所学校的概况、（绝对）成绩数据、申请程序、家长满意度调查结果等。

再如，美国的私立高校资金来源多数由校友捐赠，但政府为之提供相应的免税政策。对于中国而言，也是有借鉴意义的。目前，国内外企业投资教育的力量还不够，要想让这些企业积极有效地支持教育的发展，就需要政府为之提供免税等政策支持。另外，非营利组织虽然发展迅速，对教育的供给意愿也很强，但因种种原因，目前所发挥的作用仍然有限，这需要政府为之提供更多的政策支持和保障，比如在减免税收、各类公益政策、放松入口和保障其与公办机构相同待遇等，来使其发挥更大的作用。

（3）与此同时要加强外部监督。对政府、企业和非营利组织的监督都至关重要。对政府的外部监督主要靠市民社会和媒体舆论。学生和家长可用退出和用脚投票的方式来表达自己的利益诉求和对政府、学校的态度。比如选择退出公办学校而进入民办学校，或者搬家到教育质量好的学校周边。即使继续留在原学校，学生和家长也可使用发言权，试图

① Shihong Weng, *The Influence of the NPOs on Basic Educational Aid in China*, Saarbrücken, Germany: LAP LAMBERT Academic Publishing, 2012.

去改变，而不是从令人反感的事务状态中逃避，或者向直接负责的管理层进行个人或集体的申诉，或者向更高权力机关申诉，或者通过各种类型的行动和抗议，包括那些旨在鼓动公众意见的行动，从而对政府和学校进行直接有效的监督，迫使政府与学校改变其管理质量。这种选择权可以提供自下而上的有效压力，对学校的长期影响是激发学校改善服务，或者控制其关闭。成熟的现代社会是市民社会高度发达的社会，是监督机制非常完善的社会，是信誉和舆论相当成熟的社会，在目前市民社会尚处在成长发育过程中的中国来说，加强外部监督就显得更为紧迫和重要，但也是最大的难处。而这种环境的培育仅靠政府自己的内部力量显然是不够的，因为政府本身也是利益体之一，但政府可以通过创造良好的制度来加速和保证监督环境良性动作，这是当前中国政府正在试图解决的问题；不过，从根本上来说，只有市民社会的力量不断强大，才会从外部给政府造成必须改革的巨大压力，当然这种要求应该是合理的、有序的，这又要求政府能引导社会朝着有序的方向发展。基础教育必须体现充分的"公共性"，而缺乏"公共性"的突出表现就是缺乏社会监督。如果缺乏完善的外部监督体制，将会陷入"菲律宾陷阱"：腐败如同肿瘤，在国家机体上四处蔓延。[①]

除此之外，教育领域必须培养整体性思维：整体综合型治理思维——整体性教育（Holistic Education），这非常重要。

1990 年由联合国教科文组织、世界银行、联合国开发计划署和联合国儿童基金会共同组织的世界全民教育大会，提出了全民教育（EFA）。2000 年国际社会又举办了世界教育论坛，还召开了达喀尔会议，签订了达喀尔行动框架，设立了六个全民教育目标。其中，目标三是确保所有年轻人和成年人的学习需求能得到满足，使得他们能够平等参与适合学习和生活技能的学习环境当中去；目标四是到 2000 年实现降低 50% 的成人文盲率，尤其是降低女性成年人文盲率。其在学校中消除性别不平等的目标，后来也发展成为国际社会千年发展目标中的两个目标之一。2000 年 9 月联合国千年发展大会上世界各国领导签署了《联合国千年发展宣言》，提出的承诺都体现在千年发展目标里。千年发展目标旨在到 2015 年完成发展领域中的八个主要目标，其中目标三就是促进两性平等，帮助女性发展。[②]

---

① ［瑞典］缪尔达尔：《世界贫困的挑战——世界反贫困大纲》，北京经济学院出版社 1991 年版，第 203 页。

② The United Nations, *Millennium Development Goals*, 2000.

　　世界基督教协进会（WCC，World Council of Churches）的整体性教育研究组总结出整体性教育的八大原则①，目标是寻求和巩固一种将个体的学习者视为一个整体的人的整体性方法。整体性教育的八大原则是：（1）整体性教育致力于重建一种人的教育单位；（2）整体性教育是变化与改造的教育，要求个人、社区、教育机构、教育政策及教育活动等各方面的整体性实践，跨学科视角，集中于人发展的全面性；（3）整体性教育涉及社区中人的全面发展，包括身体的、社会的、道德的、审美的、创造性的、精神层面的、智力的与专业的，等等；（4）整体性教育鼓励基于互动中的个人与社区的创造力和独特性；（5）整体性教育促使世界范围内的主动参与；（6）整体性教育加强了精神作为生活的核心，因此是教育的中心；（7）整体性教育提供了一种新的认识、教学与学习的坐标；（8）整体性教育建立在不同的视角与方法的互动之上。其中有关学习方面与彼得·圣吉②的学习型组织——第五项修炼有直接关联，圣吉认为，知识与学习这个人们创造知识的过程，是由不可见、不相关的生活系统组成的。所有学习者构建知识都是通过他们与自己的社会经验、情绪、意志、态度、信仰、价值、自我意识、目的等生活系统相结合而成。第五项修炼的最后一项就是系统性思维（systems thinking）。

　　整体性治理模式超越了零和博弈，实现了"双赢"结果，这是目前西方国家发展的主要方向。比如 Marvin Weisbord 分析了组织从泰勒主义的自上而下的专家模式到赋权模式的发展历史，有四个阶段：1900年——专家解决问题，1950年——每个人解决问题，1965年——专家改进整个系统，2000年——每个人改进整个系统。③ Sue Richards 分析了公共政策和公共服务中跨界问题的政策系统模式转变的三个重要阶段，即1945—1979年的凯恩斯主义、1979—1997年的效率主义和1997年以来的整合主义。④

　　这种整体性思维（Holistic Thinking）具有深厚的理论基础，西方主

---

① Peter Schreiner, *Holistic Education Resource Book*, Münster：Waxmann, 2005, pp. 29 - 39.

② Peter M. Senge, *The Fifth Discipline：The Art and Practice of the Learning Organization*, 1st ed., New York：Doubleday/Currency, 1990.
Peter Senge, et al. eds., *Schools That Learn：A Fifth Discipline Fieldbook for Educators, Parents, and Everyone Who Cares About Education*, New York：Doubleday, 2000.

③ Marvin R. Weisbord, *Productive Workplaces：Organizing and Managing for Dignity, Meaning and Community*, San Francisco, CA：Jossey - Bass, 1987.

④ Sue Richards, 1999, In：David Wilknson and Elaine Appelbee, *Implementing Holistic Government*, London：Demos, 1992.

要国家的教育供给政策的这种整体性思维对中国教育供给政策选择来说具有一定的借鉴意义。

首先，教育领域必须培养整体性思维，核心是技术的工具理性与人文关怀相结合，政府管理与公民社会的培育相结合，注重义务教育主体的自治性。整体性教育原则反映了世界范围内义务教育理念的一种共识，寻求和巩固一种将个体的学习者视为一个整体的人的整体性方法。整体性教育的国际21世纪教育委员会提出的基本原则是："教育的目的应当促进每个人的全面发展，即身心、智力、敏感性、审美意识、个人责任感、精神价值等方面的发展。"①

其次，提供整体性的公共服务治理模式。公共管理的核心理念和最高追求，就是人的全面而自由的发展。打破部门、层级以及职能的边界，提供一种以公众需求为导向的精细化的、个性化的全方位覆盖的公共服务，是公共管理理论和实践一直在探讨并试图解决的问题。② 那么，政府的公共服务如何在现有的官僚制结构下打破部门、层级以及职能的边界，实现一种"纵向到底，横向到边"的全方位提供？这需要解决部门机构的协调和整合问题。协调和整合构成了整体性运作的核心。比如，西方新公共管理改革中出现的"无缝隙政府"在公共服务的流程再造方面做出了可贵的努力，影响深远。无缝隙的管理流程变革体现在改变了以往政府长期来按照职能和部门来进行运作的方式，而是围绕过程和结果，提供整合式的服务运作。特点在于：无缝隙组织以一种整体的而不是各自为政的方式提供服务。③ 解决由专业化运作导致的破碎化的状况的另一做法是进行整合，根据整体性治理理论，在政策、管制、服务和监督等方面进行整合。④ 简言之，用整体性治理理论的话来说，就是在部门、层次和职能之间进行全方位的打通。

最后，对于教育援助这一公共事务治理需要注意三个问题：

第一个问题是如何在进行政府管理中把这一管理与公民社会的培育结合起来，尤其是不断提高和扩大非营利组织的自治性管理，变政府管理为自我管理。

---

① ［美］德洛尔等：《教育：财富蕴藏其中》，联合国教科文组织总部中文科译，教育科学出版社1996年版，第85页。

② 竺乾威：《公共服务的流程再造：从"无缝隙政府"到"网格化管理"》，《公共行政评论》2012年第2期。

③ ［美］拉塞尔·林登：《无缝隙政府》，中国人民大学出版社2002年版，第4页。

④ Perri 6，D. Leat，K. Seltzer & G. Stoker，*Towards Holistic Governance：The New Reform Agenda*，New York：Palgrave，2002.

第二个问题是政府管理社会和提供公共服务方式的多样化问题。除了公益创投和非营利组织孵化，在今天市场化的情况下，政府还可以借助市场和社会的力量来提供公共服务，通过选择与竞争、市场的力量来提升政府的竞争力。

第三个问题是教育管理尤其是信息技术的运用需要同人文关怀结合在一起。现在政府推行的教育管理政策更多是出于一种维稳考虑，而教育管理所使用的信息技术应该以保护人的权利作为一个最基本的出发点，是一种充满人性关怀的管理。

不同的教育理念和模式会带来不同的教育结果，古雅典和斯巴达的教育模式具有一定的启发意义。在斯巴达，父母没有自由选择的空间，国家把孩子从家庭中强制带走，安排在学校接受培养成斯巴达人的教育。雅典则不同，教育子女是父母的责任，父母有权就如何教育自己的子女做出选择。与斯巴达摧毁家庭的做法不同，雅典把家庭看作发展和重塑个性的一种方式，并为教育负责。因为雅典人认为，这对于培养健康的社区参与意识至关重要。① 雅典的教育模式更加符合现代民主国家的发展需求。尤其是 20 世纪 90 年代以来，权力下放（devolution）成为教育政策的核心，这与现代民主国家的发展需求是相符合的，其基本假设是由与所要解决的问题密切相关的民众和政府机构一起做出的决策是最好的。② 也就是说，政策决策者需要将权力下放作为解决地方和公民需求的方式。这种权力下放（devolution）的核心就是同时强调选择与竞争。③

综上所述，在集权体制下，中国教育援助的出路与机制在于多部门合作治理，即培养整体性思维，进行政府与社会间多部门的整合与跨界合作。公共物品供给出路与机制在于选择与竞争，即赋予公民们自由选择的权力，让公民拥有广泛的选择权，服务供给体现弱势补偿原则，并实现真实充分的竞争。

不过值得注意的是，这种合作治理方式只是权宜之计还是长久之策？这便提出治理方式的制度化问题。

---

① Richard. E. Wagner, "American Education and the Economics of Caring", In: *Parents, Teachers, and Children: Prospects for Choice in American Education*, San Franciso: Institute for Contemporary Studies, 1977.

② Carol J. De Vita, "Nonprofits and Devolution: What do We Know", In: Elizabeth T. Boris and C. Eugene Steuerle, eds., *Nonprofit and Government: Collaboration and Conflict*, Washington D. C.: The Urban Institute Press, 1999, pp. 213 – 234.

③ ［英］朱利安·勒·格兰德：《另一只无形的手：通过选择与竞争提升公共服务》，韩波译，新华出版社 2010 年版，第 22 页。

2013 年 11 月 12 日中国共产党第十八届中央委员会第三次全体会议审议通过的《中共中央关于全面深化改革若干重大问题的决定》明确规定："全面深化改革的总目标是完善和发展中国特色社会主义制度，推进国家治理体系和治理能力现代化。"这里有两个关键点：一个是治理体系和治理能力现代化，重点是治理；另一个是要完善和发展制度，重点是制度。这便产生了一个新的命题：治理与制度的关系为何？本书的观点是："国家治理体系和治理能力现代化"与"完善和发展中国特色社会主义制度"是一体两面，即完善和发展制度，以推进治理体系现代化；增强制度执行力，以推出治理能力现代化。制度与治理是前提与结果关系。

因为，当代中国面对的是社会主体多元、社会利益分化、社会行为活跃、社会关系复杂的现实环境，对此，治理核心是制度，要从"管理"走向"治理"，从"人治"走向"法治"，制度的完善要为实现治理这一目标提供制度保障。"国家治理体系"，是国家管理经济、政治、文化、社会、生态文明等各领域的体制、机制和法律法规安排，是一整套紧密相连、相互协调的国家制度。"国家治理能力"则是运用国家制度管理社会各方面事务的能力。可见，国家治理体系和治理能力现代化是以根本政治制度、基本政治制度、基本经济制度和法律制度以及建立在这些制度基础上的各项具体制度更加成熟更加定型为前提的。要实现一个民主、法治、公正、协调、科学、有效的治理体系，使治理行为得到合法行使，治理功能得到合理发挥，治理效能得到显著提高，就必须完善和发展制度。因而治理呼唤制度。

前文已经提及全球治理委员会指出，所谓治理是各种公共的或私人的个人和机构管理其共同事务的诸多方式的总和。它是使相互冲突的或不同的利益得以调和并且采取联合行动的持续的过程，这既包括正式制度和规则，也包括各种非正式的制度安排，治理不是一整套规则，也不是一种活动，而是一个过程；治理不是一种正式的制度，而是持续的互动。① 制度（Institution），简单说就是规则（rules）和规范（norm）。本书提出的中国教育援助的治理机制——政府与社会间多部门合作治理——就是由政府、企业和非营利组织等多元治理主体协同合作、共同进行教育援助。教育援助既包括有权迫使人们服从的正式制度，也包括各种人们同意或认为符合其利益的非正式制度。本书认为，从治理与制度的内涵来看，虽然治理本身不是一种正式的制度，但治理过程中包括

---

① The Commission on Global Governance, *Our Global Neighborhood: The Report of the Commission on Global Governance*, Oxford: Oxford University Press, 1995, 1st Edition, pp. 2 - 3.

正式制度和非正式制度，是侧重于正式制度与非正式制度间的持续互动的过程。治理现代化结果的实现，依赖一整套紧密相连、相互协调的制度，尤其更加成熟、更加定型的正式制度。这就要求制度化。所谓制度化（institutionalization）即各种制度安排更成熟更定型的过程，是指群体和组织的社会生活从特殊的、不固定的方式向被普遍认可的固定化模式的转化过程，也是整个社会生活规范化、有序化的变迁过程，是制度体系的发展、成熟和完备。通过制度化形成更成熟更定型的各种正式制度是实现治理现代化的必要前提。

全球治理的目标是实现全球正义和一个公正的世界，对于当前中国而言，治理的目标是要在多元主体治理中寻求统一的逻辑，促进社会公平正义、增进人民福祉。

由此可见，治理与制度间的关系就是通过制度化形成系统完备、科学规范、运行有效的制度体系，最终达成治理现代化。治理呼唤制度，呼唤的是成熟定型的根本政治制度、基本政治制度、基本经济制度和法律制度以及建立在这些制度基础上的各项具体制度，及由此组成的一整套紧密相连、相互协调的制度。

另外，在全面深化改革的实现方式上，必须更加注重改革的系统性、整体性、协同性，这与本书提出的协同治理、整体性治理之对策有异曲同工之处。教育援助的实现方式上，必须更加注重系统性、整体性、协同性。

第三节　研究缺陷与进一步的研究

首先，在方法论上，本研究采用综合研究或三角化技术（triangulation）①②，尤其注重长期实地调研与参与观察③，来增加研究的效度和信度，但定性研究本身很难排除主观判断带来的偏见。并且由于时间、经费等原因，本研究所收集到的样本量主要局限于民族自治区的部分县市。

---

① Kevin Kelly, "From encounter to Text, Colleting Qualitative Date for Interpretive Reseach", In: M. Terre Blanche and K. Durrheim, *Research in Practice*, Cape Town: UCT Press, 1999, p. 380.
Brady & David Collier, Rethinking Social Inquiry: Diverse Tools, Shared Standards, Maryland: The Rowman & Littlefield Publishers, 2004.

② J. W. Creswell, *Qualitative in Inquiry and Research Design: Choosing among Five Traditions*, Thousand Oaks, CA: Sage Publications, Inc. , 1998.

③ Ibid. .

虽然采用了量化的数据作为辅助的分析，但官方公布的统计数据的不连续性与不完整性、非营利组织的透明度不够，都使得任何复杂的定量分析难以进行。[①] 为了提高信度，今后要增加样本量及样本选择的随机性，来提供更加丰富的经验证据；为了提高效度，今后要扩大分析单位的数量，增加访谈对象的类型。

其次，本研究所使用的研究方法与分析思路是否可以用来解释非营利组织对高中、职业技术学校和高等教育的影响情况，此处并未研究。而且这些领域的逻辑未必相同，非营利组织更愿意援助高等教育，因为其回报和可预期结果更为可观，基础教育则是回报最低且预期最不可靠的。[②] 两种情况似乎矛盾，这将有待进一步的研究加以论证。

再次，本研究提出的中国教育援助的出路与机制虽然是基于之前的理论假设和现实问题而提出的，但是否可行，并未做深入研究，也有待进一步的研究加以验证。

最后，教育虽然是中国当前非常重要的一种基本公共服务，且各种基本公共服务有共同之处[③]，确实面临政府改革的拐点问题，有非常重要的意义，但是本研究揭示的这种逻辑是否适合其他基本公共服务领域，比如养老保险、医疗保险、社会保障等，也还需要进一步的探讨和深入研究。还有些特定的、非全局性的领域，比如艾滋病防治、堕胎、街头摊贩、基层自治、土地流转等，可以通过公共教育和提高公民意识加以改善，所以还可以进一步研究这些领域如何产生跨部门合作，并揭示将教育领域中的战略模式复制到这些领域中的路径和方式。

---

① Qiusha Ma, *Non - governmental Organizations in Contemporary China：Paving the Way to Civil Society?* New York：Routledge, 2006.

② 林挺进：《地级市市长对于预算内教育经费支出的影响》，《公共行政评论》2009 年第 1 期。

③ World Bank, *Making Services Work for Poor People*（World Development Report 2004），Washington D. C.：World Bank and Oxford University Press, 2003.

附录1 基金会管理条例

第一章 总 则

第一条 为了规范基金会的组织和活动，维护基金会、捐赠人和受益人的合法权益，促进社会力量参与公益事业，制定本条例。

第二条 本条例所称基金会，是指利用自然人、法人或者其他组织捐赠的财产，以从事公益事业为目的，按照本条例的规定成立的非营利性法人。

第三条 基金会分为面向公众募捐的基金会（以下简称公募基金会）和不得面向公众募捐的基金会（以下简称非公募基金会）。公募基金会按照募捐的地域范围，分为全国性公募基金会和地方性公募基金会。

第四条 基金会必须遵守宪法、法律、法规、规章和国家政策，不得危害国家安全、统一和民族团结，不得违背社会公德。

第五条 基金会依照章程从事公益活动，应当遵循公开、透明的原则。

第六条 国务院民政部门和省、自治区、直辖市人民政府民政部门是基金会的登记管理机关。

国务院民政部门负责下列基金会、基金会代表机构的登记管理工作：

（一）全国性公募基金会；

（二）拟由非内地居民担任法定代表人的基金会；

（三）原始基金超过2000万元，发起人向国务院民政部门提出设立申请的非公募基金会；

（四）境外基金会在中国内地设立的代表机构。

省、自治区、直辖市人民政府民政部门负责本行政区域内地方性公募基金会和不属于前款规定情况的非公募基金会的登记管理工作。

第七条 国务院有关部门或者国务院授权的组织，是国务院民政部门登记的基金会、境外基金会代表机构的业务主管单位。

省、自治区、直辖市人民政府有关部门或者省、自治区、直辖市人民政府授权的组织，是省、自治区、直辖市人民政府民政部门登记的基金会的业务主管单位。

第二章　设立、变更和注销

第八条　设立基金会，应当具备下列条件：

（一）为特定的公益目的而设立；

（二）全国性公募基金会的原始基金不低于 800 万元人民币，地方性公募基金会的原始基金不低于 400 万元人民币，非公募基金会的原始基金不低于 200 万元人民币；原始基金必须为到账货币资金；

（三）有规范的名称、章程、组织机构以及与其开展活动相适应的专职工作人员；

（四）有固定的住所；

（五）能够独立承担民事责任。

第九条　申请设立基金会，申请人应当向登记管理机关提交下列文件：

（一）申请书；

（二）章程草案；

（三）验资证明和住所证明；

（四）理事名单、身份证明以及拟任理事长、副理事长、秘书长简历；

（五）业务主管单位同意设立的文件。

第十条　基金会章程必须明确基金会的公益性质，不得规定使特定自然人、法人或者其他组织受益的内容。

基金会章程应当载明下列事项：

（一）名称及住所；

（二）设立宗旨和公益活动的业务范围；

（三）原始基金数额；

（四）理事会的组成、职权和议事规则，理事的资格、产生程序和任期；

（五）法定代表人的职责；

（六）监事的职责、资格、产生程序和任期；

（七）财务会计报告的编制、审定制度；

（八）财产的管理、使用制度；

（九）基金会的终止条件、程序和终止后财产的处理。

第十一条　登记管理机关应当自收到本条例第九条所列全部有效文件之日起 60 日内，作出准予或者不予登记的决定。准予登记的，发给《基金会法人登记证书》；不予登记的，应当书面说明理由。

基金会设立登记的事项包括：名称、住所、类型、宗旨、公益活动的业务范围、原始基金数额和法定代表人。

第十二条　基金会拟设立分支机构、代表机构的，应当向原登记管理机关提出登记申请，并提交拟设机构的名称、住所和负责人等情况的文件。

登记管理机关应当自收到前款所列全部有效文件之日起 60 日内作出准予或者不予登记的决定。准予登记的，发给《基金会分支（代表）机构登记证书》；不予登记的，应当书面说明理由。

基金会分支机构、基金会代表机构设立登记的事项包括：名称、住所、公益活动的业务范围和负责人。

基金会分支机构、基金会代表机构依据基金会的授权开展活动，不具有法人资格。

第十三条　境外基金会在中国内地设立代表机构，应当经有关业务主管单位同意后，向登记管理机关提交下列文件：

（一）申请书；

（二）基金会在境外依法登记成立的证明和基金会章程；

（三）拟设代表机构负责人身份证明及简历；

（四）住所证明；

（五）业务主管单位同意在中国内地设立代表机构的文件。

登记管理机关应当自收到前款所列全部有效文件之日起 60 日内，作出准予或者不予登记的决定。准予登记的，发给《境外基金会代表机构登记证书》；不予登记的，应当书面说明理由。

境外基金会代表机构设立登记的事项包括：名称、住所、公益活动的业务范围和负责人。

境外基金会代表机构应当从事符合中国公益事业性质的公益活动。境外基金会对其在中国内地代表机构的民事行为，依照中国法律承担民事责任。

第十四条　基金会、境外基金会代表机构依照本条例登记后，应当依法办理税务登记。

基金会、境外基金会代表机构，凭登记证书依法申请组织机构代码、刻制印章、开立银行账户。

基金会、境外基金会代表机构应当将组织机构代码、印章式样、银行账号以及税务登记证件复印件报登记管理机关备案。

第十五条 基金会、基金会分支机构、基金会代表机构和境外基金会代表机构的登记事项需要变更的，应当向登记管理机关申请变更登记。

基金会修改章程，应当征得其业务主管单位的同意，并报登记管理机关核准。

第十六条 基金会、境外基金会代表机构有下列情形之一的，应当向登记管理机关申请注销登记：

（一）按照章程规定终止的；

（二）无法按照章程规定的宗旨继续从事公益活动的；

（三）由于其他原因终止的。

第十七条 基金会撤销其分支机构、代表机构的，应当向登记管理机关办理分支机构、代表机构的注销登记。

基金会注销的，其分支机构、代表机构同时注销。

第十八条 基金会在办理注销登记前，应当在登记管理机关、业务主管单位的指导下成立清算组织，完成清算工作。

基金会应当自清算结束之日起15日内向登记管理机关办理注销登记；在清算期间不得开展清算以外的活动。

第十九条 基金会、基金会分支机构、基金会代表机构以及境外基金会代表机构的设立、变更、注销登记，由登记管理机关向社会公告。

第三章 组织机构

第二十条 基金会设理事会，理事为5人至25人，理事任期由章程规定，但每届任期不得超过5年。理事任期届满，连选可以连任。

用私人财产设立的非公募基金会，相互间有近亲属关系的基金会理事，总数不得超过理事总人数的三分之一；其他基金会，具有近亲属关系的不得同时在理事会任职。

在基金会领取报酬的理事不得超过理事总人数的三分之一。

理事会设理事长、副理事长和秘书长，从理事中选举产生，理事长是基金会的法定代表人。

第二十一条 理事会是基金会的决策机构，依法行使章程规定的职权。

理事会每年至少召开2次会议。理事会会议须有三分之二以上理事出席方能召开；理事会决议须经出席理事过半数通过方为有效。

下列重要事项的决议，须经出席理事表决，三分之二以上通过方为有效：

（一）章程的修改；

（二）选举或者罢免理事长、副理事长、秘书长；

（三）章程规定的重大募捐、投资活动；

（四）基金会的分立、合并。

理事会会议应当制作会议记录，并由出席理事审阅、签名。

第二十二条　基金会设监事。监事任期与理事任期相同。理事、理事的近亲属和基金会财会人员不得兼任监事。

监事依照章程规定的程序检查基金会财务和会计资料，监督理事会遵守法律和章程的情况。

监事列席理事会会议，有权向理事会提出质询和建议，并应当向登记管理机关、业务主管单位以及税务、会计主管部门反映情况。

第二十三条　基金会理事长、副理事长和秘书长不得由现职国家工作人员兼任。基金会的法定代表人，不得同时担任其他组织的法定代表人。公募基金会和原始基金来自中国内地的非公募基金会的法定代表人，应当由内地居民担任。

因犯罪被判处管制、拘役或者有期徒刑，刑期执行完毕之日起未逾5年的，因犯罪被判处剥夺政治权利正在执行期间或者曾经被判处剥夺政治权利的，以及曾在因违法被撤销登记的基金会担任理事长、副理事长或者秘书长，且对该基金会的违法行为负有个人责任，自该基金会被撤销之日起未逾5年的，不得担任基金会的理事长、副理事长或者秘书长。

基金会理事遇有个人利益与基金会利益关联时，不得参与相关事宜的决策；基金会理事、监事及其近亲属不得与其所在的基金会有任何交易行为。

监事和未在基金会担任专职工作的理事不得从基金会获取报酬。

第二十四条　担任基金会理事长、副理事长或者秘书长的香港居民、澳门居民、台湾居民、外国人以及境外基金会代表机构的负责人，每年在中国内地居留时间不得少于3个月。

第四章　财产的管理和使用

第二十五条　基金会组织募捐、接受捐赠，应当符合章程规定的宗旨和公益活动的业务范围。境外基金会代表机构不得在中国境内组织募捐、接受捐赠。

公募基金会组织募捐，应当向社会公布募得资金后拟开展的公益活动和资金的详细使用计划。

第二十六条　基金会及其捐赠人、受益人依照法律、行政法规的规定享受税收优惠。

第二十七条　基金会的财产及其他收入受法律保护，任何单位和个人不得私分、侵占、挪用。

基金会应当根据章程规定的宗旨和公益活动的业务范围使用其财产；捐赠协议明确了具体使用方式的捐赠，根据捐赠协议的约定使用。

接受捐赠的物资无法用于符合其宗旨的用途时，基金会可以依法拍卖或者变卖，所得收入用于捐赠目的。

第二十八条　基金会应当按照合法、安全、有效的原则实现基金的保值、增值。

第二十九条　公募基金会每年用于从事章程规定的公益事业支出，不得低于上一年总收入的70%；非公募基金会每年用于从事章程规定的公益事业支出，不得低于上一年基金余额的8%。

基金会工作人员工资福利和行政办公支出不得超过当年总支出的10%。

第三十条　基金会开展公益资助项目，应当向社会公布所开展的公益资助项目种类以及申请、评审程序。

第三十一条　基金会可以与受助人签订协议，约定资助方式、资助数额以及资金用途和使用方式。

基金会有权对资助的使用情况进行监督。受助人未按协议约定使用资助或者有其他违反协议情形的，基金会有权解除资助协议。

第三十二条　基金会应当执行国家统一的会计制度，依法进行会计核算、建立健全内部会计监督制度。

第三十三条　基金会注销后的剩余财产应当按照章程的规定用于公益目的；无法按照章程规定处理的，由登记管理机关组织捐赠给与该基金会性质、宗旨相同的社会公益组织，并向社会公告。

第五章　监督管理

第三十四条　基金会登记管理机关履行下列监督管理职责：

（一）对基金会、境外基金会代表机构实施年度检查；

（二）对基金会、境外基金会代表机构依照本条例及其章程开展活动

的情况进行日常监督管理;

（三）对基金会、境外基金会代表机构违反本条例的行为依法进行处罚。

第三十五条 基金会业务主管单位履行下列监督管理职责:

（一）指导、监督基金会、境外基金会代表机构依据法律和章程开展公益活动;

（二）负责基金会、境外基金会代表机构年度检查的初审;

（三）配合登记管理机关、其他执法部门查处基金会、境外基金会代表机构的违法行为。

第三十六条 基金会、境外基金会代表机构应当于每年3月31日前向登记管理机关报送上一年度工作报告,接受年度检查。年度工作报告在报送登记管理机关前应当经业务主管单位审查同意。

年度工作报告应当包括:财务会计报告、注册会计师审计报告,开展募捐、接受捐赠、提供资助等活动的情况以及人员和机构的变动情况等。

第三十七条 基金会应当接受税务、会计主管部门依法实施的税务监督和会计监督。

基金会在换届和更换法定代表人之前,应当进行财务审计。

第三十八条 基金会、境外基金会代表机构应当在通过登记管理机关的年度检查后,将年度工作报告在登记管理机关指定的媒体上公布,接受社会公众的查询、监督。

第三十九条 捐赠人有权向基金会查询捐赠财产的使用、管理情况,并提出意见和建议。对于捐赠人的查询,基金会应当及时如实答复。

基金会违反捐赠协议使用捐赠财产的,捐赠人有权要求基金会遵守捐赠协议或者向人民法院申请撤销捐赠行为、解除捐赠协议。

第六章 法律责任

第四十条 未经登记或者被撤销登记后以基金会、基金会分支机构、基金会代表机构或者境外基金会代表机构名义开展活动的,由登记管理机关予以取缔,没收非法财产并向社会公告。

第四十一条 基金会、基金会分支机构、基金会代表机构或者境外基金会代表机构有下列情形之一的,登记管理机关应当撤销登记:

（一）在申请登记时弄虚作假骗取登记的,或者自取得登记证书之日起12个月内未按章程规定开展活动的;

（二）符合注销条件，不按照本条例的规定办理注销登记仍继续开展活动的。

第四十二条　基金会、基金会分支机构、基金会代表机构或者境外基金会代表机构有下列情形之一的，由登记管理机关给予警告、责令停止活动；情节严重的，可以撤销登记：

（一）未按照章程规定的宗旨和公益活动的业务范围进行活动的；

（二）在填制会计凭证、登记会计账簿、编制财务会计报告中弄虚作假的；

（三）不按照规定办理变更登记的；

（四）未按照本条例的规定完成公益事业支出额度的；

（五）未按照本条例的规定接受年度检查，或者年度检查不合格的；

（六）不履行信息公布义务或者公布虚假信息的。

基金会、境外基金会代表机构有前款所列行为的，登记管理机关应当提请税务机关责令补交违法行为存续期间所享受的税收减免。

第四十三条　基金会理事会违反本条例和章程规定决策不当，致使基金会遭受财产损失的，参与决策的理事应当承担相应的赔偿责任。

基金会理事、监事以及专职工作人员私分、侵占、挪用基金会财产的，应当退还非法占用的财产；构成犯罪的，依法追究刑事责任。

第四十四条　基金会、境外基金会代表机构被责令停止活动的，由登记管理机关封存其登记证书、印章和财务凭证。

第四十五条　登记管理机关、业务主管单位工作人员滥用职权、玩忽职守、徇私舞弊，构成犯罪的，依法追究刑事责任；尚不构成犯罪的，依法给予行政处分或者纪律处分。

第七章　附　则

第四十六条　本条例所称境外基金会，是指在外国以及中华人民共和国香港特别行政区、澳门特别行政区和台湾地区合法成立的基金会。

第四十七条　基金会设立申请书、基金会年度工作报告的格式以及基金会章程范本，由国务院民政部门制订。

第四十八条　本条例自 2004 年 6 月 1 日起施行，1988 年 9 月 27 日国务院发布的《基金会管理办法》同时废止。

本条例施行前已经设立的基金会、境外基金会代表机构，应当自本条例施行之日起 6 个月内，按照本条例的规定申请换发登记证书。

附录 2   访谈对象列表

[1] 访谈 A, 西藏青少年发展基金会副秘书长, 2009 年 7 月 18 日。

[2] 访谈 B, 西藏林芝地区团委书记, 原墨脱县分管教育的副县长, 2009 年 8 月 16 日。

[3] 访谈 C, 西藏林芝某村帮纳复旦希望小学原校长、老师、家长、学生, 2009 年 8 月 18 日。

[4] 访谈 D, 西藏边境某县教育局局长, 2010 年 7 月 21 日。

[5] 访谈 E, 西藏边境某县中心小学校长、老师、家长、学生, 2010 年 7 月 22 日。

[6] 访谈 F, 西藏边境某县某乡乡长, 乡小学校长、老师、家长、学生, 2010 年 7 月 23 日。

[7] 访谈 G, 新疆阿克苏地区教育局副局长 (上海对口支援), 2010 年 8 月 11 日。

[8] 访谈 H, 新疆温宿县教育局局长, 2010 年 8 月 12 日。

[9] 访谈 I, 新疆温宿县某中学校领导班子、老师、家长、学生, 2010 年 8 月 13—15 日。

[10] 访谈 J, 新疆青少年发展基金会希望工程负责人, 2010 年 8 月 17 日。

[11] 访谈 K, 新疆阿勒泰地区某县团委书记, 2010 年 8 月 22 日。

[12] 访谈 L, 西藏边境某镇中心小学正副校长、老师、家长、学生, 2011 年 7 月 10—23 日。

[13] 访谈 M, 内蒙古固阳县分管教育的副县长, 2011 年 8 月 8 日。

[14] 访谈 N, 内蒙古固阳县下湿壕镇福和希望小学老师、家长、学生, 2011 年 8 月 10 日。

[15] 访谈 O, 内蒙古锡林郭勒盟教育局办公室主任, 2011 年 8 月 12 日。

[16] 访谈 P, 内蒙古锡东乌旗教育局原副局长, 2011 年 8 月 13 日。

[17] 访谈 Q，内蒙古锡东乌旗蒙语中学校长，2011 年 8 月 14 日。

[18] 访谈 R，内蒙古锡东乌旗某中学校长、老师、家长、学生，2011 年 8 月 15—17 日。

[19] 访谈 S，内蒙古呼伦贝尔市教育局教育督导长，2011 年 8 月 18 日。

[20] 访谈 T，内蒙古额尔古纳县教育局办公室主任，2011 年 8 月 19 日。

[21] 访谈 U，内蒙古额尔古纳县某中学校长、老师、家长、学生，2011 年 8 月 20—21 日。

[22] 访谈 V，内蒙古额尔古纳县某边境小学老师，2011 年 8 月 22 日。

[23] 访谈 W，西藏阿里地区教育局局长、副局长（陕西对口支援）、教育督导长、办公室主任，2014 年 8 月 8 日。

[24] 访谈 X，西藏阿里地区孔繁森希望小学老师、家长、学生，2014 年 8 月 9—11 日。

[25] 访谈 Y，西藏阿里地区边境某县某乡小学校长、老师、家长、学生，2014 年 8 月 4—6 日。

[26] 访谈 Z，云南德宏州腾冲县某乡、瑞丽市某镇小学校长、老师、家长、学生，2015 年 2 月 2—5 日。

附录3 访谈提纲与调研问卷

义务教育援助访谈提纲——教育局等政府部门、团委、青基会相关负责人

您好！我们是复旦大学"义务教育援助"课题的调研小组。现在，国家教育对口支援、教育助学贷款、希望工程、西部计划和研究生支教团等各种义务教育援助活动在全国广泛地开展，为了解义务教育援助活动开展的具体情况，特做此次调查。此问卷采取匿名填写方式，希望您能够真实地填写问卷，您真实的想法对我们很重要，我们保证问卷的内容不向他人泄露，也绝不用于任何商业目的，非常感谢您的支持！

基本情况

年龄_____性别_____民族_____地名_____部门_____

· 全县（区、市）总面积_____平方公里；总人口_____人；人口密度_____人/平方公里；

· 全县（区、市）GDP _____元，人均 GDP _____元；人均收入_____元；主要经济支柱是_____；财政自给率_____%；国家财政性教育经费_____元，其中预算内教育经费_____元、社会团体和公民个人办学经费_____元；社会捐资和集资办学经费_____元；

· 全县（区、市）各级种类学校共_____所，其中：初中_____所，小学_____所，九年一贯制_____所，民办中小学校_____所；

· 全县（区、市）教师数量_____人，其中：初中_____人，小学_____人；

· 全县（区、市）在校生数_____人，其中：初中_____人，小学

_____人；民办初中_____人，小学_____人；全县师生比_____%；

·全县（区、市）适龄儿童入学率_____%，其中：初中适龄儿童入学率_____%，小学适龄儿童入学率_____%；

·全县（区、市）学生失学率_____%，其中：初中生失学率_____%，小学生失学率_____%；

·全县（区、市）在校生巩固率_____%，其中：初中在校生巩固率_____%，小学在校生巩固率_____%；

·全县（区、市）毕业生升学率_____%，其中：初中毕业生升学率_____%，小学毕业生升学率_____%。

A

1. 请问您所在的县（区、市）学校的教育发展，除了资金外，所遇到的最大问题是什么？_____

A. 师资   B. 硬件设备   C. 学生素质   D. 政策

E. 意识   F. 教育软件   G. 其他（请写明）_____

2. 请问您所在的县（区、市）学校最缺的师资专业是什么？（多选）_____

A. 英语   B. 语文   C. 数学   D. 计算机

E. 音乐   F. 体育   G. 美术   H. 物理

I. 化学   J. 生物   K. 历史   L. 地理

M. 其他（请写明）_____

3. 请问您认为志愿者担任教师应该具备哪些素质？（多选）_____

A. 奉献精神   B. 爱心   C. 敬业   D. 热情

E. 活泼   F. 适应能力强   G. 团结师生   H. 负责

I. 管理学生能力   J. 关爱贫困地区   K. 耐心

L. 既能当班主任又能兼课   M. 其他（请写明）_____

B

1. 请问您所在的县（区、市）学校的义务教育除了正常教育拨款外，还得到过来自各级政府的援助吗？（比如，中央层面的西部计划、研究生支教团、中央政府的转移支付、东部地区学校对口支援、省内对口支援、讲师团等）

A. 是   B. 否

2. 如有，援助方式有哪些（多选）？

A. 西部计划　　　B. 研究生支教团　C. 中央政府的转移支付

D. 东部地区学校对口支援　　　　　E. 省内对口支援、讲师团

G. 其他（请写明）_____

3. 年度援助规模和金额大概为_____元。

4. 效果怎样？（可从受援助师生的评价、受援助学生成绩对比等方面回答）

5. 请问您所在的县（区、市）学校的义务教育是否得到过来自企业的援助？

A. 是　　　　　　B. 否

6. 如有，援助方式有哪些（多选）？

A. 捐赠现金　　　B. 援建图书电脑等软硬件

C. 培训师资　　　D. 其他（请写明）_____

7. 年度援助规模与金额大概为_____元。

8. 效果怎样？（可从受援助师生的评价、受援助学生成绩对比等方面回答）

9. 请问您所在的县（区、市）学校的义务教育得到过来自非营利组织的援助吗？

A. 是　　　　　　B. 否

10. 如有，援助方式有哪些（多选）？

A. 捐赠现金　　　B. 援建图书电脑等软硬件

C. 培训师资　　　D. 其他（请写明）_____

11. 年度援助规模与金额大概为_____元。

12. 效果怎样？（可从受援助师生的评价、受援助学生成绩对比等方面回答）

13. 请问您认为目前的义务教育援助情况还有何不足或问题吗？

14. 请问您对义务教育援助还有何建议和意见吗？

C

1. 当地孩子没有接受完九年义务教育而辍学的最主要原因是_____
A. 家庭经济困难　　　　　B. 父母对教育不够重视
C. 小孩不爱学习　　　　　D. 家中缺乏劳动力
E. "读书无用论"重新抬头　F. 其他（请写明）_____

2. 当地民众对农村义务教育政策的了解渠道有哪些？（可多选）
A. 国家普法宣传　B. 基层干部宣传　　C. 电视　D. 报纸
E. 互联网　　　　F. 村民之间的交流　G. 其他（请写明）_____

3. 您认为应该从哪些方面加强义务教育政策的贯彻实施？（多选）_____
A. 加强政策宣传力度
B. 提高对困难家庭和困难学生的补助
C. 营造良好的教育环境和氛围
D. 加强执法处罚力度
E. 其他（请写明）_____

4. 请问您对撤并中小学校（如撤销村小，并到乡镇中心小学）现象怎么看待？
A. 好，很支持　　　　B. 不大好，但支持
C. 不好，但没办法　　D. 不好，不支持

5. 如果您认为撤并中小学校好，请问原因是？
A. 教学质量更好　　　B. 学生成绩更好
C. 吃住条件更好　　　D. 方便管理
E. 其他（请写明）_____

6. 如果您认为撤并中小学校不好，请问原因是？_____
A. 路程远，来回路上不安全
B. 缺乏必要的寄宿条件
C. 加重家长经济负担
D. 孩子缺少情感交流，会想家

E. 其他（请写明）_____

7. 您觉得现在的义务教育政策公平程度如何？

A. 很公平   B. 比较公平

C. 一般   D. 不大公平

E. 很不公平

D

1. 您认为志愿者的支教活动改善了当地的教育活动吗？

A. 效果非常显著   B. 效果比较显著   C. 效果不明显

D. 基本没有效果   E. 完全没有效果

2. 您认为志愿者应该到县级中小学、乡级中小学，还是村级小学从事支教工作更能发挥作用？

A. 县级中学   B. 县级小学   C. 乡级中学

D. 乡级小学   E. 村级小学

3. 您认为志愿者服务时限是多久比较合适？

A. 一个季度   B. 一个学期   C. 一年

D. 一年以上   E. 寒暑假

4. 您认为支教志愿者是否给当地财政带来负担？

A. 是   B. 否

如果选是，请详细说明：_____

5. 请问您认为目前的志愿者支教活动还有何不足或问题吗？

6. 请问您对志愿者支教活动还有何建议和意见吗？

访谈结束，谢谢您的参与！

义务教育援助访谈提纲——校长、当地老师

您好！我们是复旦大学"义务教育援助"课题的调研小组。现在，国家教育对口支援、教育助学贷款、希望工程、西部计划和研究生支教团等各种义务教育援助活动在全国广泛地开展，为了解义务教育援助活动开展的具体情况，特做此次调查。此问卷采取匿名填写方式，希望您能够真实地填写问卷，您真实的想法对我们很重要，我们保证问卷的内容不向他人泄露，也绝不用于任何商业目的，非常感谢您的支持！

基本情况

年龄_____性别_____民族_____学校_____

·您目前所在的学校是_____

1) A. 教学点 　　　　　　　　　　B. 小学

C. 初中 　　　　　　　　　　　　D. 九年一贯制学校

E. 高中 　　　　　　　　　　　　F. 完全中学

2) A. 寄宿学校 　　　B. 走读学校 　　　C. 走读寄宿混合学校

3) A. 民汉合校 　　　B. 民族学校 　　　C. 汉语学校

·全县（区、市）总面积_____平方公里；总人口_____人；人口密度_____人/平方公里；

·全县（区、市）GDP _____元，人均 GDP _____元；人均收入_____元；主要经济支柱是_____；财政自给率_____%；国家财政性教育经费_____元，其中预算内教育经费_____元、社会团体和公民个人办学经费_____元；社会捐资和集资办学经费_____元；

·全县（区、市）各级种类学校共_____所，其中：初中_____所，小学_____所，九年一贯制_____所，民办中小学校_____所；

·全校教师数量_____人，其中：初中_____人，小学_____人；

·全县（区、市）在校生数_____人，其中：初中_____人，小学_____人；民办初中_____人，小学_____人；全县师生比_____%；

·全校适龄儿童入学率_____%，其中：初中适龄儿童入学率_____%，小学适龄儿童入学率_____%；

·全校学生失学率_____%，其中：初中生失学率_____%，小学生失学率_____%；

·全校在校生巩固率_____%，其中：初中在校生巩固率_____%，小学在校生巩固率_____%；

·全校毕业生升学率_____%，其中：初中毕业生升学率_____%，小学毕业生升学率_____%。

A

1. 请问您学校的教育发展，除了资金外，所遇到的最大问题是什么？_____

A. 师资　　　　　B. 硬件设备　　　C. 学生素质　　D. 政策

E. 意识　　　　　F. 教育软件　　　G. 其他（请写明）_____

2. 请问您学校最缺的师资专业是什么？（多选）_____

A. 英语　　　　　B. 语文　　　　　C. 数学　　　　D. 计算机

E. 音乐　　　　　F. 体育　　　　　G. 美术　　　　H. 物理

I. 化学　　　　　J. 生物　　　　　K. 历史　　　　L. 地理

M. 其他（请写明）_____

3. 请问您认为志愿者担任教师应该具备哪些素质？（多选）_____

A. 奉献精神　　　B. 爱心　　　　　C. 敬业　　　　D. 热情

E. 活泼　　　　　F. 适应能力强　　G. 团结师生　　H. 负责

I. 管理学生能力　J. 关爱贫困地区　K. 耐心

L. 既能当班主任又能兼课　　　　　M. 其他（请写明）_____

B

1. 请问您学校的义务教育除了正常教育拨款外，还得到过来自各级政府的援助吗？（比如，中央层面的西部计划、研究生支教团、中央政府的转移支付、东部地区学校对口支援、省内对口支援、讲师团等）

A. 是　　　　　　B. 否

2. 如有，援助方式有哪些（多选）？

A. 西部计划　　　　　　　　　　　B. 研究生支教团

C. 中央政府的转移支付　　　　　　D. 东部地区学校对口支援

E. 省内对口支援、讲师团　　　　　G. 其他（请写明）_____

3. 年度援助规模和金额大概为_____元。

4. 效果怎样？（可从受援助师生的评价、受援助学生成绩对比等方面

回答）

5. 请问您学校的义务教育是否得到过来自企业的援助？

A. 是　　　　　　　　B. 否

6. 如有，援助方式有哪些（多选)？

A. 捐赠现金　　　　　　　　B. 援建房子设施等硬件

C. 捐赠图书等软件　　　　　　D. 与学生一对一资助

E. 为学生买各种文体学习用具　　F. 设立奖助学金

G. 培训师资　　　　　　　　H. 其他（请写明）_____

7. 年度援助规模与金额大概为_____元。

8. 效果怎样？（可从受援助师生的评价、受援助学生成绩对比等方面回答）

9. 请问您学校的义务教育得到过来自非营利组织的援助吗？

A. 是　　　　　　　　B. 否

10. 如有，援助方式有哪些（多选)？

A. 捐赠现金　　　　　　　　B. 援建房子设施等硬件

C. 捐赠图书等软件　　　　　　D. 与学生一对一资助

E. 为学生买各种文体学习用具　　F. 设立奖助学金

G. 培训师资　　　　　　　　H. 其他（请写明）_____

11. 年度援助规模与金额大概为_____元。

12. 效果怎样？（可从受援助师生的评价、受援助学生成绩对比等方面回答）

13. 请问您认为目前的义务教育援助情况还有何不足或问题吗？

14. 请问您对义务教育援助还有何建议和意见吗？

C

1. 当地孩子没有接受完九年义务教育而辍学的最主要原因是_____
A. 家庭经济困难　　　　　　　　　B. 父母对教育不够重视
C. 小孩不爱学习　　　　　　　　　D. 家中缺乏劳动力
E. "读书无用论"重新抬头　　　　　F. 其他（请写明）_____

2. 当地民众对农村义务教育政策的了解渠道有哪些？（可多选）_____
A. 国家普法宣传　B. 基层干部宣传　　C. 电视　　　　D. 报纸
E. 互联网　　　　F. 村民之间的交流　G. 其他（请写明）_____

3. 您认为应该从哪些方面加强义务教育政策的贯彻实施？（多选）_____
A. 加强政策宣传力度
B. 提高对困难家庭和困难学生的补助
C. 营造良好的教育环境和氛围
D. 加强执法处罚力度
E. 其他（请写明）_____

4. 请问您对撤并中小学校（如撤销村小，并到乡镇中心小学）现象怎么看待？
A. 好，很支持　　　　　　　　　　B. 不大好，但支持
C. 不好，但没办法　　　　　　　　D. 不好，不支持

5. 如果您认为撤并中小学校好，请问原因是？
A. 教学质量更好　B. 学生成绩更好　　C. 吃住条件更好
D. 方便管理　　　E. 其他（请写明）_____

6. 如果您认为撤并中小学校不好，请问原因是？
A. 路程远，来回路上不安全
B. 缺乏必要的寄宿条件
C. 加重家长经济负担
D. 孩子缺少情感交流，会想家

E. 其他（请写明）_____

7. 您觉得现在的义务教育政策公平程度如何？

A. 很公平　　　　　　　　　　B. 比较公平

C. 一般　　　　　　　　　　　D. 不大公平

E. 很不公平

D

1. 您认为志愿者的支教活动改善了当地的教育活动吗？

A. 效果非常显著　　B. 效果比较显著　　　C. 效果不明显

D. 基本没有效果　　E. 完全没有效果

2. 您认为志愿者应该到县级中小学、乡级中小学，还是村级小学从事支教工作更能发挥作用？

A. 县级中学　　　　B. 县级小学　　　　　C. 乡级中学

D. 乡级小学　　　　E. 村级小学

3. 您认为志愿者服务时限是多久比较合适？

A. 一个学期　　　　B. 1 年　　　　　　　C. 1—3 年

D. 3 年以上　　　　E. 寒暑假

4. 您认为支教志愿者是否给当地财政带来负担？

A. 是　　　　　　　B. 否

如果选是，请详细说明：_____

5. 请问您认为目前的志愿者支教活动还有何不足或问题吗？

6. 请问您对志愿者支教活动还有何建议和意见吗？

访谈结束，谢谢您的参与！

义务教育援助访谈提纲——家长

您好！我们是复旦大学"义务教育援助"课题的调研小组。现在，国家教育对口支援、教育助学贷款、希望工程、西部计划和研究生支教团等各种义务教育援助活动在全国广泛地开展，为了解义务教育援助活动开展的具体情况，特做此次调查。此问卷采取匿名填写方式，希望您能够真实地填写问卷，您真实的想法对我们很重要，我们保证问卷的内容不向他人泄露，也绝不用于任何商业目的，非常感谢您的支持！

基本情况

年龄_____性别_____民族_____地名_____职业_____

·请问您家里总共_____人，有_____个孩子，其中现在上学的有_____个，上小学_____个，初中_____个，高中_____个，其他_____个。

·您家所在当地目前的学校是_____

1）A. 教学点　　　　　B. 小学　　　　　C. 初中
　　D. 九年一贯制学校　E. 高中　　　　　F. 完全中学

2）A. 寄宿学校　　　　B. 走读学校　　　C. 走读寄宿混合学校

3）A. 民汉合校　　　　B. 民族学校　　　C. 汉语学校

1. 请问您家里有没有人在外打工？

A. 是　　　　　　　　B. 否

2. 请问您家里家庭收入为_____元，年人均纯收入为_____元。

3. 请问您家庭收入的主要来源是（可多选）？

A. 农业家庭经营纯收入

B. 从集体统一经营中得到的收入

C. 从乡镇企业中得到的收入

D. 外出打工收入

E. 个体经商收入

F. 私营企业收入

G. 其他（请写明）_____

4. 请问您家孩子每学期住宿费是_____元，每月生活费大约是

_____元。

5. 请问您家里生活有困难吗？

A. 是   B. 否

6. 如有，有哪些困难？

A

1. 请问您孩子得到过奖学金或助学金吗？

A. 是   B. 否

2. 如有，是什么奖？_____金额大概为_____元？

3. 请问您孩子得到过政府的补助、贷款吗？

A. 是   B. 否

4. 如有，是什么补助？_____金额大概为_____元？

5. 请问您孩子得到过别人的捐款或捐物吗？

A. 是   B. 否

6. 如有，是什么捐赠？_____金额大概为_____元？

7. 请问您认为孩子得到过奖助学金、捐款捐物等对小孩提高学习成绩有多大帮助？

A. 非常大   B. 比较大   C. 一般

D. 不大   E. 没有任何帮助

8. 请问您认为目前的义务教育政策还有何不足或问题吗？

9. 请问您对义务教育政策还有何建议和意见吗？

B

1. 您对义务教育政策的态度是_____

A. 非常支持   B. 支持   C. 有条件地支持

D. 反对　　　　　　　　E. 无所谓

2. 您觉得当地孩子没有接受完九年义务教育而辍学的主要原因是_____

A. 家庭经济困难　　　　　B. 当地农村缺乏教育氛围

C. 小孩不爱学习　　　　　D. 家中缺乏劳动力

E. 读书没有用　　　　　　F. 其他（请写明）_____

3. 当地民众对农村义务教育政策的了解渠道有哪些?_____

A. 国家普法宣传　　　　　B. 基层干部宣传

C. 电视　　　　　　　　　D. 报纸

E. 互联网　　　　　　　　F. 其他（请写明）_____

4. 义务教育中减免学费的政策对您及您的小孩的教育帮助大吗?_____

A. 非常大　　　　　　B. 比较大　　　　　C. 一般

D. 不大　　　　　　　E. 没有任何帮助

5. 现在孩子上学您最担心的问题是_____

A. 孩子的安全问题　　　　　　　　B. 家庭经济负担加重

C. 孩子学习成绩下降　　　　　　　D. 孩子的生活问题

E. 其他（请写明）_____

6. 请问您对撤并中小学校（如撤销村小，并到乡镇中心小学）现象怎么看待?_____

A. 好，很支持　　　　　　　　　　B. 不大好，但支持

C. 不大好，但没办法　　　　　　　D. 不好，不支持

7. 如果您认为撤并中小学校好，请问原因是_____

A. 教学质量更好　　　　　　　　　B. 孩子成绩更好

C. 吃住条件更好　　　　　　　　　D. 方便管理

E. 其他（请写明）_____

8. 如果您认为撤并中小学校不好，请问原因是_____

A. 路程远，路上不安全　　　　　　B. 增加经济负担

C. 接送孩子麻烦　　　　　　　　　D. 想家

E. 其他（请写明）_____

访谈结束，谢谢您的参与!

义务教育援助调查问卷——志愿者

您好！我们是复旦大学"义务教育援助"课题的调研小组。现在，国家教育对口支援、教育助学贷款、希望工程、西部计划和研究生支教团等各种义务教育援助活动在全国广泛地开展，为了解义务教育援助活动开展的具体情况，特做此次调查。此问卷采取匿名填写方式，希望您能够真实地填写问卷，您真实的想法对我们很重要，我们保证问卷的内容不向他人泄露，也绝不用于任何商业目的，非常感谢您的支持！

您的基本情况

性别_____（男 女）您支教前所在的年级是_____（大四 硕 博）

所学专业_____（文科 理工科 医科），您的家乡是在_____（大城市 城镇 农村）

请回答以下问题，在您选择的选项上打"√"：

· 您目前所在的学校是_____

1）A. 教学点　　　　　　　　　　B. 小学

　　C. 初中　　　　　　　　　　　D. 九年一贯制学校

　　E. 高中　　　　　　　　　　　F. 完全中学

2）A. 寄宿学校　　B. 走读学校　　C. 走读寄宿混合学校

3）A. 民汉合校　　B. 民族学校　　C. 汉语学校

A

1. 请问您所教的科目是：

A. 英语　　　　B. 语文　　　　C. 数学　　　　D. 计算机

E. 音乐　　　　F. 体育　　　　G. 美术　　　　H. 物理

I. 化学　　　　J. 生物　　　　K. 历史　　　　L. 地理

M. 其他（请写明）_____

2. 请问您认为对您的课，学生听课的反应是

A. 学生的热情很高，上课的气氛很好

B. 学生热情较高，比较配合

C. 一般

D. 学生兴趣不大，不大配合

E. 学生没有兴趣，完全不配合

3. 请问您是否进行课后辅导？

A. 经常有　　　　　　　　　　　　B. 偶尔每周会有几次

C. 由于各种原因，很少　　　　　　D. 基本没有

E. 从不

4. 若您课外有增加其他的讲授内容，请问包括：（可多选）

A. 励志故事　　　　　　　　　　　B. 时事新闻

C. 个人的经历和感受　　　　　　　D. 英语、电脑等实用型知识

E. 自然或人文社科知识　　　　　　F. 自己专业知识的简单传授

G. 其他（请写明）_____

5. 请问您在教学当中的困难是

A. 自己对课程不熟悉，备课困难

B. 自己讲授的东西由于语言等方面的障碍，学生们听不懂，不配合

C. 教学条件太差，开展教学很不顺利

D. 其他（请写明）_____

6. 请问学生课业的完成情况

A. 很积极地完成我布置的作业　　　B. 比较多的学生积极完成

C. 和我来之前的情况差不多　　　　D. 只有少量学生做

E. 多数学生不做

7. 请问您支教所得到补助的来源是

A. 与支教相关的部门，具体部门是_____

B. 当地学校　　　C. 我所在的大学　　D. 社会基金

E. 个人收入　　　F. 其他（请写明）_____

8. 请问您经费支出的形式及分配的比例大约是

A. 日常饮食_____　B. 住宿_____

C. 交通_____　　　D. 通信_____

E. 为学生买各种文体学习用具_____

F. 娱乐_____

G. 其他（请写明）_____

9. 请问您有没有进行过家访

A. 经常有　　　　　　　　　　　　B. 偶尔每周会有几次

C. 由于各种原因，很少　　　　　　D. 基本没有

E. 从不

10. 请选出您认为您在支教中所遇到的三个最大的困难

A. 通信不便，很难和外界联系，感到孤独

B. 当地生活条件差，太艰苦

C. 经费太少，日常生活难以维持

D. 学生不配合，教学很不愉快

E. 当地很少关心，得不到外部支持

F. 不适应当地的语言、生活习惯、习俗等

G. 个人认为支教的效果很小，没有动力教书

H. 其他（请写明）_____

B

1. 您认为志愿者的支教活动改善了当地的教育活动吗？
A. 效果非常显著　　B. 效果比较显著　　C. 效果不明显
D. 基本没有效果　　E. 完全没有效果

2. 您认为志愿者应该到县级中小学、乡级中小学，还是村级小学从事支教工作更能发挥作用？
A. 县级中学　　　　B. 县级小学　　　　C. 乡级中学
D. 乡级小学　　　　E. 村级小学

3. 您认为志愿者服务时限是多久比较合适？
A. 一个季度　　　　B. 一个学期　　　　C. 一年
D. 一年以上　　　　E. 寒暑假

4. 请问您对目前的支教岗位是否满意？
A. 非常满意　　　　B. 比较满意　　　　C. 一般
D. 不大满意　　　　E. 很不满意

5. 请问您觉得自己是否胜任目前所从事的工作？
A. 非常胜任　　　　B. 比较胜任　　　　C. 一般
D. 不大胜任　　　　E. 很不胜任

6. 请问您当初来支教的目的是什么？目的实现了吗？

7. 请问您对这里的支教生活有何感想吗？

8. 请问您认为目前志愿者支教工作还存在哪些问题与困难吗？

9. 请问您对目前志愿者的招募、管理、安全和健康等方面工作有何建议？

C

1. 请问您现在所支教的学校的教育发展，除了资金外，所遇到的最大问题是什么？

A. 师资　　　　　B. 硬件设备　　　C. 经济制约　　D. 政策

E. 意识　　　　　F. 教育软件　　　G. 其他（请写明）_____

2. 请问您现在所支教的学校最缺的师资专业是什么？（多选）

A. 英语　　　　　B. 语文　　　　　C. 数学　　　　D. 计算机

E. 音乐　　　　　F. 体育　　　　　G. 美术　　　　H. 物理

I. 化学　　　　　J. 生物　　　　　K. 历史　　　　L. 地理

M. 其他（请写明）_____

3. 请问您认为志愿者担任教师应该具备哪些素质？（多选）

A. 奉献精神　　　B. 爱心　　　　　C. 敬业　　　　D. 热情

E. 活泼　　　　　F. 适应能力强　　G. 团结师生　　H. 负责

I. 管理学生能力　J. 关爱贫困地区　K. 耐心

L. 既能当班主任又能兼课　　　　　　M. 其他（请写明）_____

D

1. 请问您现在所支教学校的义务教育除了正常教育拨款外，还得到过来自各级政府的援助吗？（比如，中央层面的西部计划、研究生支教团、中央政府的转移支付、东部地区学校对口支援、省内对口支援、讲师团等）

A. 是　　　　　　　　　　　　　　B. 否

2. 如有，援助方式有哪些（多选）？

A. 西部计划　　　　　　　　　　　B. 研究生支教团

   C. 中央政府的转移支付   D. 东部地区学校对口支援

   E. 省内对口支援、讲师团   F. 其他（请写明）_____

   3. 年度援助规模和金额大概为_____元。

   4. 效果怎样？（可从受援助师生的评价、受援助学生成绩对比等方面回答）

   5. 请问您现在所支教学校的义务教育是否得到过来自企业的援助？

   A. 是   B. 否

   6. 如有，援助方式有哪些（多选）？

   A. 捐赠现金   B. 援建房子设施等硬件

   C. 捐赠图书等软件   D. 与学生一对一资助

   E. 为学生买各种文体学习用具   F. 设立奖助学金

   G. 培训师资   H. 其他（请写明）_____

   7. 年度援助规模与金额大概为_____元。

   8. 效果怎样？（可从受援助师生的评价、受援助学生成绩对比等方面回答）

   9. 请问您现在所支教的学校的义务教育得到过来自非营利组织的援助吗？

   A. 是   B. 否

   10. 如有，援助方式有哪些（多选）？

   A. 捐赠现金   B. 援建房子设施等硬件

   C. 捐赠图书等软件   D. 与学生一对一资助

   E. 为学生买各种文体学习用具   F. 设立奖助学金

   G. 培训师资   H. 其他（请写明）_____

   11. 年度援助规模与金额大概为_____元。

   12. 效果怎样？（可从受援助师生的评价、受援助学生成绩对比等方面回答）

13. 请问您认为目前的义务教育援助情况还有何不足或问题吗？

14. 请问您对义务教育援助还有何建议和意见吗？

E

1. 请问就您所知，当地义务教育适龄儿童入学率达到多少_____
   A. 90% 以上　　　　B. 80%—90%　　　　C. 70%—80%
   D. 60%—70%　　　　E. 50%—60%　　　　F. 50% 以下

2. 请问当地中小学生失学率达到多少_____
   A. 90% 以上　　　　B. 80%—90%　　　　C. 70%—80%
   D. 60%—70%　　　　E. 50%—60%　　　　F. 50% 以下

3. 请问当地中小学生失学率达到多少_____
   A. 90% 以上　　　　B. 80%—90%　　　　C. 70%—80%
   D. 60%—70%　　　　E. 50%—60%　　　　F. 50% 以下

4. 请问您所支教的班级学生失学率是多少_____
   A. 90% 以上　　　　B. 80%—90%　　　　C. 70%—80%
   D. 60%—70%　　　　E. 50%—60%　　　　F. 50% 以下

5. 请问您所支教的班级学生保留率是多少_____
   A. 90% 以上　　　　B. 80%—90%　　　　C. 70%—80%
   D. 60%—70%　　　　E. 50%—60%　　　　F. 50% 以下

6. 请问您所支教的班级学生毕业生升学率是多少_____
   A. 90% 以上　　　　B. 80%—90%　　　　C. 70%—80%
   D. 60%—70%　　　　E. 50%—60%　　　　F. 50% 以下

7. 请问当地孩子没有接受完九年义务教育而辍学的最主要原因是_____
   A. 家庭经济困难　　　　　　B. 父母对教育不够重视
   C. 小孩不爱学习　　　　　　D. 家中缺乏劳动力
   E. "读书无用论" 重新抬头　　F. 其他（请写明）_____

8. 请问当地民众对农村义务教育政策的了解渠道有哪些?（可多选）
_____

  A. 国家普法宣传   B. 基层干部宣传   C. 电视

  D. 报纸   E. 互联网   F. 村民之间的交流

  G. 其他（请写明）_____

9. 请问您认为应该从哪些方面加强义务教育政策的贯彻实施?（多选）
_____

  A. 加强政策宣传力度

  B. 提高对困难家庭和困难学生的补助

  C. 营造良好的教育环境和氛围

  D. 加强执法处罚力度

  E. 其他（请写明）_____

10. 请问您对撤并中小学校（如撤销村小，并到乡镇中心小学）现象怎么看待?

  A. 好，很支持   B. 不大好，但支持

  C. 不大好，但没办法   D. 不好，不支持

  E. 无所谓

11. 如果你认为撤并中小学校好，请问原因是? _____

  A. 教学质量更好   B. 学生成绩更好

  C. 吃住条件更好   D. 方便管理

  E. 其他（请写明）_____

12. 如果你认为撤并中小学校不好，请问原因是?

  A. 路程远，来回路上不安全

  B. 缺乏必要的寄宿条件

  C. 加重家长经济负担

  D. 孩子缺少情感交流，会想家

  E. 其他（请写明）_____

13. 你觉得现在的义务教育政策公平程度如何?

  A. 很公平   B. 比较公平

  C. 一般   D. 不大公平

  E. 很不公平

问卷结束，谢谢您的参与!

义务教育援助调查问卷——学生卷

您好！我们是复旦大学"义务教育援助"课题的调研小组。现在，国家教育对口支援、教育助学贷款、希望工程、西部计划和研究生支教团等各种义务教育援助活动在全国广泛地开展，为了解义务教育援助活动开展的具体情况，特做此次调查。此问卷采取匿名填写方式，希望您能够真实地填写问卷，您真实的想法对我们很重要，我们保证问卷的内容不向他人泄露，也绝不用于任何商业目的，非常感谢您的支持！

您的基本情况

年龄_____性别_____民族_____学校_____年级_____

兄弟姐妹共几个_____家乡是在_____（城市 农村）父母职业_____

请回答以下问题，在您选择的选项上打"√"：

1. 请问你有没有听人提过支教的大学生或老师的事情？

A. 有　　　　　　B. 没有　　　　　　C. 不清楚

2. 现在给你上课的老师里面有没有支教的大学生或老师？

A. 有　　　　　　B. 没有　　　　　　C. 不清楚

3. 从上学到现在，有几个支教的大学生或老师做过你的老师？

A. 0 个　　　　　　B. 1 个　　　　　　C. 2 个

D. 3 个　　　　　　E. 4 个及 4 个以上　　F. 不清楚

4. 支教的大学生或老师教什么课程？（可多选）

A. 英语　　　　B. 语文　　　　C. 数学　　　　D. 计算机

E. 音乐　　　　F. 体育　　　　G. 美术　　　　H. 物理

I. 化学　　　　J. 生物　　　　K. 历史　　　　L. 地理

M. 其他（请写明）_____

5. 支教老师教的课程，你的成绩有没有提高？

A. 有，很明显　　B. 有，比较明显　　C. 有，但不明显

D. 没有　　　　　E. 不清楚

6. 你是否喜欢支教老师教的课程？

A. 是，很喜欢　　B. 是，比较喜欢　　C. 不清楚

D. 不是，不大喜欢 E. 不是，很不喜欢

7. 你可不可以适应支教老师的教学方式和内容？

A. 完全可以适应 B. 可以适应 C. 有点难适应

D. 相当难适应 E. 无法适应

8. 从你的角度看，你觉得支教持续的时间多长为宜？

A. 一个学期 B. 1 年 C. 1—3 年

D. 3 年以上 E. 寒暑假

9. 你是否希望自己的老师是支教的大学生？

A. 是，很喜欢 B. 是，比较喜欢 C. 无所谓

D. 不是，不大喜欢 E. 不是，很不喜欢

10. 家人是否希望自己的老师是支教的大学生？

A. 是，很喜欢 B. 是，比较喜欢 C. 不清楚

D. 不是，不大喜欢 E. 不是，很不喜欢

11. 请问你认为志愿者担任教师应该具备哪些素质？（多选）

A. 奉献精神 B. 爱心 C. 敬业 D. 热情

E. 活泼 F. 适应能力强 G. 团结师生 H. 负责

I. 管理学生能力 J. 关爱贫困地区 K. 耐心

L. 既能当班主任又能兼课 M. 其他（请写明）_____

12. 你校学生是否得到过政府，企业或社会团体组织、私人设立的奖助学金的援助？

A. 经常有 B. 有，比较少 C. 偶尔有一点

D. 完全没有 E. 不清楚

13. 你接受过别人对你进行的资助或捐助吗？

A. 经常有 B. 有，比较少 C. 偶尔有一点

D. 完全没有 E. 不记得

14. 你是否希望自己得到资助或捐助？

A. 非常希望 B. 比较希望 C. 无所谓或不清楚

D. 不大希望 E. 完全不希望

15. 社会各界对你校学生的资助或捐助方式一般是（多选）

A. 捐赠现金 B. 援建房子设施等硬件

C. 捐赠图书等软件 D. 与学生一对一资助

E. 为学生买各种文体学习用具 F. 设立奖助学金

G. 教育助学贷款 H. 其他（请写明）_____

16. 如果能接受资助或捐助，你最希望的是什么形式的资助或捐助？

A. 捐赠现金　　　　　　　　　B. 设立奖学金

C. 设立助学金　　　　　　　　D. 与捐赠人一对一资助

E. 为你买各种文体学习用具　　F. 捐赠图书等软件

G. 教育助学贷款　　　　　　　H. 其他（请写明）_____

17. 你认识的人有未接受完九年义务教育而辍学的吗？

A. 有，很多　　　　　　　　　B. 有，比较多

C. 有，但很少　　　　　　　　D. 没有

E. 不清楚

18. 你认为当地孩子没有接受完九年义务教育而辍学的最主要原因是_____

A. 家庭经济困难　　　　　　　B. 父母对教育不够重视

C. 小孩不爱学习　　　　　　　D. 家中缺乏劳动力

E. “读书无用论”重新抬头　　F. 其他（.请写明）_____

19. 请问你对撤并中小学校（如撤销村小，并到乡镇中心小学）现象怎么看待？

A. 好，很支持　　　　　　　　B. 不大好，但支持

C. 不大好，但没办法　　　　　D. 不好，不支持

E. 无所谓

20. 如果你认为撤并中小学校好，请问原因是_____

A. 教学质量更好　　　　　　　B. 学习成绩更好

C. 吃住条件更好　　　　　　　D. 方便管理

E. 其他（请写明）_____

21. 如果你认为撤并中小学校不好，请问原因是_____

A. 路程远，路上不安全　　　　B. 父母接送麻烦

C. 交通费用高　　　　　　　　D. 想家

E. 其他（请写明）_____

如果你接受过资助或捐助，请回答第22—24题，没有接受过的话就不答，直接跳到第25题：

22. 请问你接受的是什么形式的资助或捐助？

A. 捐赠现金　　　　　　　　　B. 设立奖学金

C. 设立助学金　　　　　　　　D. 与捐赠人一对一资助

E. 为你买各种文体学习用具　　F. 捐赠图书等软件

G. 教育助学贷款　　　　　　　H. 其他（请写明）_____

23. 请问你接受过多少次各种资助或捐助？
    A. 一次　　　　　B. 二次　　　　　C. 三次
    D. 三次以上　　　E. 不记得

24. 你觉得这些资助或捐助对你提高学习成绩有帮助吗？
    A. 有，很大　　　B. 有，比较大　　C. 有，但不大
    D. 基本没有　　　E. 完全没有

25. 你觉得现在的义务教育政策公平吗？
    A. 很公平　　　　B. 比较公平　　　C. 一般
    D. 不大公平　　　E. 很不公平

26. 请问你对支教老师的教学方式和内容有什么看法？

27. 请问你认为目前的义务教育政策还有何不足或问题吗？

28. 请问你对义务教育政策还有何建议和意见吗？

问卷结束，谢谢您的参与！

参考文献

一 中文文献

（一）著作类文献

［1］［德］马克思、恩格斯：《马克思恩格斯选集》第一卷，人民出版社1995年版。

［2］［德］赖因哈德·施托克曼：《非营利机构的评估与质量改进》，中国社会科学出版社2008年版。

［3］［德］史漫飞、柯武刚：《制度经济学》，韩朝华译，商务印书馆2000年版。

［4］［法］布迪厄：《文化资本与社会资本》，载包亚明编译《文化资本与社会炼金术》，上海人民出版社1997年版。

［5］［法］迪尔凯姆：《社会学方法的准则》，狄玉明译，商务印书馆1995年版。

［6］［法］皮埃尔·卡蓝默：《破碎的民主——论治理的革命》，生活·读书·新知三联书店2005年版。

［7］［古希腊］柏拉图：《理想国》，郭和斌、张竹明译，商务印书馆1986年版。

［8］［美］安东尼·B. 阿特金森、约瑟夫·斯蒂格利茨：《公共经济学》，张馨译，上海三联书店、上海人民出版社1994年版。

［9］［美］蔡欣怡：《后街金融：中国的私营企业主》，何大明、湾志宏译，浙江人民出版社2013年版。

［10］［美］蔡欣怡：《绕过民主：当代中国私营企业主的身份与策略》，黄涛、何大明译，浙江人民出版社2013年版。

［11］［美］戴维·奥斯本、特德·盖布勒：《改革政府：企业家精神如何改革着公共部门》，周敦仁等译，上海译文出版社2006年版。

［12］［美］道格拉斯·诺斯：《经济史上的结构和变革》，厉以平译，商

务印书馆 1999 年版。

[13] ［美］德洛尔等：《教育：财富蕴藏其中》，联合国教科文组织总部中文科译，教育科学出版社 1996 年版。

[14] ［美］E. S. 萨瓦斯：《民营化与公私部门的伙伴关系》，周志忍等译，中国人民大学出版社 2001 年版。

[15] ［美］范斯科德等：《美国教育基础——社会展望》，转引自成有信等《教育政治学》，江苏教育出版社 1993 年版。

[16] ［美］菲利普·库珀：《合同制治理》，竺乾威等译，复旦大学出版社 2007 年版。

[17] ［美］菲利普·库姆斯：《世界教育危机》，赵宝恒译，人民教育出版社 2001 年版。

[18] ［美］盖伊·彼得斯：《政府未来的治理模式》，中国人民大学出版社 2001 年版。

[19] ［美］彼得·豪尔、罗斯玛丽·泰勒：《政治科学与三个新制度主义》，载薛晓源、陈家刚主编《全球化与新制度主义》，社会科学文献出版社 2003 年版。

[20] ［美］黄宗智：《长江三角洲小农家庭与乡村发展》，中华书局 1992 年版。

[21] ［美］黄宗智：《华北的小农经济与社会变迁》，中华书局 2000 年版。

[22] ［美］埃弗里特·罗吉斯：《乡村社会变迁》，王晓毅等译，浙江人民出版社 1988 年版。

[23] ［美］埃利诺·奥斯特罗姆：《公共事务的治理之道》，上海三联书店 2000 年版。

[24] ［美］埃莉诺·奥斯特罗姆：《公共服务的制度建构》，毛寿龙译，上海三联书店 2000 年版。

[25] ［美］康芒斯：《制度经济学》，于树生译，商务印书馆 1962 年版。

[26] ［美］科斯：《企业、市场与法律》，盛洪、陈郁译，上海人民出版社 2009 年版。

[27] ［美］拉塞尔·林登：《无缝隙政府》，中国人民大学出版社 2002 年版。

[28] ［美］罗伯特·阿格拉诺夫：《协作性管理：地方政府新战略》，北京大学出版社 2007 年版。

[29] ［美］迈克尔·麦金尼斯：《多中心治道与发展》，王文章等译，上

海三联书店 2000 年版。

[30] [美] R. 登哈特：《新公共服务：服务，而不是掌舵》，中国人民大学出版社 2004 年版。

[31] [美] 罗伯特·帕特南：《使民主运转起来》，王列等译，江西人民出版社 2001 年版。

[32] [美] 迈克尔·豪利特等：《公共政策研究》，庞诗等译，生活·读书·新知三联书店 2006 年版。

[33] [美] 莫太基：《公民参与：社会政策的基石》，中华书局（香港）有限公司 1995 年版。

[34] [美] S. 鲍尔斯、H. 金蒂斯：《美国：经济生活与教育改革》，王佩雄等译，上海教育出版社 1990 年版。

[35] [美] 桑贾伊·普拉丹：《公共支出分析的基本方法》，蒋洪等译，中国财政经济出版社 2000 年版。

[36] [美] 斯蒂芬·戈德史密斯等：《网络化治理：公共部门的新形态》，北京大学出版社 2008 年版。

[37] [美] 斯考切波：《国家与社会革命》，何俊志、王学东译，上海人民出版社 2007 年版。

[38] [美] T. 帕森斯：《现代社会的结构与过程》，梁向阳译，光明日报出版社 1988 年版。

[39] [美] 托马斯·杰弗逊：《杰弗逊选集》，朱曾汶译，商务印书馆 2011 年版。

[40] [美] 威廉姆森：《市场与层级制》，蔡晓用、孟俭译，上海财经大学出版社 2011 年版。

[41] [美] V. 奥斯特罗姆：《制度分析与发展的反思》，商务印书馆 1996 年版。

[42] [美] 约翰·罗尔斯：《正义论》，何怀宏等译，中国社会科学出版社 2003 年版。

[43] [美] 詹姆斯·M. 布坎南：《公共物品的需求与供给》，马珺译，上海人民出版社 2009 年版。

[44] [美] 詹姆斯·S. 科尔曼：《社会理论的基础》（上、下册），邓方译，社会科学文献出版社 1999 年版。

[45] [日] 青木昌彦：《比较制度分析》，周黎安译，上海远东出版社 2001 年版。

[46] [瑞典] 缪尔达尔：《世界贫困的挑战——世界反贫困大纲》，北京

经济学院出版社 1991 年版。

[47] ［瑞典］托尔斯顿·胡森：《平行——学校和社会政策的目标》，载
张人杰主编《国外教育社会学基本文选》，华东师范大学出版社
1991 年版。

[48] ［瑞典］T. 胡森：《国际教育百科全书》第八卷，贵州教育出版社
1990 年版。

[49] ［英］安东尼·吉登斯：《第三条道路及其批评》，中共中央党校出
版社 2002 年版。

[50] ［英］C. V. 布朗、P. M. 杰克逊：《公共部门经济学》，张馨译，中
国人民大学出版社 2000 年版。

[51] ［英］大卫·休谟：《人性论》，商务印书馆 1983 年版。

[52] ［英］帕萨·达斯古普特等：《社会资本》，张慧东等译，中国人民
大学出版社 2005 年版。

[53] ［英］诺曼·弗林：《公共部门管理》，曾锡环等译，中国青年出版
社 2004 年版。

[54] ［英］亚当·斯密：《国富论》下，郭大力、王亚南译，陕西人民
出版社 2001 年版。

[55] ［英］约翰·穆勒：《政治经济学原理》，赵容潜等译，商务印书馆
1997 年版。

[56] ［英］朱利安·勒·格兰德：《另一只无形的手：通过选择与竞争
提升公共服务》，韩波译，新华出版社 2010 年版。

[57] ［印度］阿马蒂亚·森：《以自由看待发展》，任赜等译，中国人民
大学出版社 2002 年版。

[58] Juan Carlos Tedesco、联合国教科文组织：《为了 21 世纪的教育：问
题与展望》，王晓辉、赵中建译，教育科学出版社 2002 年版。

[59] 邓国胜：《非营利组织评估》，社会科学文献出版社 2001 年版。

[60] 杜育红：《教育发展不平衡研究》，北京师范大学出版社 2000 年版。

[61] 范先佐等：《中国中西部地区农村中小学合理布局结构研究》，中国
社会科学出版社 2009 年版。

[62] 高如峰：《义务教育投资国际比较》，人民教育出版社 2003 年版。

[63] 郭于华、杨宜音、应星：《事业共同体：第三部门募捐机制个案研
究》，浙江人民出版社 1999 年版。

[64] 国家教育发展研究中心：《2007 年中国教育绿皮书》，教育科学出
版社 2007 年版。

［65］国家经济体制改革委员会:《社会保障体制改革》,改革出版社 1995 年版。

［66］何俊志、任君锋:《新制度主义政治学译文精选》,天津人民出版社 2007 年版。

［67］洪大用、康晓光:《NGO 扶贫行为研究调查报告》,中国经济出版社 2001 年版。

［68］华桦:《教育公平新解——社会转型时期的教育公平理论和实践探究》,上海社会科学院出版社 2010 年版。

［69］黄传会:《为了那渴望的目光:希望工程 20 年纪事》,安徽教育出版社 2008 年版。

［70］敬义嘉:《合作治理:再造公共服务的逻辑》,天津人民出版社 2009 年版。

［71］江明修:《非营利组织领导行为之研究》,"行政院"国科会科资中心 1994 年版。

［72］康晓光:《创造希望——中国青少年发展基金会研究》,漓江出版社、广西师范大学出版社 1997 年版。

［73］康晓光:《希望工程调查报告》,漓江出版社、广西师范大学出版社 1997 年版。

［74］康晓光:《权力的转移:转型时期中国权力格局的变迁》,浙江人民出版社 1999 年版。

［75］康晓光:《NGO 与政府合作策略》,社会科学文献出版社 2010 年版。

［76］康晓光、韩恒:《行政吸纳社会——当前中国大陆国家与社会关系再研究》,世界科技出版社 2010 年版。

［77］孔启林主编:《世界主要发达国家义务教育均衡发展比较研究》,东北师范大学出版社 2009 年版。

［78］李维安:《现代公司治理研究》,中国人民大学出版社 2002 年版。

［79］李祥云:《我国财政体制变迁中的义务教育财政制度改革》,北京大学出版社 2008 年版。

［80］厉以宁:《教育的社会经济效益》,贵州人民出版社 1995 年版。

［81］林尚立:《党内民主——中国共产党的理论与实践》,上海社会科学出版社 2002 年版。

［82］林毅夫:《关于制度变迁的经济学理论:诱致性变迁与强制性变迁》,载陈昕主编《财产权利与制度变迁——产权学派与新制度学派译文集》,生活·读书·新知三联书店 2002 年版。

[83] 柳海民、汤兆山主编：《我国义务教育均衡发展问题研究》，东北师范大学出版社 2008 年版。

[84] 牛美丽：《中国地方政府的零基预算改革——理性与现实的冲突和选择》，中央编译出版社 2010 年版。

[85] 秦晖：《变革之道》，郑州大学出版社 2007 年版。

[86] 全球治理委员会：《我们的全球伙伴关系》，牛津大学出版社 1995 年版。

[87] 世界银行（组织编写）：《非政府组织法的立法原则》，台湾喜马拉雅研究发展基金会译，远流出版社 2000 年版。

[88] 孙立平等：《动员与参与：第三部门募捐机制个案研究》，浙江人民出版社 1999 年版。

[89] 田凌晖：《公共教育改革——利益与博弈》，复旦大学出版社 2011 年版。

[90] 王名：《中国 NGO 研究——以个案为中心》，联合国区域发展中心与清华大学 NGO 研究所 2001 年版。

[91] 王名、刘培峰等：《民间组织通论》，时事出版社 2004 年版。

[92] 王绍光：《多元与统一：第三部门国际比较研究》，浙江人民出版社 1999 年版。

[93] 吴忠泽、陈金罗：《社团管理工作》，中国社会出版社 1996 年版。

[94] 熊易寒：《城市化的孩子：农民工子女的身份生产与政治社会化》，上海人民出版社 2010 年版。

[95] 徐永光：《徐永光说希望工程》，中国青年出版社 2001 年版，第 389 页。

[96] 颜泽贤、张铁明：《教育系统论》，河南教育出版社 1991 年版。

[97] 杨昌江：《贫困生与教育救助研究》，湖南教育出版社 2008 年版。

[98] 杨东平主编：《教育蓝皮书》，社会科学文献出版社 2008 年版。

[99] 叶澜：《中国基础教育改革发展研究》，中国人民大学出版社 2009 年版。

[100] 俞可平主编：《治理与善治》，社会科学文献出版社 2002 年版。

[101] 袁振国主编：《义务教育均衡发展报告·2010》，教育科学出版社 2010 年版。

[102] 翟博：《教育均衡论：中国基础教育均衡发展实证分析》，人民教育出版社 2008 年版。

[103] 张人杰主编：《国外教育社会学基本书选》，华东师范大学出版社

1991 年版。

[104] 张瑞璠、王承绪主编:《中外教育比较史纲（近代卷）》，山东教育出版社 1997 年版。

[105] 中国科技促进发展研究中心:《捐款是怎样花的——希望工程效益评估报告》，浙江人民出版社 1999 年版。

[106] 中国科技促进发展研究中心、希望工程效益评估课题组:《希望工程在中国》，浙江人民出版社 2005 年版。

[107] 中国青少年发展基金会、基金会发展研究委员会编:《处于十字路口的中国社团》，天津人民出版社 2001 年版。

[108] 周弘、张浚、张敏:《外援在中国》，社会科学文献出版社 2007 年版。

[109] 周志忍等:《自律与他律:第三部门监督机制个案研究》，浙江人民出版社 1999 年版。

（二）论文类文献

[1] 曹淑江、朱成昆:《关于民办学校的非营利性和产权问题探讨》，《河北师范大学学报》（社会科学版）2002 年第 3 期。

[2] 陈氙:《制度概念的歧义与后果》，《湖南师范大学社会科学学报》2013 年第 2 期。

[3] 陈江、吴能全:《人口统计特征对工作满意度影响的实证研究》，《统计与决策》2007 年第 23 期。

[4] 崔万田、周晔馨:《正式制度与非正式制度的关系探析》，《教学与研究》2006 年第 8 期。

[5] 邓国胜:《非营利组织"APC"评估理论》，《中国行政管理》2004 年第 10 期。

[6] 邓国胜:《中国民办非企业单位的特质与价值分析》，《中国软科学》2006 年第 9 期。

[7] 范宝俊:《中国慈善事业面临的形势与任务》，《社会保障制度》2001 年第 10 期。

[8] 范先佐:《农村中小学布局调整的原因、动力及方式选择》，《教育与经济》2006 年第 1 期。

[9] 范先佐:《义务教育阶段农村贫困生资助之我见》，《教育与经济》2007 年第 4 期。

[10] 扶松茂:《我国民族教育的政策工具发展研究》，《复旦教育论坛》2011 年第 5 期。

[11] 傅勇、张晏：《中国式分权与财政支出结构偏向：为增长而竞争的代价》，《管理世界》2007 年第 3 期。

[12] 顾丽梅：《公共服务提供中的 NGO 及其与政府关系之研究》，《中国行政管理》2012 年第 1 期。

[13] 官有垣：《第三部门的研究：经济学观点与部门互动理论的检视》，《台湾社会福利学刊》2002 年第 3 期。

[14] 郭建如：《基础教育财政体制变革与农村义务教育发展——制度分析的视角》，《社会科学战线》2003 年第 5 期。

[15] 胡德维：《英国教育部公布〈14—19 岁教育和技能白皮书〉》，《基础教育参考》2005 年第 5 期。

[16] 胡劲松：《论教育公平的内在规定性及其特征》，《教育研究》2001 年第 8 期。

[17] 胡延品：《政府财力分配与义务教育经费负担主体困境分析》，《教育与经济》2003 年第 1 期。

[18] 胡耀宗：《基本公共服务均等化视阈下的义务教育政策选择》，《清华大学教育研究》2009 年第 6 期。

[19] 华中师范大学教育学院：《我国农村中小学布局调整的背景、目的和成效——基于中西部地区 6 省区 38 个县市 177 个乡镇的调查与分析》，《华中师范大学学报》（人文社会科学版）2008 年第 4 期。

[20] 黄志明：《我国网络草根 NGO 发展现状与管理论析》，《政治学研究》2009 年第 4 期。

[21] 黄忠敬：《美国政府是如何解决教育公平问题的——教育政策工具的视角》，《教育发展研究》2008 年第 21 期。

[22] 黄宗智：《发展还是内卷？十八世纪英国与中国——评彭慕兰〈大分岔：欧洲、中国及现代世界经济的发展〉》，《历史研究》2002 年第 2 期。

[23] 黄崴、苏娜：《发达国家义务教育经费投入体制比较及其对我国的启示——以美、英、法、日为例》，《比较教育研究》2009 年第 10 期。

[24] 韩保中：《全观型治理之研究》，（台湾）《公共行政学报》2009 年第 31 期。

[25] 吉嘉伍：《新制度政治学中的正式和非正式制度》，《社会科学研究》2007 年第 5 期。

[26] 金东海、师玉生：《义务教育均衡发展与贫困地区学生就学资助的

关联研究》,《西北师大学报》(社会科学版) 2009 年第 5 期。

[27] 金东海、秦浩、陈昊:《国外义务教育阶段学生就学资助政策对我国的启示》,《外国教育研究》2009 年第 8 期。

[28] 金耀基:《行政吸纳政治——香港的政治模式》,载《中国政治与文化》,牛津大学出版社 1997 年版。

[29] 康晓光:《90 年代中国大陆政治稳定性研究》,《二十一世纪》2002年 8 月。

[30] 康晓光:《转型时期的中国社团》,《中国社会科学季刊》1999 年冬季号总第 28 期。

[31] 康晓光、韩恒:《分类控制——当前中国大陆国家与社会关系研究》,《社会学研究》2005 年第 6 期。

[32] 康晓光、韩恒:《行政吸纳社会——当前中国大陆国家与社会关系再研究》,*Social Science in China* 2007 年第 2 期。

[33] 雷彦兴、李香山:《中美义务教育中"择校"问题比较》,《辽宁教育研究》2003 年第 6 期。

[34] 李宝峰、王一涛:《义务教育助贫政策的问题及对策——基于英县和隆县的个案分析》,《中国教育学刊》2007 年第 8 期。

[35] 李春成:《略论公共管理案例研究》,《中国行政管理》2012 年第9 期。

[36] 李峰:《非正式制度对正式制度的替代功能研究》,《软科学》2011年第 4 期。

[37] 李洪君、张小莉:《1986—2006:有均衡结构中的农村义务教育投入问题》,《辽宁教育研究》2007 年第 1 期。

[38] 李光宇:《论正式制度与非正式制度的差异与链接》,《法制与社会发展》2009 年第 3 期。

[39] 李立国:《教育公平辨析》,《江西教育科研》1997 年第 2 期。

[40] 李瑞昌、李婧超:《中国慈善事业发展:模式、功能与方向》,《中共浙江省委党校学报》2012 年第 1 期。

[41] 李诗杨:《中国青少年发展基金会》,载洪大用、康晓光《NGO 扶贫行为研究调查报告》,中国经济出版社 2001 年版。

[42] 李祥云:《农村中小学布局调整与"两免一补"政策实施情况分析》,《教育发展研究》2008 年第 21 期。

[43] 李小波、黄志成:《英国的全纳教育指南:促进学校中所有学生的学习和参与》,《外国中小学教育》2002 年第 1 期。

[44] 李逸洋：《数位时代之公务人力资源管理新方向》，（台湾）《研考双月刊》2004 年第 28 期。

[45] 厉以宁：《关于教育产品的性质和对教育的经营》，《教育发展研究》1999 年第 10 期。

[46] 林挺进：《地级市市长对于预算内教育经费支出的影响》，《公共行政评论》2009 年第 1 期。

[47] 刘世定、邱泽奇：《"内卷化"概念辨析》，《社会学研究》2004 年第 5 期。

[48] 刘泽云、袁连生：《公共教育投资比例国际比较研究》，《比较教育研究》2007 年第 2 期。

[49] 刘洲鸿：《非公募基金会在中国的发展》，载中国社会科学《中国慈善发展报告（2010）》，社会科学文献出版社 2010 年版。

[50] 刘洲鸿：《盲钱！忙钱!》，《社会创业家》2012 年五月刊。

[51] 吕朝贤：《非营利组织与政府的关系：以九二一贩灾为例》，《台湾社会福利学刊》2001 年。

[52] 马德益：《英国基础教育薄弱学校改革的市场化特征》，《比较教育研究》2005 年第 4 期。

[53] 马萍、蔡文伯：《新疆城乡义务教育资源配置问题刍议》，《教育理论与实践》2008 年第 28 期。

[54] 彭锦鹏：《全观型治理：理论与制度化策略》，（台湾）《政治科学论丛》2005 年第 23 期。

[55] 钱颜文、姚芳、孙林岩：《非营利组织治理及其治理结构研究：一个对比的视角》，《科研管理》2006 年第 2 期。

[56] 邱小健：《江西省农村义务教育投入——实证分析与政策建议》，《继续教育研究》2008 年第 7 期。

[57] 曲洁：《义务教育改革与发展的政策工具研究》，《复旦教育论坛》2011 年第 9 期。

[58] 曲正伟：《多中心治理与我国义务教育中的政府责任》，《教育理论与实践》2003 年第 17 期。

[59] 孙立平等：《改革以来中国社会结构的变迁》，《中国社会科学》1994 年第 2 期。

[60] R. 登哈特：《新公共服务：将民主置于首位》，《国家公民评论》2001 年冬季刊第 90 期。

[61] 阮爱莺：《税费改革后农村义务教育投入的困境剖析与机制重塑》，

《南京财经大学学报》2008 年第 4 期。

[62] Tom Christensen 和 Per L. Greid：《后新公共管理改革——作为一种新趋势的整体政府》，《中国行政管理》2006 年第 9 期。

[63] 王俊：《瑞典基础教育发展战略研究》，《外国中小学教育》2009 年第 10 期。

[64] 王名：《改革民间组织双重管理体制的分析和建议》，《中国行政管理》2007 年第 6 期。

[65] 王善迈：《我国教育经费面临的问题与对策》，《教育与财经》1989 年第 1 期。

[66] 王善迈：《市场经济中的教育配置》，《方法》1996 年第 3 期。

[67] 王绍光：《中国公共政策议程设置的模式》，《中国社会科学》2006 年第 5 期。

[68] 王绍光、胡鞍钢：《中国政府汲取能力的下降及其后果》，《二十一世纪》1994 年第 2 期。

[69] 王文贵：《非正式制度与经济发展：一个总括性分析》，《江汉论坛》2006 年第 6 期。

[70] 王晓辉：《关注教育平等》，《教育学报》2005 年第 3 期。

[71] 王怡、刘荃倍：《构建多元化的农村义务教育投入机制——陕西省农村义务教育个案研究》，《陕西教育学院学报》2006 年第 3 期。

[72] 王宇新：《非营利组织视野中的私立中小学教育》，《当代教育论坛》2005 年第 2 期。

[73] 韦森：《斯密动力与布罗代尔钟罩——研究西方世界近代兴起和晚清帝国相对停滞之历史原因的一个可能的新视角》，《社会科学战线》2006 年第 1 期。

[74] 魏后凯、杨大利：《地方分权与中国地区教育差异》，《中国社会科学》1997 年第 1 期。

[75] 翁士洪：《整体性治理及其在非结构化社会问题方面的运用：以西藏林芝地区"希望工程"政策运作为例》，《甘肃行政学院学报》2009 年第 5 期。

[76] 翁士洪：《非营利组织对中国基础教育援助的影响》，《教育学报》2010 年第 2 期。

[77] 翁士洪：《整体性治理模式的兴起——整体性治理在英国政府治理中的理论与实践》，《上海行政学院学报》2010 年第 2 期。

[78] 翁士洪：《整体性治理模式的组织创新》，《四川行政学院学报》

2010 年第 2 期。

[79]　翁士洪：《金勺模型：系统行为分析的通用型社会科学理论》，《南京社会科学》2014 年第 2 期。

[80]　翁士洪：《义务教育援助政策比较研究》，《教育发展研究》2013 年第 24 期。

[81]　翁士洪：《义务教育援助质量阐析：学生主观感知的视角——以新疆为例》，《教育发展研究》2014 年第 15 期。

[82]　吴春霞：《中国义务教育公平状况的实证研究》，《江西教育科研》2007 年第 10 期。

[83]　徐双荣、隋光远：《八十年代英国和美国家长择校制度比较》，《外国教育研究》2000 年第 5 期。

[84]　杨琼：《加拿大学校选择现状述评》，《教育发展研究》2004 年第 1 期。

[85]　［意］乔万尼·萨托利：《比较与错误比较》，高奇琦译，《经济社会体制比较》2013 年第 1 期。

[86]　阎光才：《均衡发展：义务教育制度的底线公平》，《教育科学研究》2003 年第 1 期。

[87]　殷凤：《近年美国教育中的政策工具探析》，《外国教育研究》2006 年第 1 期。

[88]　余强：《美国〈不让一个孩子掉队法〉的实施近况和问题》，《世界教育信息》2004 年第 11 期。

[89]　于秀丽：《不能把希望都寄托在希望工程上》，《中国改革》2004 年第 3 期。

[90]　袁连生、刘泽云：《我国义务教育贫困学生资助制度分析》，《北京师范大学学报》（社会科学版）2007 年第 5 期。

[91]　岳昌君：《中国公共教育经费的供给与需求》，载杨东平主编《教育蓝皮书》，社会科学文献出版社 2009 年版。

[92]　曾满超、丁延庆：《中国义务教育财政面临的挑战与教育转移支付》，《北京大学教育评论》2003 年第 1 期。

[93]　翟博：《均衡发展：义务教育的重中之重》，《求是》2010 年第 2 期。

[94]　张岸元、白文波：《乡村"三提五统"的理论、政策与实践》，《战略与管理》2008 年第 2 期。

[95]　张国强：《瑞典的教育制度及教育改革》，《课程·教材·教法》

1994 年第 11 期。

[96] 张军、何寒熙：《中国农村的公共产品供给——改革后的变迁》，《改革》1996 年第 5 期。

[97] 赵立波：《公共事业主体多元化及规制探析》，《国家行政学院学报》2005 年第 5 期。

[98] 赵力涛：《中国义务教育经费体制改革：变化与效果》，《中国社会科学》2009 年第 4 期。

[99] 赵瑞情：《美国学校选择"新"进展》，《教育发展研究》2003 年第 10 期。

[100] 钟晓敏、赵海利：《论我国义务教育的公平性：基于资源配置的角度》，《上海财经大学学报》2009 年第 6 期。

[101] 钟宇平、潘天舒等：《公平视野下中国基础教育财政政策》，《教育与经济》2002 年第 1 期。

[102] 周玲：《2007 年地方政府教育经费投入分析》，载杨东平主编《教育蓝皮书 2008》，社会科学文献出版社 2008 年版。

[103] 周蔺：《民办学校的营利性质与相关者权益初探》，《北京教育》（普教版）2004 年第 7 期。

[104] 周雪光：《西方社会学关于中国组织与制度变迁研究状况述评》，《社会学研究》1999 年第 4 期。

[105] 朱春奎、刘宁雯、吴义欢：《〈国家中长期教育改革和发展规划纲要（2010—2020 年)〉的价值结构分析》，《复旦教育论坛》2011 年第 5 期。

[106] 竺乾威：《从新公共管理到整体性治理》，《中国行政管理》2008 年第 10 期。

[107] 竺乾威：《公共管理研究中几个值得关注的领域》，《中国行政管理》2012 年第 4 期。

[108] 竺乾威：《公共服务的流程再造：从"无缝隙政府"到"网格化管理"》，《公共行政评论》2012 年第 2 期。

（三）学位论文类文献

[1] 安晓敏：《教育公平指标体系研究》，博士学位论文，东北师范大学，2002 年。

[2] 陈静漪：《中国义务教育经费保障机制研究》，博士学位论文，东北师范大学，2009 年。

[3] 陈俊龙：《非营利组织的绩效管理——以中国青少年发展基金会、沪

东教会为例》，博士学位论文，复旦大学，2002 年。

[4] 丁金泉：《我国义务教育均衡发展研究》，博士学位论文，华东师范大学，2004 年。

[5] 扶松茂：《开放与和谐——美国民间非营利组织与政府关系研究》，博士学位论文，复旦大学，2005 年。

[6] 李炳秀：《非营利组织内部治理机制研究》，博士学位论文，湖南大学，2004 年。

[7] 李英蕾：《教育财政分权对中国义务教育供给效率的影响》，硕士学位论文，复旦大学，2009 年。

[8] 刘春湘：《非营利组织治理结构研究》，博士学位论文，中南大学，2006 年。

[9] 刘芳：《分权视角下中国义务教育投资水平不足和地区差异的原因》，硕士学位论文，复旦大学，2009 年。

[10] 刘光容：《政府协同治理：机制、实施与效率分析》，博士学位论文，华中师范大学，2008 年。

[11] 刘鹏：《西部农村义务教育救助制度建设的问题研究》，硕士学位论文，兰州大学，2008 年。

[12] 毛刚：《我国非营利组织内部治理机制研究》，博士学位论文，西南交通大学，2005 年。

[13] 潘启富：《中国民族地区教育行政制度研究》，博士学位论文，中央民族大学，2006 年。

[14] 任慧颖：《非营利组织的社会行动与第三领域的建构》，硕士学位论文，上海大学，2005 年。

[15] 任仕君：《我国农村义务教育发展指标体系研究》，博士学位论文，东北师范大学，2006 年。

[16] 师东海：《教育公平的政治学思考》，博士学位论文，吉林大学，2011 年。

[17] 汤杰琴：《非营利组织在中国中西部基础教育援助中的角色》，硕士学位论文，北京师范大学，2006 年。

[18] 王锐兰：《我国非营利组织绩效评价研究》，博士学位论文，南京航空航天大学，2005 年。

[19] 魏宏聚：《义务教育经费投入政策失真现象研究》，博士学位论文，西南大学，2006 年。

[20] 翁士洪：《非营利组织援助义务教育的演化逻辑：基于中国青少年

发展基金会的实证研究》，博士学位论文，复旦大学，2013 年。

[21] 吴宏超：《我国义务教育有效供给研究》，博士学位论文，华中师范大学教育学院，2007 年。

[22] 谢志平：《关系、限度、制度：转型中国的政府与慈善组织》，博士学位论文，复旦大学，2007 年。

[23] 熊易寒：《当代中国的身份认同与政治社会化：一项基于城市农民工子女的实证研究》，博士学位论文，复旦大学，2008 年。

[24] 姚艳杰：《英国义务教育入学政策研究》，博士学位论文，福建师范大学，2008 年。

[25] 于发友：《县域义务教育均衡发展研究》，博士学位论文，山东师范大学，2005 年。

[26] 臧红雨：《非营利组织整体性治理结构研究》，博士学位论文，哈尔滨工业大学，2009 年。

[27] 张明：《非营利组织的治理机制研究》，博士学位论文，暨南大学，2008 年。

[28] 张晓云：《中美教育公平比较研究》，博士学位论文，吉林大学，2006 年。

[29] 赵全军：《中国农村义务教育供给制度研究（1978—2005）——行政学的分析》，博士学位论文，复旦大学，2004 年。

[30] 周金玲：《义务教育及其财政制度研究》，博士学位论文，浙江大学，2005 年。

[31] 朱永坤：《教育政策公平性研究》，博士学位论文，东北师范大学，2008 年。

（四）资料类文献

[1]《安徽"金寨希望小学"20 年发展现况的调查报告——基于"希望工程"参与主体的考察》，中国共青团网，2011 年 8 月 15 日，http：//zhuanti. gqt. org. cn/2011/2011sxx/dcyj/201108/t20110815_ 509758. htm。

[2] 陈良：《慈善冷漠考问中国富豪：为何宁可挥霍不愿捐赠》，《法制周报—e 法网》2006 年 9 月 4 日，http://www. sznews. com/news/content/2006 -09/04/content_ 320643. htm。

[3] 陈鸣、沈念祖：《希望工程遗案——青基会违规投资亏损 当事人九年后直面公众》，《南方周末》2011 年 9 月 8 日，http：//china. yzdsb. com. cn/system/2011/09/09/011410650. shtml。

[4] 邓飞：《"免费午餐"仍将继续 一天 3 元钱不够》，中国青年网，2011

年11月1日，http：//blog. renren. com/blog/297095226/794673677。

[5] 顾功垒：《不满绵阳紫荆民族中学被拆除　港府要收回当初援建款》，《联合早报》2012年5月26日，http：//www. zaobao. com/zg/zg120526_005. shtml。

[6] 尔肯江·吐拉洪：《关于中国青基会第五届理事会工作思路的报告》，中国青少年发展基金会网站，2006年9月20日，http：//www. cydf. org. cn/shiyong/html/lm_ 138/2006 – 09 – 20/154330. htm。

[7] 范宝俊：《认清形势　解放思想　开拓我国社团管理工作新局面——在全国社团管理工作上的讲话》，1992年9月16日，载民政部社团管理司管理处编《社会团体管理工作手册》（内部发行），1996年7月。

[8] 方进玉：《违规投资玷污"希望工程"　青基会负责人难辞其咎》，《南方周末》2002年3月21日（未发出）。

[9] 方进玉：《希望工程的"希望"在哪里？——徐永光涉嫌腐败的调查与思考》，春秋战国网，2002年12月21日，http：//www. cqzg. cn/viewthread – 46905. html。

[10] 傅正良：《个案研究——中国青少年发展基金会》，台北，2003年。

[11] 国家教育发展研究中心专题调研组：《关于中国农村地区90年代义务教育目标监测的综合报告》，北京，1996年。

[12] 国家科技促进发展研究中心希望工程效益评估课题组：《希望工程效益评估报告》，国家科技促进发展研究中心，中国青少年发展基金会网站，2006年9月20日，http：//www. cydf. org. cn/shiyong/html/lm_ 134/2006 – 09 – 20/151630. htm。

[13] 国家审计署：《50个县基础教育经费审计调查结果》，国家审计署，2004年6月18日。

[14] 《国家中长期教育改革和发展规划纲要（2010—2020年)》，2009年12月1日。

[15] 《国务委员陈俊生同志在全国社团管理工作上的讲话》，1992年9月19日，载民政部社团管理司管理处编《社会团体管理工作手册》（内部发行），1996年7月。

[16] 国务院办公室：《国务院办公厅关于开展国家教育体制改革试点的通知》，2010年10月24日。

[17] 国务院新闻办公室：《中国人权事业的进展》，1995年12月8日。

[18] 顾晓今：《中国青基会治理之路》，南都公益金会网站，2006年12月30

日，http：//www. naradafoundation. org/sys/html/lm ＿ 28/2007－07－30/153506. htm。

[19] 顾晓今：《中国青基会第五届理事会工作总结报告》，中国青少年发展基金会网站，2009 年 12 月 24 日，http：//www. cydf. org. cn/shiyong/html/lm＿138/2009－12－24/112044. htm。

[20] 韩长斌：《在希望工程工作会议上的讲话》（内部发行）1990 年。

[21] 郝洪：《"希望工程"相关报道》，《人民日报·华东新闻》2002 年 3 月 29 日。

[22] 黄碧梅：《管理希望工程如同走钢丝》，《人民日报》2009 年 10 月 30 日。

[23] 姜大明等：《在'98 希望工程志愿者劝募行动电话会上的讲话》，1998 年 6 月 12 日。

[24] 基金会中心网，http：//www. foundationcenter. org. cn/。

[25] 康晓光：《徐永光访谈录》1997 年 5 月 26 日。

[26] 康晓光：《危机的根源与后果》，《三联生活周刊》2002 年 4 月 18 日。

[27] 黎明：《免费义务教育：一假误了 20 年》，《证券时报》2008 年 11 月 9 日。

[28] 李鸿谷"青基会的赢与亏"，《三联生活周刊》2002 年 4 月 18 日，http：//news. sina. com. cn/c/2002－04－18/1708550981. html。

[29] 李宁：《关于加强地方"希望工程助学基金"建设的几点意见》，1992 年 4 月 10 日。

[30] 梁爽：《"青基会事件"的教训和收获》，中国青年网，2011 年 6 月 27 日，http：//news. youth. cn/wzpd/201106/t20110627＿1626570. htm。

[31] 刘太刚：《中国大陆民企非公募基金会境况调研报告》，中国人民大学非营利组织研究所，2010 年。

[32] 刘延东：《在宣布开展"希望工程"的新闻发布会上的讲话》，1989 年 10 月 30 日。

[33] 刘洲鸿：《慈善体制改革之困》，南都公益基金会网站，2012 年 4 月 13 日，http：//www. naradafoundation. org/sys/html/lm＿351/2012－04－13/140807. htm。

[34] 苗圃行动网站，http：//www. sahk. org/funding＿profiles. php。

[35] 鸣一凡：《假如被拆中学不是香港援建》，《联合早报》2012 年 5 月 24 日，http：//www. zaobao. com/forum/pages5/forum＿lx120524f. shtml。

[36] 《民政部部长多吉才让同志在全国社团管理工作上的讲话要点》，1992 年 9 月 19 日，载民政部社团管理司管理处编《社会团体管理工作手册》（内部发行），1996 年 7 月。

[37] 《民政部关于〈社会团体登记管理条例〉有关问题的通知》，民政发〔1989〕59 号，1989 年 12 月 30 日。

[38] 民政部：《民政部关于社会团体复查登记有关问题的通知》，民社函〔1991〕71 号，1991 年 4 月 12 日。

[39] 莫神星：《亚行揭露：中国基尼系数扩大到 0. 473，已达到拉美平均水平，勇夺亚洲冠军》，《发现》2008 年 12 月 14 日，http：//www. fatianxia. com/blog/27120/#。

[40] 南风窗：《解救"NGO 失灵"》，《南风窗》2007 年 2 月上半月刊。http：//bbs. gesanghua. org/dispbbs. asp？boardID = 13&ID = 24139。

[41] 南都基金会：《部分基金会对〈关于规范基金会行为的若干规定（试行）〉的反馈意见》，2012 年 5 月 4 日。http：//www. naradafoundation. org/sys/html/lm_ 28/2012 -05 -14/135506. htm。

[42] 潘芝珍：《广州募捐不再只姓"官"民间组织获公募权》，《新京报》2012 年 4 月 27 日，http：//gz. ifeng. com/zaobanche/detail_ 2012_ 04/27/191221_ 0. shtml。

[43] 民政部：《民政部：四类社会组织直接登记不必要审批将取消》，《新华网》2013 年 12 月 25 日，http：//news. xinhuanet. com/video/ 2013 -12/05/c_ 118429433. htm。

[44] 庞清辉：《行动者邓飞》，《中国新闻周刊》（年终特刊）2011 年 12 月 28 日。

[45] 全国政协委员希望工程考察团：《关于希望工程实施工作情况的考察报告》，政全厅发〔1997〕45 号，1997 年 9 月 9 日。

[46] 《四川绵阳市政府：紫荆民中是发展商"擅自拆除"》，《第一财经日报》2012 年 5 月 24 日，http：//www. zaobao. com/zg/zg120524_ 007. shtml。

[47] 孙立平：《关于新总体性社会特征的讨论》，孙立平的博客"中国当代社会的发展和变迁"，2012 年 4 月 30 日，http：//sun - liping. blog. sohu. com/213940652. html。

[48] 舒婕：《面对慈善中国富豪很"抠门儿"》，《环球人物》2006 年第 7 期。

[49] 涂猛：《中国青基会 2001—2004 年财务工作报告》，中国青少年发

展基金会网站，2005 年 9 月 20 日，http：//www. cydf. org. cn/shiyong/html/lm_ 138/2006 - 09 - 20/153857. htm。

[50] 涂猛：《中国青基会 2009 年工作计划、财务预算的报告》，中国青少年发展基金会网站，2006 年 9 月 20 日，http：//www. cydf. org. cn/shiyong/html/lm_ 138/2009 - 12 - 24/110903. htm。

[51] 王君平：《"公募"与"草根"联手有力量》，《人民日报》2012 年 5 月 17 日。

[52] 魏铭言：《4 月 1 日起四类社会组织直接登记》，《新京报》2013 年 3 月 29 日，http：//www. bjnews. com. cn/news/2013/03/29/255693. html。

[53] 徐永光：《团结奋斗　再创辉煌——在第四次全国希望工程会议上的讲话》，1994 年 1 月 31 日。

[54] 徐永光：《徐永光说希望工程》，摘自 1994 年 1 月在第四次全国希望工程工作会议上的讲话，中国青少年发展基金会网站，http：//www. cydf. org. cn/bk/144. htm。

[55] 徐永光：《徐永光说希望工程》，摘自 1995 年 3 月 30 日在第五次全国希望工程工作会议上的讲话，中国青少年发展基金会网站，http：//www. cydf. org. cn/bk/144. htm。

[56] 徐永光：《中国青基会第二届理事会第三次会议工作报告(摘要)》，1996 年 4 月 27 日，《中国青基会通讯》1996 年 5 月 15 日。

[57] 徐永光：《奋力攻坚，实现希望工程的更大发展和自我完善——在第七次全国希望工程会议上的讲话》，1997 年 4 月 8 日。

[58] 徐永光：《我国青基会的崛起和第三部门发展之路》，《中国青基会通讯》1998 年 8 月 30 日。

[59] 徐永光：《无竞争忧患》，《中国青基会通讯》1998 年总第 43 期。

[60] 徐永光：《自知者明，自胜者强》，《中国青基会通讯》1998 年 10 月 25 日。

[61] 徐永光：《虑而后能得》，《中国青基会通讯》1999 年 5 月 19 日。

[62] 徐永光：《中国青基会第三届理事会第二次全体会议工作报告》，中国青基会，1999 年 7 月 3 日。

[63] 徐永光：《慈善体制改革之困》，南都公益基金会网站，2012 年 4 月 13 日，http：//www. naradafoundation. org/sys/html/lm_ 351/2012 - 04 - 13/140807. htm。

[64] 王子恢：《青基会遭遇信任危机》，《中国经济时报》2002 年 3 月 15 日。

［65］姚晓迅：《创建非营利组织新型治理结构——中国青基会的治理结构改革》，2005 年 11 月 21 日在中华慈善大会"加强能力建设，促进行业自律"论坛上所做的演讲。

［66］张保庆：《关于中国教育经费问题的回顾与思考》，载《中国教育年鉴 1999》，人民教育出版社 1999 年版。

［67］张麦：《为富不捐为哪般?》，《政府法制》2006 年第 1 期。

［68］《中共中央关于教育体制改革的决定》，1985 年 5 月 27 日。

［69］《中国教育统计年鉴 1991—2006》，中国统计出版社、人民教育出版社 1992—2007 年版。

［70］中国教育年鉴编辑部：《中国教育年鉴》（1949—1981、1982—1988、1990—2003），人民教育出版社 1982、1982—1989、1991—2003 年版。

［71］中国青少年发展基金会：《关于充分发挥共青团系统优势，筹集青少年发展基金的报告》，（89）中青书函字第 6 号。

［72］中国青少年发展基金会办公室：《希望工程简讯》第 6 期，1989 年 12 月 7 日。

［73］中国青少年发展基金会：《关于建立地方"希望工程助学基金"的若干意见》1991 年 2 月 27 日。

［74］中国青少年发展基金会：《第三次全国希望工程工作会议文件汇编》，《希望工程简讯》第 87 期，1992 年 4 月 25 日。

［75］中国青少年发展基金会：《中国青少年发展基金会大事记：1988—1993》1994 年。

［76］中国青少年发展基金会：《中国青少年发展基金会大事记：1995》1996 年。

［77］中国青少年发展基金会：《关于希望工程的地（市）县基金整顿情况和今后工作意见的报告》，《中青基报（1996）66 号》1996 年 11 月 27 日。

［78］中国青少年发展基金会、国家科委中国科技促进发展研究中心：《中国青少年发展状况研究报告》，社会科学文献出版社 1992 年版。

［79］中国青少年发展基金会、基金会发展研究委员会编：《中国第三部门研究年鉴 1999》，天津人民出版社 2000 年版。

［80］中国青少年发展基金会官方网站，http：//www. cydf. org. cn。

［81］中国青少年发展基金会：《关于我们》，中国青少年发展基金会官方网站，2012 年 6 月 15 日，http：//www. cydf. org. cn/about. asp。

［82］中华人民共和国教育部：《全国教育事业发展统计公报》1998—

2010 年。

二 英文文献

(一) 著作类文献

[1] James E. Alt, Margaret Levi and Elinor Ostrom, eds. , *Competition and Cooperation: Conversations with Nobelists about Economics and Political Science*, New York: Russell Sage Foundation, 1999.

[2] Helmut Anheier and Lester Salamon, The Nonprofit Sector in Comparative Perspective, In W. Powell & Richard Steinberg eds. , *The Nonprofit Sector: A Research Handbook*, New Haven: Yale University Press, 2006.

[3] Rose – Ackermans, *The Economics of Nonprofit Institutions: Studies in Structure and Policy*, New York: Oxford University Press, 1986.

[4] James A. Banks, *Multicultural Education: Theory and Practice*, Boston: Allyn and Bacon, Inc. , 1981.

[5] James A. Banks, *Race Culture and Education*, New York: Routledge, 2006.

[6] Barnett Baron, *An Overview of Organized Private Philanthropy in East and Southeast Asia*, Paper Prepared for Delivery at the John D. Rockefeller 150th Anniversary Conference, New York: Pocantico Hills, 1989.

[7] Bertram M. Beck, "Government Contracts with Profit Social Welfare Corporation" (1971), In: Bruce L. R. Smith and D. C. Hague, *The Dilemma of Accountability in Modern Government*, New York: St. Martin's Press, 1995.

[8] Gary S. Becker, *The Economic Approach to Human Behavior*, Chicago: University of Chicago Press, 1976.

[9] A. Ben – Ner and B. Gui, "The Theory of Nonprofit Organizations Revisited", In: Anheier, Helmut and Ben – Ner, Avner eds. , *The Study of Nonprofit Enterprise*, New York: Kluwer, 2003.

[10] A. Ben – Ner, and Van Hoomissen, "Nonprofit Organizations in the Mixed Economy: A Demand and Supply Analysis", In: Ben – Ner, Avner & Gui, Benedetto, eds. , *The Nonprofit Sector in the Mixed Economy*, Michigan: The University of Michigan Press, 1993.

[11] M. Terre Blanche and K. Durrheim, *Research in Practice: Applied Methods for the Social Sciences*, Cape Town: University of Cape Town (UCT)

Press, 1999.

[12] Mark Blyth, *Great Transformation*: *Economic Ideas and Institutional Change in the Twentieth Century*, New York: Cambridge University Press, 2002.

[13] Elizabeth T. Boris and C. Eugene Steuerle, eds., *Nonprofit and Government*: *Collaboration and Conflict*, Washington D. C. : The Urban Institute Press, 1999.

[14] R. H. Bremner, *American Philanthropy*, 2nd ed. , Chicago: University of Chicago Press, 1998.

[15] Brady & David Collier, Rethinking Social Inquiry: Diverse Tools, Shared Standards, Maryland: The Rowman & Littlefield Publishers, 2004.

[16] Kathy L. Brock, ed. , *Improving Connections between Government and Nonprofit and Voluntary Organizations*, Montreal & Kingston: McGill – Queen's University Press, 2002.

[17] Kathy L. Brock and Banking Keith G. , eds. , *The Nonprofit Sector in Interesting Times*: *Case Studies in a Changing Sector*, Montreal & Kingston: McGill – Queen's University Press, 2003.

[18] Cooper S. Bruce, *Handbook of Education Politics and Policy*, New York: Routledge, 2008.

[19] J. M. Buchanan and Gordon Tullock, *The Calculus of Consen*, Ann Arber, MI: University of Michigan Press, 1962.

[20] E. Caiden, "The Problem of Ensuring the Public Accountability of Public Officials", In: G. Joseph and P. Dwivedi, eds. , *Public Service Accountability*, Kumarian Press Inc. , 1988.

[21] John L. Campbell, *Institutional Change and Globalizaton*, Princeton: Princeton University Press, 2004.

[22] James. P. Comer, *What I Learned in School*: *Reflections on Race*, *Child Development*, *and School Reform*, (1988 1st.) New York: Jossey – Bass, 2009.

[23] James S. Coleman and Robert L. York, *Equality of Educational Opportunity*, Washington, D. C. : U. S. Government Printing Office, 1966.

[24] James Samuel Coleman, *Foundations of Social Theory*, Cambridge, Mass. : Belknap Press of Harvard University Press, 1990.

[25] James Samuel Coleman, *Equality and Achievement in Education*, West-

view Press, 1990.

[26] J. W. Creswell, *Qualitative in Inquiry and Research Design: Choosing among Five Traditions*, Thousand Oaks, CA: Sage Publications, Inc. , 1998.

[27] E. F. Denison, *Why Growth Rates Differ: Postwar Experience in the Nine Western Countries*, Washington, D. C. : Brookings Institution, 1979.

[28] David de Vaus, *Research Design in Social Research*, Thousand Oaks, CA: Sage Publications Inc. , 2001.

[29] Carol J. De Vita, "Nonprofits and Devolution: What do We Know", In: Elizabeth T. Boris and C. Eugene Steuerle, eds. , *Nonprofit and Government: Collaboration and Conflict*, Washington D. C. : The Urban Institute Press, 1999.

[30] Lowell Dittmer, "Organizational Involution and Sociopolitical Reform in China: An Analysis of the Work Unit", In: Lowell Dittmer et al. eds. , *Informal Politics in East Asia*, Cambridge: Cambridge University Press, 2000.

[31] Peter F. Drucker, *Managing the Nonprofit Organization: Practices and Principles*, Oxford: Butterworth – Heinemann Ltd. , 1990.

[32] Roger Duclaud – Williams, "The Governance of Education: Britain and France", In. Jan Kooiman (1993 1st. 2002), *Modern Governance: New Government – Society Interactions*, London: SAGE Publications, 1993.

[33] Patrick Dunleavy, *Digital Era Governance: It Corporations, the State, and E – Government*, Oxford University Press, 2006.

[34] Earl Babbie, *Practice of Social Research*, Cengage Learning Press, 1995.

[35] Alnoor Ebrahim and Edward Weisband, eds. , *Global Accountabilities*, Cambridge University Press, 2007.

[36] Harry Eckstein, "Case Study and Theory in Political Science", In: Roger Gomm, Martyn Hammersley and Peter Foster, eds. , *Case Study Method*, London: Sage, 2000, pp. 119 – 164.

[37] Jon Elster, *Nuts and Bolts for the Social Sciences*, Cambridge University Press, 1989.

[38] Anita Ernstorfer and Albrecht Stockmayer, eds. , *Capacity Development for Good Governance*, Baden – Baden: Nomos Verlagsgesellschaft, 2009.

[39] Ronald S. Fecso, ed., *Quality in Student Financial Aid Programs*: *A New Approach*, Washington D. C. : The National Academies Press, 1993.

[40] Khairoonisa Foflonker, *The Integration of Adolescents of Immigrant Origin into the German Education System*, Oldenburg: BIS – Verlag, 2010.

[41] John Freeman, *Strategic Management*: *A Stakeholder Approach*, Boston: Pitman, 1984.

[42] Milton Friedman, *Capitalism and Freedom* (40 Anniversary Edition), Chicago: The University of Chicago Press, 2002.

[43] Peter Frumkin, *On Being Nonprofit*: *A Conceptual and Policy Primer*, Massachusetts: Harvard University Press, 2002.

[44] Andrew Gary, Bill Jenkins, Frans Leeuw & John Mayne, eds., *Collaboration in Public Services*: *The Challenge for Evolution*, New Brunswick: Transaction Publishers, 2003.

[45] Clifford Geertz, *Agricultural Involution*: *The Process of Ecological Change in Indonesia*, Berkeley and Los Angeles: University of California Press, 1963.

[46] Alexander L. George and Andrew Bennett, *Case Studies and Theory Development in the Social Sciences*, Cambridge, London, England. Massachusetts: MIT Press, 2005.

[47] John Gerring, *Case Study Research*: *Principles and Practices*, Cambridge University Press, 2007.

[48] Anthony Giddens, *The Third Way*: *The Renewal of Social Democracy*, Cambridge, UK: Polity Press, 1998.

[49] Benjamin Gidron, Ralph M. Kramer & Lester M. Salamon, eds., *Government and the Third Sector*, San Francisco: Jossey – Bass Publishers, 1992.

[50] Benjamin Gidron, Ralph M. Kramer & Lester M. Salamon, "Government and the Third Sector in Comparative Perspective: Allies or Adversaries?", In: Benjamin Gidron, Ralph M. Kramer & Lester M. Salamon, eds., *Government and the Third Sector*, San Francisco: Jossey – Bass Publishers, 1992.

[51] Benjamin Gidron, Ralph M. Kramer & Lester M. Salamon, *Voluntary Agencies and the Personal Social Services*, San Francisco: Jossey – Bass, 1992.

[52] Gary Goertz, *Social Science Concepts: A User's Guide*, Princeton: Princeton University Press, 2006.

[53] Eberhard Gohl, Prüfen und Lernen: Praxisorientierte Handreichung zur Wirkungsbeobachtung und Evaluation, Bonn: VENRO, 2000.

[54] Alexander Goldenweiser, quoted from: Clifford Geertz, *Agricultural Involution: The Process of Ecological Change in Indonesia*, Berkeley and Los Angeles: University of California Press, 1963.

[55] Thomas Gschwend and Frank Schimmelfennig, eds., *Research Design in Political Science: How to Practice What They Preach*, Basingstoke: Palgrave Macmillan, 2007.

[56] Mary Kay Gugerty and Aseem Prakash, "Voluntary Regulation of NGOs and Nonprofits: An Introduction to the Club Framework", In: Mary Kay Gugerty and Aseem Prakash, eds., *Voluntary Regulation of NGOs and Nonprofits: An Accountability Club Framework*, Cambridge, New York: Cambridge University Press, 2010.

[57] Mary Kay Gugerty and Aseem Prakash, eds., *Voluntary Regulation of NGOs and Nonprofits: An Accountability Club Framework*, Cambridge: Cambridge University Press, 2010.

[58] N. Habibi, C. Huang, D. Miranda, V. Murillo, G. Ranis, M. Sarkar and F. Stewart, *Decentralization in Argentina*, Connecticut: Yale University, 2001.

[59] J. Hamel, S. Dufour & D. Fortin, *Case Study Methods*, Newbury Park, CA: Sage, 1993.

[60] H. B. Hansmann, "Economic Theories in Comparative Perspective", In: Powell ed. *The Nonprofit Sector*, 1987.

[61] Henry B. Hansmann, "The Role of Trust in Nonprofit Enterprise", In: Helmut Anheier, and Avner Ben-Ner, eds., *The Study of Nonprofit Enterpriser*, New York: Kluwer, 2003.

[62] Treasa Hayes, *Management, Control and Accountability in Nonprofit/Voluntary Organizations*, Aldershort: Ashgate Publishing Limited, 1996.

[63] Peter Hedstrom, *Disseting the Social: on the Principles of Analytical Sociology*, Cambridge University Press, 2005.

[64] Michael Howlet, and Ramesh M., *Studying Public Policy: Policy Cycles and Policy Subsystems* (2nd ed), Boston: Oxford University Press,

2003.

[65] V. A. Hodgkinson and R. W. Lyman, *The Future of the Nonprofit Sector*: *Challenges*, *Changes*, *and Policy Considerations*, San Francisco, CA.：Jossey – Bass, 1989.

[66] Brian Holmes, *Problems in Education*: *A Comparative Approach*, London：Routledge & Kegan Paul, 1965.

[67] Robert T. Holt, and John E. Turner, eds. , The Methodology of Comparative Research, New York：Free Press, 1970.

[68] Christopher Hood, *The Tools of Government*, London：Macmillan, 1983.

[69] Christopher Hood, *The Art of the State*: *Culture*, *Rhetoric*, *and Public Management*, Oxford, New York：Clarendon Press, 1998.

[70] Christopher Hood, Henry Rothstein and Robert Baldwin, *The Government of Risk*: *Understanding Risk Regulation Regimes*, Oxford, New York：Oxford University Press, 2001.

[71] Christopher Hood and Martin Lodge, *The Politics of Public Service Bargains*: *Reward*, *Competency*, *Loyalty – and Blame*, Oxford, New York：Oxford University Press, 2006.

[72] Christopher Hood and Helen Margetts, *The Tools of Government in the Digital Age*: *Public Policy and Politics*, New ed. Basingstoke：Palgrave Macmillan, 2007.

[73] Shaikh I. Hossain and World Bank, *Making Education in China Equitable and Efficient*, Washington D. C. ：World Bank Policy Research Working Paper, 1997.

[74] Torsten Husen and T. Neville Postlethwaite, *The International Encyclopedia of Educatio*, 2nd ed. , Oxford：Pergamon；New York：Elsevier Science, 1994.

[75] Institute of Medicine and National Research Council, *The Early Childhood Care and Education Workforce*: *Challenges and Opportunities*: *A Workshop Report*, Washington D. C. ：The National Academies Press, 2012.

[76] G. Joseph and P. Dwivedi, eds. , *Public Service Accountability*, Kumarian Press Inc. , 1988.

[77] Peter J. Katzenstein, *Small States in World Markets*: *Industrial Policy in Europe*, Ithaca：Cornell University Press, 1985.

[78] Margaret E. Keck and Kathryn Sikkink, *Activist Beyond Borders: Advocacy Networks in International Politics*, Ithaca, NY: Cornell University Press, 1998.

[79] William W. Keller and Richard J. Samuels, eds. , *Crisis and Innovation in Asian Technology*, Ithaca: Cornell University Press, 2003.

[80] Kevin Kelly, "From Encounter to Text: Colleting Qualitative Date for Interpretive Reseach", In: M. Terre Blanche and K. Durrheim, *Research in Practice*, Cape Town: UCT Press, 1999.

[81] Robert O. Keohane. *After Hegemony: Cooperation and Discord in the World Political Economy*, Princeton, New Jersey: Princeton University Press, 2003.

[82] Gary King, Robert O. Keohane & Sidney Verba, *Designing Social Inquiry: Scientific Inference in Qualitative*, Princeton, New Jersey: Princeton University Press, 1994.

[83] Jan Kooiman, *Modern Governance: New Government – Society Interactions*, London: SAGE Publications, 1993, 1st, 2002.

[84] Jan Kooiman, *Governing as Governance*, London: SAGE Publications Ltd. , 2003.

[85] K. Korn, G. Feierabend, G. Hersing, and H. – D. Reuschel, *Education, Employment and Development in the German Democratic Republic*, Paris: Unesco, 1984.

[86] Kehittyv? Koulutus, Cited from: Kirsti Stenvall, "Public Policy Planning and the Problem of Governance: The Question of Education in Finland", In: Jan Kooiman, *Modern Governance: New Government – Society Interactions*, London: SAGE Publications, 1993, 1st, 2002.

[87] Ralph M. Kramer, *Voluntary Agencies in the Welfare State*, Berkeley: University of Chicago Press, 1981.

[88] Helen F. Ladd, Rosemary Chalk and Janet S. Hansenm, eds. , *Equity and Adequacy in Education Finance: Issues and Perspectives*, Washington D. C. : The National Academies Press, 1993.

[89] C. Landry and F. Bianchini, *The Creative City*, London: Demos, 1995.

[90] Jan – Erik Lane & Svante Ersson, *The New Institutional Politics: Outcomes and Consequences*, New York: Routledge Press, 2000.

[91] Margaret Levi, "A Logic of Institutional Change", in K. S. Cook and

M. Levi, eds., *The Limits of Rationality*, Chicago: University of Chicago Press, 1990.

[92] Theodore Levitt, *The Third Sector: New Tactics for a Responsive Society*, New York: AMACOM, 1973.

[93] Daniel Little, Varieties of Social Explanation, An Introduction to the Philosophy of Social Science, Boulder: Westview Press, 1991.

[94] Yiyi Lu, *Non - governmental Organizations in China: The Rise of Dependent Autonomy*, New York: Routledge, 2009.

[95] Qiusha Ma, *Non - governmental Organizations in Contemporary China: Paving the Way to Civil Society?* New York: Routledge, 2006.

[96] David March and R. A. W. Rhodes, eds., *Policy Networks in British Government*, Oxford: Clarendon Press, 1992.

[97] John Mayne and Eduardo Zapico - Goni, *Monitoring Performance in the Public Sector*, NJ: Transaction Publishers, 1997.

[98] Douglas McGregor, *The Human Side of Enterprise*: 25th *Anniversary Printing*, New York: McGraw - Hill, 1960, 1st, 1985.

[99] Gary J. Miron, "The Shifting Notion of 'Publicness' in Public Education", In: Cooper S. Bruce, *Handbook of Education Politics and Policy*, New York: Rutledge, 2008.

[100] Mina J. Moore - Rinvolucri, *Education in East Germanys*, Great Britain: David & Charles (Holding) Limited, 1973.

[101] Lieberman Myron, *Public Education: An Autopsy*, Cambridge, MA: Harvard University Press, 1998.

[102] National Research Council, *A Framework for K - 12 Science Education: Practices, Crosscutting Concepts, and Core Ideas*, Washington D. C.: The National Academies Press, 2012.

[103] Victor Nee and S. Opper, *Capitalism from below: Markets and Institutional Change in China*, Harvard University Press, 2012.

[104] Waldemar Nielsen, *The Endangered Sector*, New York: Columbia University Press, 1979.

[105] Douglass C. North, *Institution, Institutional Change, and Economic Performance*, Cambridge: Cambridge University Press, 1990.

[106] Douglass C. North, "In Anticipation of the Marriage of Political and Economic Theory", In: James E. Alt, Margaret Levi and Elinor Os-

trom, eds. , *Competition and Cooperation: Conversations with Nobelists about Economics and Political Science*, New York: Russell Sage Foundation, 1999.

[107] Allan Odden and Priscilla Wohlstetter, "The Role of Agenda Setting in the Politics of School Finance: 1970 – 1990", *Educational Policy*, Vol. 12, 1992.

[108] OECD, *Multicultural Education*, Paris, 2006.

[109] Mancur Olson, *The Logic of Collective Action*, Cambridge: Harvard University Press, 1971.

[110] Elinor Ostrom, *Governing the Commons: The Evolution of Institutions for Collective Action*, New York: Cambridge University Press, 1990.

[111] Vincent Ostrom, *The Political Theory of a Compound Republic: Designing the American Experiment*, 2nd. ed. , Lincoln: University of Nebraska Press, 1987.

[112] Jeffre, Pfeffer and Gerald R. Salancik, *The External Control of Organizations: A Resource Dependency Perspective*, New York: Harper and Row, 1978.

[113] Jon Pierre, "Introduction: Understanding Governance", In: Jon Pierre, ed. , *Debating Governance*, Oxford: Oxford University Press, 2000.

[114] Jon Pierre, ed. , *Debating Governance*, Oxford: Oxford University Press, 2000.

[115] Paul Pierson, *Politics in Time: History, Institutions, and Social Analysis*, Princeton: Princeton University Press, 2004.

[116] Karl Polanyi, *The Great Transformation: The Political and Economic Origins of Our Time*, Boston: Beacon, 2001 [1944] .

[117] Karl Popper, *Conjectures and Refutations: The Growth of Scientific Knowledge*, London; New York: Routledge, 1962, 1st, 2002.

[118] Louis Porcher, *The Education of the Children of Migrant Workers in Europe*, Strasbourg: Manhattan Pub Co. , 1981.

[119] Walter W. Powell, ed. , *The Non – Profit Sector: A Research Handbook*, New Haven, CT.: Yale University Press, 1987.

[120] Walter W. Powell and Paul J. DiMaggio, eds. , *The New Institutionalism in Organizational Analysis*, Chicago: University of Chicago Press, 1991.

[121] W. Powell and Richard Steinberg, eds. , *The Nonprofit Sector: A Research Handbook*, New Haven: Yale University Press, 2006.

[122] Aseem Prakash and Mary Kay Gugerty, "Nonprofits Accountability Clubs", In: Mary Kay Gugerty and Aseem Prakash, eds. , *Voluntary Regulation of NGOs and Nonprofits: An Accountability Club Framework*, Cambridge: Cambridge University Press, 2010.

[123] Adam Przeworski, "Methods of Cross – National Research, 1970—83: An Overview", in M. Dierkes et al. , eds. , Comparative Policy Research: Learning from Experience, Aldershot: Gower, 1987.

[124] Robert D. Putnam, Robert Leonardi and Raffaella Nanetti, *Making Democracy Work*, Princeton, N. J. : Princeton University Press, 1993.

[125] Robert D. Putnam, *Bowling Alone: The Collapse and Revival of American Community*, New York: Simon & Schuster, 2000.

[126] Charles Ragin, *The Comparative Method: Moving Beyond Qualitative and Quantitative Strategies*, Berkeley: University of California Press, 1987.

[127] Charles Ragin, *Fuzzy Set Social Science*, University of Chicago Press, Blashfield, 2000.

[128] Charles C. Ragin *Redesigning Social Inquiry: Fuzzy Sets and Beyond*, Chicago: University of Chicago Press, 2008.

[129] R. A. W. Rhodes, *Control and Power in Central – Local Government Relations*, Farnborough: Gower/SSRC, 1981.

[130] R. A. W. Rhodes, *Understanding Governing*, Buckingham: Open University Press, 1997.

[131] Sue Richards, 1999, In: David Wilknson and Elaine Appelbee, *Implementing Holistic Government*, London: Demos, 1999.

[132] Benoit Rihoux and Charles Ragin, *Configurational Comparative Methods*, California: Sage, 2009.

[133] Thomas Risse – Kappen, ed. , *Bringing Transnational Relations Back*, In: *Non – State Actors, Domestic Structures and International Institutions*, Cambridge: Cambridge University Press, 1995.

[134] A. L. Roger, *The Common: New Perspectives on Nonprofit Organizations and Voluntary Action*, San Francisco, CA: Jossey – Bass Publishers, 1992.

[135] Steven A. Rosell, et al. , *Governing in an Information Society*, Montreal: Institution for Research on Public Policy, 1992.

[136] James. N. Rosenau, *Distant Proximities: Dynamics beyond Globalization*, Princeton, N. J. : Princeton University Press, 1990.

[137] James Rosenau, "Governance, Order, and Change in World Politics", In: James N. Rosenau, and Ernst – Otto Czempiel, eds. , *Governance without Government: Order and Change in World Politics*, Cambridge: Cambridge University Press, 1992.

[138] James N. Rosenau and Ernst – Otto Czempiel, eds. , *Governance without Government: Order and Change in World Politics*, Cambridge: Cambridge University Press, 1992.

[139] James Rosenau, "Toward an Ontology for Global Governance", In: Martin He and Timothy J. Sinclair, eds. , *Approaches to Global Governance Theory*, New York: the State University of New York Press, 1999.

[140] Anthony Saich, ed. , *The Governance and Politics of China*, 3th edition, New York: Palgrave, 2008.

[141] L. M. Salamon, "Partners in Public Service", In: Powell. ed. , *The Nonprofit Sector: A Research Handbook*, New Haven, CT: Yale University Press, 1987.

[142] Lester M. Salamon, *Partners in Public Service: Government – Nonprofit Relations in the Modern Welfare State*, Washington, D. C. : The Johns Hopkins University Press, 1995.

[143] L. M. Salamon and H. K. Anheier, *Defining the Nonprofit Sector: A Cross – national Analysis*, New York: Manchester University Press, 1997.

[144] Lester M. Salamon and Helmut K. Anheier, *Global Civil Society: Dimensions of the Nonprofit Sector*, U. S. A. The Johns Hopkins University Maryland, 1999.

[145] Lester M. Salamon and Michael S. Lund, *Beyond Privatization: The Tools of Government Action*, Washington, D. C. Lanham, MD: Urban Institute Press; Distributed in the United States and Canada by University Press of America, 1989.

[146] Lester M. Salamon and Odus V. Elliott, *Tools of Government: A Guide*

to the New Governance, Boston: Oxford University Press, 2002.

[147] Lester Salamon, W. J. Sokolowski and Regina List, *Global Civil Society: An Overview*, Baltimore: Center for Civil Society Studies, Johns Hopkins University, 2003.

[148] Yoshiyuki Sato, *Agricultural Involution in Late Imperial Russia: Reality and Transformation*, Niigata: Graduate School of Modern Society and Culture, Niigata University, 2006.

[149] Allen Schirm and Nancy Kirkendall, eds. , *Using American Community Survey Data to Expand Access to the School Meals Programs*, Washington D. C: The National Academies Press, 2012.

[150] Peter Schreiner, *Holistic Education Resource Book*, Münster: Waxmann, 2005.

[151] Neil J. Smelser, *Comparative Methods in the Social Sciences*, Englewood Cliffs: Prentice Hall, 1976.

[152] Peter M. Senge, *The Fifth Discipline: The Art and Practice of the Learning Organization*, 1st ed. New York: Doubleday/Currency, 1990.

[153] Peter Senge, et al. eds. , *The Dance of Change*, *The Challenges to Sustaining Momentum in Learning Organizations*, New York: Doubleday/Currency, 1999.

[154] Peter Senge, et al. eds. , *Schools That Learn: A Fifth Discipline Fieldbook for Educators*, *Parents*, *and Everyone Who Cares about Education*, New York: Doubleday, 2000.

[155] E. A. Smith, *Social Welfare: Principles and Concepts*, New York: Association Press, 1965.

[156] Isadore L. Sonnier, *Holistic Education*, New York: Philosophical Library, 1982.

[157] Kirsti Stenvall, "Public Policy Planning and the Problem of Governance: The Question of Education in Finland", In: Jan Kooiman, *Modern Governance: New Government – Society Interactions*, London: SAGE Publications, 1993, 1st, 2002.

[158] C. Eugene Steuerle and Virginia A. Hodgkinson, "Meeting Social Needs: Comparing The Resources of The Independent Sector and Government", In: Elizabeth T. Boris and C. Eugene Steuerle, eds. , *Nonprofit and Government: Collaboration and Conflict*, Washington D. C. :

The Urban Institute Press, 1999.

[159] Gerry Stoker, *The New Management of British Local Governance*, Forwarded by R. Rhodes, New York: St. Martin's Press, Inc. , 1999.

[160] Gerry Stoker, "From Government to Governance", In: Bernard Brown. ed. , *Comparative Politics: Notes and Readings*, Peking: Peking University Press, 2003.

[161] Shiping Tang, *A General Theory of Institutional Change*, London: Routledge/Talyor & Francis, 2011.

[162] Kathleen Thelen, *How Institutions Evolve: The Political Economy of Skills in Germany, Britain, the United States, and Japan*, New York: Cambridge University Press, 2004.

[163] Alexis de. Toqueville, *Travels in America*, New York: Washington Square Press, 1964; first published in France in 1835.

[164] Kellee Tsai, *Back - Alley Banking: Private Entrepeeneurs in China*, Ithaca: Cornell University Press, 2002.

[165] Tang Tsou, "Reintegration and Crisis in Communist China: a Framework for Analysis", In: Hoping - ti & Tang Tsou, eds. , *China in Crisis*, V. 1 Book 1, Chicago: University of Chicago Press, 1967.

[166] Stephen Van Evera, *Guide to Methods for Students of Political Science*, Ithaca: Cornell University Press, 1997.

[167] Richard. E. Wagner, "American Education and the Economics of Caring", In: *Parents, Teachers, and Children: Prospects for Choice in American Education*, San Franciso: Institute for Contemporary Studies, 1977.

[168] Burton A. Weisbrod, Toward a Theory of the Voluntary Nonprofit Sector in Three - sector Economy, In: Edmunds S. Phelps, *Altruism Morality and Economic Theory*, New York: Russell Sage Foundation, 1974.

[169] Burton Allen Weisbrod, *The Voluntary Nonprofit Sectov: An Economic Analysis*, Lexington, Mass. : Heath and Company, 1977.

[170] B. A. Weisbrod, *The Nonprofit Economy*, Cambridge, Mass. : Harvard University Press, 1988.

[171] Marvin R. Weisbord, *Productive Workplaces: Organizing and Managing for Dignity, Meaning and Community*, San Francisco, CA: Jossey - Bass, 1987.

[172] Shihong Weng, *The Influence of the NPOs on Basic Educational Aid in China*, Saarbrücken, Germany: LAP LAMBERT Academic Publishing, 2012.

[173] Joseph Wholey, *Evaluation: Performance and Promise*, Washington, D. C. : The Urban Institute, 1979.

[174] Thomas Wolf, *Managing a Nonprofit Organization*, 1st ed. , New York: Prentice Hall Press, 1990.

[175] World Bank *Managing Development – The Governance Dimension*, Washington D. C. , 1991.

[176] World Bank, *Poverty Reduction and the World Bank: Progress and Changes in the 1990s*, Washington D. C. : International Bank for Reconstruction and Development/World Bank, 1996.

[177] World Bank, *Making Services Work for Poor People* (World Development Report 2004), Washington D. C. : World Bank and Oxford University Press, 2003.

[178] Paul N. Ylvisaker, "Sources of Support for Nonprofit Organizations", In: Walter. W. Powell, ed. , *The Non – Profit Sector: A Research Handbook*, New Haven, CT: Yale University Press, 1987.

[179] Dennis R. Young, *Governing, Leading and Managing Nonprofit Organizations: New Insights from Research and Practice*, New York: Jossey Bass Wiley, 1993.

[180] Robert K. Yin, *Case Study Research: Design and Methods*, Newbury Park, CA: Sage, 1994.

[181] Robert K. Yin, 3rd ed. , *Applications of Case Study Research*, Thousand Oaks, California: Sage Publications, Inc. , 2012.

[182] Perri 6, "The Voluntary and Nonprofit Sectors in Continental Europe", In: J. Smith, et al. eds. , *An Introduction to the Voluntary Sector*, London: Routledge, 1995.

[183] Perri 6, *Holistic Government*, London: Demos, 1997.

[184] Perri 6, *E – Governance: Styles of Political Judgment in the Information Age Policy*, Basingstoke, Hamsphire; New York: Palgrave Macmillan, 2004.

[185] Perri 6, Diana Leat, Kimberly Seltzer and Gerry Stoker, *Governing in the Round: Strategies for Holistic Government*, London: Demos, 1999.

[186] Perri 6, D. Leat, K. Seltzer & G. Stoker, *Towards Holistic Governance: The New Reform Agenda*, New York: Palgrave, 2002.

（二）论文类文献

[1] E. Andson & B. Weitz, "Determinants of Continuity in Conventional Industrial Channel Dyads", *Marketing Science*, No. 8, 1989.

[2] David Archer, "The Evolution of NGO – government Relations in Education: Action Aid 1972 – 2009", *Development in Practice*, Vol. 20, No. 4 – 5, 2010.

[3] Panuk Ayse, "Informal Institutional Arrangements in Cred it, Land Markets and Infrastructure Delivery in Trinidad", *International Journal of Urban and Regional Research*, Vol. 24, No. 2, 2000.

[4] M. T. Bailey, Do Physicalists Use Case Studies? Thoughts on Public Administration, *Public Administration Review*, No. 52, 1992.

[5] James A. Banks, "Understand Common Fractions", *Instructor*, No. 76, 1967.

[6] Chris Berry, "Working Effectively with Non – state Actors to Deliver Education in Fragile States", *Development in Practice*, Vol. 20, No. 4 – 5, 2010.

[7] Claudia Buchmann, and Emily Hannum, "Education and Stratification in Developing Countries: A Review of Theories and Research", *Annual Review of Sociology*, Vol. 27, 2001.

[8] Elisabeth S. Clemens and James M. Cook, "Politics and Institutionalism: Explaining Durability and Change", *Annual Review of Sociology*, Vol. 25, 1999.

[9] Alistair Cole, "The New Governance of French Education", *Public Administration*, Vol. 79, No. 3, Autumn 2001.

[10] James S. Coleman, "Equity & Excellence in Education", *School Library Journal*, Vol. 6, No. 5, 1968.

[11] DFEE, *Self – government for Schools*, White Paper, London: HMSO, 1996.

[12] Andrew Dunsire, "Holistic Governance", *Public Policy and Administration*, Vol. 5, No. 1, 1990.

[13] Patrick Dunleavy, "New Public Management is Dead – Long Live the Digital Era Governance", *Journal of Public Administration Research and*

Theory, No. 3, 2006.

[14] F. R. Dwyer, P. H. Sehurr & S. Oh, "Developing Buyer – Seller Rela-tionships", *Journal of Marketing*, Vol. 51, 1987.

[15] Alnoor Ebrahim, "Accountability in Practice: Mechanisms for NGOs", *World Development*, Vol. 31, No. 5, 2003.

[16] Edelman Trust, "Edelman Trust Barometer 2007", 2007, Accessed via www. edelman. com/trust/2007/trust_ final_ 1_ 31. pdf.

[17] Eleanor Farrar, "Introduction to 'Federal Education Policy: A Review of 80s'", *Educational Policy*, Vol. 12, 1988.

[18] John Gerring, "What is a Case Study", *The American Political Science Review*, Vol. 98, No. 2, May 2004.

[19] Margaret Gibelman & Sheldon Gelman, "A Loss of Credibility: Patterns of Wrongdoing among Nonprofit Organizations", *Volutes*, Vol. 15, No. 4, 2004.

[20] Janet Greenlee, Mary Fischer, Teresa Gordon, and Elizabeth Keating, "An Investigation of Fraud in Nonprofit Organizations: Occurrences and Deterrents", *Nonprofit and Voluntary Sector Quarterly*, Vol. 36, 2007.

[21] Mary Kay Gugerty, "The Effectiveness of NGO Self – Regulation: Theo-ry and Evidence from Africa", *Public Administration and Development*, Vol. 28, May 2008.

[22] Mary Kay Gugerty, "Signaling Virtue: Voluntary Accountability Pro-grams among Nonprofit Organizations", *Policy Sciences*, Vol. 42, 2009.

[23] Michael Hannan & John Freeman, "Structural Inertia and Organizational Change", *American Sociological Review*, Vol. 49, No. 2, 1989.

[24] Henry B. Hansmann, "The Role of Nonprofit Enterprise", *Yale Law Re-view*, Vol. 89, 1980.

[25] Eric Hanushek, "Throwing Money at Schools", *Journal of Policy Anal-ysis and Management*, Vol. 1, No. 1, 1981.

[26] Eric Hanushek, "The Impact of Differential School Expenditures on School Performance", *Educational Researcher*, Vol. 18, No. 4, 1989.

[27] G. Hardin, "The Tragedy of the Commons", *Science*, Vol. 162, 1968.

[28] Gretchen Helmake and Steven Levitsky, "Informal Institutions and Com-parative Politics: A Research Desing", *Perspectives on Politics*, Vol. 2, No. 4, 2004.

[29] M. C. Jensen, "Organization Theory and Methodology", *The Accounting Review*, *Vol. 58*, *No. 4*, *1983*.

[30] M. C. Jensen, "The Modern Industrial Revolution, Exit and the Failure of Internal Control System", *The Journal of Finance*, Vol. 78, No. 3, 1993.

[31] Lesley Hustinx, et al., Student Volunteering in China and Canada: Comparative Perspectives, *Canadian Journal of Sociology*, Vol. 37, No. 1, 2012.

[32] Yijia Jing and Ting Gong, "Managed Social Innovation: The Case of Government – Sponsored Venture Philanthropy in Shanghai", *Australian Journal of Public Administration*, Vol. 71, No. 2, 2012.

[33] Yijia Jing and Ting Gong, "From Stewards to Agents? Intergovernmental Management of Public – Nonprofit Partnership in China", *Public Performance & Management Review*, Vol. 36, No. 2, 2012.

[34] Kevin Kearns, "The Strategic Management of Accountability in Nonprofit Organizations: An Analytical Framework", *Public Administration Review*, Vol. 54, No. 2, 1994.

[35] Edmund King, "Comparative Studies and Policy Decisions", *Comparative Education*, Vol. 4, No. 1. 1967.

[36] Gary King and L. Zeng, "Logistic Regression in Rare Events Data", *Political Analysis*, No. 9, 2001.

[37] Arend Lijphart, "Comparative Politics and the Comparative Method", *American Political Science Review*, Vol. 65, No. 3, 1971.

[38] Tingjin Lin, "Intra – provincial Inequality in Financing Compulsory Education in China: Exploring the Role of Provincial Leaders (1994 – 2001)", *Asia Pacific Journal of Education*, Vol. 29, 2009.

[39] Tom Ling, "Delivering Joined – Up Government in the UK: Dimensions, Issues, and Problems", *Public Administration*, Vol. 80, No. 4, 2002.

[40] Michael Lipsky & Steven Rathgeb Smith, "Nonprofit Organizations, Government, and the Welfare State", *Political Science Quarterly*, Vol. 104, No. 4, Winter 1989 – 1990.

[41] Susanna Loeb, "Estimating the Effects of School Finance Reform: a Framework for a Federalist System", *Journal of Public Economies*,

Vol. 80, 2001.

[42] P. H. Luteru and G. R. Teasdale, "Aid and Education in the South Pacific", *Comparative Education*, Vol. 29, No. 3, Special Number 15, 1993.

[43] Kathleen Lynch and John Baker, "Equality in Education: An Equality of Condition Perspective", *Theory and Research in Education*, No. 3, 2005.

[44] James Mahoney, "Strategies of Causal Inference in Small – N Analysis", *Sociological Methods and Research*, Vol. 28, No. 4, 2000.

[45] James Mahoney, "Path Dependency in Historical Sociology", *Theory and Society*, Vol. 29, No. 4, 2000.

[46] D. Marsh & M. Smith, "Understanding Policy Network: Toward a Dialectical Approach", *Political Studies*, Vol. 48, 2000.

[47] C. Meyer, "A Step Back as Donors Shift Institution Building from the Public to the Private Sector", *World Development*, Vol. 20, No. 4, 1992.

[48] J. Meyer, J. Boli, G. Thomas, and F. Ramirez, "World Society and the Nation – State", *American Journal of Sociology*, Vol. 103, No. 1, 1997.

[49] R. K. Mitchell, B. R. Agle & D. J. Wood, "Towards a Theory of Stakeholder Identification and Salience: Defining the Principle of Who and What Really Counts", *Academy of Management Review*, Vol. 22, 1997.

[50] Terry Moe, "The New Economics of Organization", *American Journal of Political Science*, Vol. 28, 1984.

[51] Jeanette Moore and Justin Kean, "Accounting for Joined – Up Government: The Case of Intermediate Care", *Pubic Money & Management*, No. 5, 2007.

[52] Karen Mundy, et al., "Civil Society, Basic Education, and Sector – wide Aid: Insights from Sub – Saharan Africa", *Development in Practice*, Vol. 20, No. 4 – 5, 2010.

[53] A. Najam, "The Four – C's of Third Sector – Government Relations: Cooperation, Confrontation", *Complementarity, and Cooperation, Nonprofit Management and Leadership*, Vol. 10, No. 4, 2000.

[54] OECD, "DAC – Development Aid Committee (2000)", Nov. 2000, http://www.oecd.org/document/22/0, 2340, en _ 2649 _ 34435 _

2086550_ 1_ 1_ 1_ 1, 00. html.

[55] Moses Oketch, et al., "Why are there Proportionately More Poor Pupils Enrolled in Non – state Schools in Urban Kenya in Spite of FPE Policy?", *International Journal of Educational Development*, Vol. 30, 2010.

[56] Allan Odden and Priscilla Wohlstetter, "The Role of Agenda Setting in the Politics of School Finance: 1970 – 1990", *Educational Policy*, Vol. 12, 1992.

[57] A. Parasuraman, Valarie A. Zeithaml and Leonard L. Berry, "A Conceptual Model of Service Quality and Its Implications for Future Research", *Journal of Marketing*, Vol. 49, 1985.

[58] A. Parasuraman, Valarie A. Zeithaml and Leonard L. Berry, "Servqual: A Multiple – item Scale for Measuring Consumer Perceptions of Service Equality", *Journal of Retailing*, Vol. 64, No. 1, 1988.

[59] A. Parasuraman, Valarie A. Zeithaml and Leonard L. Berry, "Refinement and Reassessment of Servqual Scale", *Journal of Retailing*, Vol. 67, 1991.

[60] Lisa Paul, "New Levels of Responsiveness – Joined – Up Government in Response to the Bali Bombings", *Austrian Journal of Public Administration*, Vol. 58, No. 2, 2005.

[61] Paul Pierson, "The Path to European Integration: A Historical Institutionalist Analysis", *Comparative Political Studies*, Vol. 29, No. 2, 1996.

[62] Christopher Pollitt, "Joined – Up Government: a Survey", *Political Studies Review*, No. 1, 2003.

[63] R. A. W. Rhodes, "The New Governance: Governing without Government", *Political Studies*, Vol. 44, No. 4, 1996.

[64] Stephen A. Ross, "The Economic Theory of Agency: The Principle's Problem", *American Economic Review*, Vol. 62, 1973.

[65] Philippa Russel, "Access and Achievement or Social Exclusion? Are the Government Polices Working for Disabled Children and Their Families?", *Children & Society*, Vol. 17, 2003.

[66] L. M. Salamon and Anheier H. K., eds., "Toward an Understanding of the International Nonprofit Sector: The Johns Hopkins Comparative Nonprofit Sector Project [in English], Nonprofit Management Leadership",

Comparative Study, Vol. 2, 1993/01/03.

[67] Lester Salamon, The Rise of the Nonprofit Sector, *Foreign Affairs*, July/ August, 1994.

[68] P. A. Samuelson, "The Pure Theory of Public Expenditure", *The Review of Economics and Statistics*, Nov. 1954.

[69] Siegfried Schieder, *Agency: Private Actors vs. States in the Age of Globalization*, Ph. D Intensive Seminar, FU Berlin, Oct. 2011.

[70] Frank Schimmelfennig, *Case Studies*, (course material) Free University Berlin, 2011.

[71] Frank Schimmelfennig, *Causality and Causal Mechanisms*, (course material) Free University Berlin, 2011.

[72] H. A. Simon, "The Structure of Ill – structured Problems", *Artificial Intelligence*, No. 4, 1973.

[73] Peter Spiro, "Accounting for NGOs", *Chicago Journal of International Law*, Vol. 3, No. 1, 2002.

[74] Kathleen Thelen, "Timing and Temporality in the Analysis of Institutional Evolve and Change", *Studies in American Political Development*, Vol. 14, No. 1, 2000.

[75] Wang Hongying, "Informal Institutions and Foreign Investment in China", *The Pacific Review*, Vol. 13, No. 4, 2000.

[76] E. G. West, "Education without the State", *Economic Affairs*, October 1994.

[77] Peter Wilkins, "Accountability and Joined Government", *Austrian Journal of Public Administration*, Vol. 61, 2002.

[78] B. Dan. Wood, "Principals, Bureaucrats, and Responsiveness in Clean Air Enforcements", *American Political Science Review*, Vol. 82, 1988.

[79] World Bank, *What is Good Governance*, UNESCAP, Accessed July 10, 2009.

[80] R. Wuthow, "Rethinking Governance", *Association Management*, Vol. 53, No. 8, 2001.

[81] Dennis R. Young, "Alternative Models of Government – NonProfit Sector Relations: Theoretical and International Perspectives", *NonProfit and Voluntary Sector Quarterly*, Vol. 29, No. 1, 2000.

[82] R. Young, "Governing Board Structure, Business Strategy, and Per-

formance of Acute Care Hospitals: A Contingency Perspective", *Nonprofit and Voluntary Sector Quarterly*, Vol. 27, No. 3, 1992.

[83] The United Nations, *Millennium Development Goals* 2000.

[84] 6, Perri et al., "Joined – Up Government and Privacy in the United Kingdom: Managing Tension between Data Protection and Social Policy", *Public Administration*, 2005, 83 (1): 111 – 133.

（三）学位论文类文献

[1] Anita LaFrance Allen, Rights, Children and Education, Ph. D. dissertation, The University of Michigan, 1980.

[2] Hans J. Baumgartner, Empirical Evaluation of Selected Labor Market and Education Policies, Ph. D. dissertation, Freien Universitöt Berlin, 2006.

[3] Daniel H. Caro, Family Socioeconomic Status and Inequality of Opportunity, Ph. D. dissertation, Freien Universitöt Berlin, 2009.

[4] Emily C. Hannum, Educational Inequality: Hidden Consequences of the Reform Era in Rural China, Ph. D. dissertation, The University of Michigan, 1998.

[5] Mary Lindner, Evaluation Study on the Effects of the Child Mind Project, Ph. D. dissertation, Freien Universitöt Berlin, 2006.

[6] Jarmila Mahlmeister, Long – term Effects of a New Multidisciplinary Renal Education Programme on Kidney Function and Renal Risk Factors, Ph. D. dissertation, Freien Universitöt Berlin, 2003.

[7] Helen McCabe, State, Society, and Disability: Supporting Families of Children with Autism in the People's Republic of China, Ph. D. dissertation, Indiana University, 2004.

[8] Keiko Miwa, Government – NGO Partnership Building in Bangladesh Education: Potential and Pitfalls, Ph. D. dissertation, State University of New York, 2000.

[9] Tiwadee Musunthia, On the Study of Varieties of Rings with Involution, Ph. D. dissertation, Potsdam University, 2010.

[10] Nader Naderi, The Obstacles of Managing Change in the Educational System of Iran, Ph. D. dissertation, Freien Universitöt Berlin, 2010.

[11] Malgi Prasad Reddy, Educator Activists: Bridging Transnational Advocacy and Community Mobilisation, Ph. D. dissertation, Freien Universitöt Berlin, 2005.

[12] Anthony Jerome Spires, China's Un – Official Civil Society: The Development of Grassroots NGOs in an Authoritarian State, Ph. D. dissertation, Yale University, 2007.

[13] Elena Voiakina, A Holistic Concept of Corporate Governance, Ph. D. dissertation, Difo – Druck GmbH, Bamberg, 2004.

[14] Chengzhi Wang, Governance and Financing of Basic Education in China, Ph. D. dissertation, University of Illinois, 2001.

[15] Jun Xu, Financing Education: Improving Financial Transfer Mechanisms in Developing Countries, Ph. D. dissertation, University of Illinois, 1997.

[16] Huiquan Zhou, The Role of Private Organizations in Promoting Compulsory Education in Rural China, Ph. D. dissertation, University of Pennsylvania, 2011.

后 记

进行研究和写作确实是呕心沥血却兴致盎然的事。本书是对我的博士毕业论文进行的延伸和深入研究，主题从非营利组织转向了非正式制度。政治制度实践中存在大量的非正式制度，著名学者、斯坦福大学教授周雪光甚至认为，正式制度与非正式制度之间的关系是中国国家治理最为核心的部分，非正式制度是中国国家治理逻辑的核心。但遗憾的是，我们过去的研究过多地强调了正式制度，对非正式制度缺乏充分的认识。本书就是要阐释这个重要主题，深入研究教育援助活动中非正式制度运作的逻辑，以及正式制度与非正式制度的关系和互动。这个主题切换对我而言也是充满艰辛和兴趣的研究过程。

于建嵘教授写博士论文时沿着毛泽东当年考察湖南农民运动的路线，进行了为期一年半的乡村社会调查，成书后的长后记开启了我的学术路径。与我研究主题相似的学者中，本书重要概念"内卷化"的定型者人类学家 Clifford Geertz（与爱因斯坦一样常年任职于普林斯顿高等研究院，爱因斯坦 1951 年冬走在从高等研究院回家的路上的照片深深吸引着我）写博士论文时，在战乱后的印尼派尔小岛进行了两年多的田野调查，此后一直进行了四十年的田野工作；密歇根大学的 Emily C. Hannum 做博士论文研究时在中国西北的甘肃等地进行了一年多的实地调研，她 20 世纪 90 年代就写出了"Educational Inequality"这个令我羡慕的题目；耶鲁大学的 Anthony J. Spires 几乎"抢了我的饭碗"，在中国进行了 15 个月的研究后，写出了有关中国的非营利组织的博士论文，所幸，他写的是草根（grassroots），我写的是官办的（GONPO）；另外艾奥瓦大学的 Jodie N. Klein 只是进行硕士论文研究，却在中国四川与自闭症儿童和残疾孤儿们相处了一年。这一切都深深激励着我。

一次偶然的邂逅，2009 年 7—9 月我来到西藏某地希望工程办做志愿者，却不想后来放弃了原先的研究方向，将此作为博士论文选题，因为那里的人们，尤其是孩子，还有学校，让我深知，作为学者，参与式观察等学术研究和社会责任是肩上扁担的两头。所以后来又分别于2009—2014年的每年7—8月结合自己带队组织暑期社会实践，在西藏、新疆和内蒙古等地进行了大量实证研究，并委托在当地做志愿者的朋友在贵州和宁夏、广西发放大量调查问卷，获得一手资料。

所以要感谢所有对此研究成果和我的求学经历中给予我帮助之人！

在写作此书的几年里，我得到了许多朋友的支持和鼓励，在本书即将出版之际，我谨向他们表示真挚的感谢！

由于本书涉及的文献量相当大，图表也很多，这给编辑、校对和排版工作带来较大困难。出版社责任编辑李庆红女士、校对周晓东、印制王超先生等拨冗为本书做了许多琐细的工作，他们的慷慨相助，尤其是严谨细心的编辑校对、一丝不苟的排版制图，对本书的出版有重要的帮助。我要向本书的编辑们表达我深深的谢意！